Die Straße nach Manchester und Glasgow

(Band 1)

Auf diese Weise nach Gretna Green

Charles G. Harper

Alpha-Editionen

Diese Ausgabe erschien im Jahr 2023

ISBN: 9789359254548

Herausgegeben von
Writat
E-Mail: info@writat.com

Nach unseren Informationen ist dieses Buch gemeinfrei.
Dieses Buch ist eine Reproduktion eines wichtigen historischen Werkes. Alpha
Editions verwendet die beste Technologie, um historische Werke in der gleichen
Weise zu reproduzieren, wie sie erstmals veröffentlicht wurden, um ihre
ursprüngliche Natur zu bewahren. Alle sichtbaren Markierungen oder Zahlen
wurden absichtlich belassen, um ihre wahre Form zu bewahren.

Inhalt

VORWORT

„Immer weiter und weiter führt die Autobahn ungeduldig in die ferne Stadt

Botschaften von menschlicher Freude und Katastrophe, von Liebe und Hass, von Taten und Wagemut.“

DIE GOLDENE LEGENDE.

DIESE Linien, instinktiv mit den dramatischen Möglichkeiten der Straße in fernen Tagen, erinnern an die alten Stiche und Holzschnitte der Dürer-Schule, in deren Hintergrund, auf dem Hügel Schrecklich, die schöne Stadt thront, die entlang erreicht wurde eine köstliche Straße, die mal durch offene Heidelandschaften führt und dann im willkommenen Schatten grauer Wälder verschwindet; Er taucht wieder auf, um sein Ziel neben Gebirgsbächen und Wildbächen zu erreichen, deren felsigen Lauf er mit hohen Bogenbrücken überspannt. Auf solchen Straßen wie diesen ziehen in Holzschnitten wie diesen berittene und bewaffnete Ritter, sehr füllig und stählern, schöne Damen auf ihren Palfreys, mit hohen gehörnten Kopfbedeckungen; Pagen, Soldaten, Bauern und der ganze mittelalterliche Verkehr auf den Landstraßen; während der ungezieferartige Einsiedler in seiner Zelle an der Brücke zu seiner Tür kommt, während die Wanderer vorbeigehen, sich mit einer Hand kratzt und in der anderen eine Jakobsmuschel für die Almosen hält, mit erbärmlicher Stimme und im Namen Gottes und alle Heiligen, fleht.

Diese Zeilen in dieser modernen Versfassung der schrecklichen alten Legende von Jacobus de Voragine bringen all diese Dinge lebendig vor die Vorstellungskraft. Man kann fast die Weißdornblüten an den Hecken am Wegesrand riechen, fast den sanften Atem des Windes oder die Hitze der Sonne spüren und sogar den Einsiedler riechen, der reich an pietistischem Schmutz ist. Freude und Unglück, Liebe und Hass, Taten und Wagemut – all das hatte damals seinen Platz auf der Autobahn: Romantik und Straße waren wandelbare Begriffe.

Nun sind all diese Dinge wie Geschichten, die erzählt werden; aber jahrhundertelang behielt die Straße diesen alten Unterschied bei: Die mittelalterliche Gesellschaft war verschwunden: die Ritter und die Damen zu ihren Altargräbern in den alten Landkirchen, der Rest weiß niemand wohin; Aber danach kamen spätere Generationen, die alle entlang der Autobahnen reisten, lebten, hassten und liebten, und das taten sie auch weiterhin, während der Kutschenära und bis die Eisenbahnen die Straße für eine lange Reihe von Jahren zu einer obsoleten Institution machten.

Wann begann sich die langjährige Partnerschaft zwischen Romance und The Road aufzulösen? Lass uns in Erwägung ziehen. Die ersten Anfänge liegen in der Einführung der telegrafischen Signaltechnik , als auf den Hügeln Signalstationen errichtet wurden und Nachrichten mittels Drehläden oder Signalarmen von einer zur anderen weitergeleitet wurden. Das System entstand um 1795 und kam 1803 entlang dieser Straße zum Einsatz. Im damaligen „Observer" lesen wir die überraschende Ankündigung: „ Zwischen London und dem Norden soll eine Kommunikationslinie mittels Telegraphen eingerichtet werden." , mit dem Informationen in sechs Stunden über eine Entfernung von 400 Meilen übermittelt werden." Hier also finden wir die Trennung der Wege! Anstelle des berittenen Boten, der diese Strecke, sagen wir, in 45 Stunden zurücklegte, verschickten die Telegraphisten Nachrichten in einem Bruchteil dieser Zeit, vorausgesetzt, die Bedingungen waren günstig . Ein sehr schwerwiegender Nachteil des Systems bestand darin, dass es bei trübem oder stürmischem Wetter nicht funktionsfähig war.

Was der mechanische Telegraph begann, vollendeten die Eisenbahnen und der elektrische Telegraph, und die Straßen haben – abgesehen von den Fahrrädern und den Automobilen, vor deren Anwesenheit Romantikfliegen Angst hatten – ihre innige Verbindung zum Leben verloren. Sie sind dem schmutzigen Augenblick weitgehend entzogen, und deshalb lieben wir sie. Die heutige Romantik wird von der nächsten Generation erst dann gefunden werden, wenn sie, um eine amerikanische Ausdrucksweise zu übernehmen, zu einer „vergangenen Nummer" geworden ist: Wir selbst greifen gern auf den schlechten Ausweg zurück, den elfenhaften Harmonien der Bläser in der Welt zu lauschen Telegrafenmasten am Wegesrand zu hören und aus diesen Geräuschen romantische Botschaften abzuleiten; aber leider! Sie mögen so wenig romantisch sein, dass es sich in den Nachrichten wahrscheinlich um blinkende Marktberichte handelt, in denen es heißt: „Graue Hemden sind ruhig" oder „Speck war stabil." Andererseits könnte aber auch eine Polizeimeldung durchgehen, die zur Festnahme eines Flüchtigen führt: eines betrügerischen Finanz-Napoleons oder eines der kleineren Leute : Man weiß nie!

In früheren Zeiten sah man den Verbrecher, sichtbar für unsere physischen Augen, auf der Flucht vor der Justiz, und nach ihm folgten in angemessenen Abständen die Gesetzeshüter, die in angemessener Weise erschöpft und wütend in einer langen Perspektive davonzogen Pferde, die vor Schweiß schäumen und stinken, auf die passendste Art und Weise. So etwas sieht man heutzutage nur noch im Drury Lane oder im Adelphi, aber dort machen sie es sehr gut, auch wenn der Schaum und der Geruch mit Schwamm und Seifenlauge aufgetragen werden.

Wer nun solche Sehenswürdigkeiten entlang der Straßen finden würde, musste lange warten. Es gibt so viele Flüchtlinge wie eh und je, aber sie sind in jenem Zug. Der Telegraph hat einen solchen bereits überholt, bevor er ein

Viertel seiner Reise zurückgelegt hat, und am anderen Ende wartet die Polizei, wo sie ihn, völlig emotionslos und ohne Rücksicht auf dramatische Notwendigkeiten, sogleich verhaften wird.

Lange Abschnitte der Straßen selbst verändern sich mit dem Wachstum der Städte in etwas Neues und Fremdartiges, und wo in früheren Zeiten der Terror deutlich zu spüren war und die Romantik stolziert vorbeizog, breiten sich selbstgefällige Vororte aus, die aus roten Backsteinen gepflastert sind. und gepflastert und beleuchtet, und nur der Arzt, die Steuereinnehmer und die Schreie der Abendzeitungsjungen bewegen die Herzen der Einwohner. Die Tragödien, die manchmal auf einen Arztbesuch warten, sind ein schlechter Ersatz für die seelenerschütternden Tage von früher – sie sind zu häuslich und die gelegentliche Unfähigkeit, den Ansprüchen des Steuereintreibers und Steuereintreibers gerecht zu werden, die selbst die angesehensten Vororte haben Manchmal weiß man, dass es sich nicht um eine Tragödie der inspirierenden Art handelt.

Der Pilger der Straßen findet seinen Bericht daher in der Vergangenheit; und um die langen Meilen für ihn zu veranschaulichen, sind diese Seiten aus längst vergessenen Dingen herausgearbeitet. So jemand , der vielleicht die ersten paar Meilen voller Straßenbahnen entlangradelt und sich nach dem fast unvermeidlichen schlammigen Schleudern reinigt, greift vielleicht dazu, eine Taplesche Philosophie zu Hilfe zu rufen, und ruft voller Dankbarkeit aus: „Schließlich ist es eine Verbesserung gegenüber vor zweihundert Jahren. Wenn ich DANN HIERHER GEREIST WÄRE , wäre ich wahrscheinlich von den Straßenräubern ausgeraubt und geschlagen – vielleicht sogar ermordet worden!"

CHARLES G. HARPER,

PETERSHAM   ,   SURREY   ,
Oktober 1907 .

ICH

OHNE jeden Zweifel gibt es auf der langen Straße von London nach Glasgow mehr Geschichte – und eine abwechslungsreichere Geschichte – als auf jeder anderen Autobahn in unserem historischen England; mit der einzigen möglichen Ausnahme der Straße nach Dover. Die Great North Road selbst ist romantisch historisch und hat eine Länge von 389 Meilen, ist aber nicht so kompakt mit historischen und häuslichen Ereignissen wie die Manchester and Glasgow Road – und sie ist auch nicht ganz so lang. Der Unterschied ist zwar unbedeutend – er beträgt lediglich 11¼ Meilen –, aber auf den langen Meilen nach Manchester und weiter nach Glasgow gibt es mehr Städte und Dörfer als auf der Great North Road, die im Großen und Ganzen dauert ein strenger und distanzierter Kurs; und es gibt eine Fülle von Details auf dem Weg, die den Historiker manchmal vor eine peinliche Entscheidung stellen.

Nach Angaben der besten modernen Behörden misst die Manchester and Glasgow Road vom General Post Office in London bis zur Royal Exchange in Glasgow 400 ¼ Meilen. Bevor Telford im Jahr 1816 unter der Autorität der damaligen Regierung die Teilung Carlisle und Glasgow in die Hand nahm und sie schließlich durch verschiedene technische Hilfsmittel verkürzte, betrug die Gesamtstrecke 409¼ Meilen.

Über den Verlauf dieser großartigen Straße gibt es nicht die geringsten Bedenken. In den alten Postkutschentagen war es für das Postamt passend, die Post entlang der Great North Road nach Boroughbridge und von dort quer durchs Land nach Penrith und weiter nach Glasgow zu schicken, und die Auftragnehmer legten die Entfernung auf nur 397¾ Meilen fest; aber der Weg war der, der hier eingeschlagen wurde; durch St. Albans, die historischen Städte Northampton, Leicester und Derby, Manchester, Preston, Lancaster und Carlisle. Die bloßen Namen dieser Orte beschwören viele Szenen in den bewegenden Annalen der Nation herauf und lassen auf überfüllte Ereignisse in der kaum weniger interessanten Geschichte des industriellen Fortschritts schließen; Während die Landschaft entlang der Straße in vielen Bezirken von höchster Schönheit ist, reicht sie von Extremen wie dem ruhigen Hirtenland jenseits von St. Albans über Northamptonshire und Leicestershire bis zu den wilden Mooren von Staffordshire und der feierlichen Schönheit von Lancaster und Solway Sands, die schroffen Höhen von Shap Fell und die trostlosen Moore zwischen Moffat und Douglas Mill.

DER ERSTE GLASGOW-TRAINER

Die ersten Abschnitte der Straße sind mit der Great North Road und der Holyhead Road identisch. In Hadley Green, hinter Barnet, verabschieden wir uns von der ersten, und in Hockliffe , 37½ Meilen von unserem

Ausgangspunkt entfernt, zweigen wir nach rechts von der zweiten dieser großen Autobahnen ab.

EINE Kommunikation zwischen London und Glasgow war in den Anfängen des Trainerwesens undenkbar; und es lag in der Natur der Sache, dass die Reise nie ohne Unterbrechung unternommen wurde, bis die Eisenbahnreise die Lage völlig veränderte. Aber Glasgow war schon früh von der Notwendigkeit öffentlicher Verkehrsmittel zwischen sich und anderen Teilen überzeugt; und zu einem so fernen Zeitpunkt wie 1678 war es gelungen, einen scheinbar von der Stadt unterstützten Busdienst zwischen Glasgow und Edinburgh einzurichten. Diese Kutsche wurde von William Hoorn, Hoon oder Hume, „ Marchand in Edinburge ", unterhalten, der ein Stipendium von £22 4 *s erhielt*. 5 *Tage* , und ein jährlicher Zuschuss von £11 2 *s*. 3 *T*. , zwei Jahre im Voraus und für eine Laufzeit von fünfeinhalb Jahren von den Richtern gezahlt. Der Fahrpreis betrug 8 *s*. im Sommer und 9 *s*. im Winter; die Bürger von Glasgow sollen den Vorzug haben.

Es machte sich einmal in der Woche auf den Weg, und mit viel Mühe schleppten seine sechs Pferde es in drei Tagen die 44 Meilen zurück.

Wie lange dieser gewagte Dienst dauerte, ist nicht bekannt, wahrscheinlich aber nicht über einen längeren Zeitraum. Im Jahr 1743 wurde erneut festgestellt, dass der Stadtrat von Glasgow versuchte, eine Postkutsche oder „ Lando " einzurichten, die einmal pro Woche im Winter und zweimal im Sommer verkehren sollte. Es wurden Verhandlungen mit einem gewissen John Walker aufgenommen und der vorgeschlagene Fahrpreis betrug 10 *s*. ; aber erst 1749 wurde eine regelmäßige Verbindung zwischen Glasgow und Edinburgh hergestellt.

Mittlerweile gab es zwischen Glasgow und London nichts, was einer Busverbindung gleichkam. Um die Metropole mit öffentlichen Verkehrsmitteln zu erreichen, musste man zuerst mit diesem gebührenpflichtigen Transportmittel von Mr. William Hume fahren und sich dann, angekommen in Edinburgh, einen Sitzplatz für die gewaltige Reise nach Süden sichern. Es ist keine bloße Redensart, diese frühe Kutschfahrt nach London als „enorm" zu bezeichnen; denn es dauerte je nach den Umständen und der Jahreszeit neun bis zwölf Tage. Das Unternehmen von Glasgow, so wird man erkennen, war keinem so großen Unterfangen gewachsen.

Zu einer Zeit, als die Menschen ohne körperliche Behinderung – die schließlich die einzigen Menschen waren, die so etwas ertragen konnten – die einzigen Menschen waren, die reisten, außer unter dem äußersten Druck der Notwendigkeit, ritt ein Reiter die Distanz in sechseinhalb Stunden sieben Tage, und die Postboten, die die Post vor der Einrichtung von Postkutschen beförderten, schafften es gewöhnlich in fünf Tagen; und so waren die unternehmungslustigen Glasgower Stadträte möglicherweise der Ansicht, dass es zu dieser Zeit keine Notwendigkeit gab, eine Kutsche nach London zu unterstützen.

BÜHNE UND POST NACH GLASGOW

Daher war es vergleichsweise spät in der Geschichte des Reisebuswesens, dass Glasgow und London durch einen direkten Busdienst verbunden wurden, aber ab dem 26. Dezember 1773 wurden London und Carlisle Post Coaches angekündigt, die über Boroughbridge verkehrten. Sie verkehrten zwischen „George" und „ „Blue Boar", Holborn, und „Bush", Carlisle; Sie brachen mittwochabends von London und sonntagabends von Carlisle aus auf und führten die Reise in drei Tagen durch. Sie hatten Platz für sechs Innenpassagiere und zwei Außenpassagiere; und die Fahrpreise betrugen innen 3,16 £ . , und raus, £2 6 *s.* Passagiere, die auf der Straße befördert wurden, zahlten zwischen zwei und drei Pence pro Meile. Hunde waren mit einer Strafe von 5 £ strengstens verboten.

Erst 1788 erfahren wir von „Plummer's Glasgow and London Coach", der die Strecke in 65 Stunden zurücklegte. Im selben Jahr, am 7. Juli, kam nach einer Fahrt von 66 Stunden die erste Postkutsche aus London in Glasgow an; mit einer Durchschnittsgeschwindigkeit von etwa 6 Meilen pro Stunde. Die Route verlief entlang der Great North Road bis nach Boroughbridge, von wo aus sie über Leeming Lane, Catterick, Greta Bridge und Brough weiter zur Manchester and Glasgow Road bei Penrith führte. In Carlisle angekommen, hielt es an und ein zweiter Bus nahm die Fahrt nach Glasgow auf.

In der Ära des Posttransports zu Pferd, die damit zu Ende ging, hatte Glasgow seine Londoner Post sozusagen aus zweiter Hand über Edinburgh erhalten und abgeschickt , und diese neu gewonnene Unabhängigkeit, die der rivalisierenden Stadt entrissen wurde, wurde mit angemessener Begeisterung aufgenommen , Scharen jubelnder Bürger ritten los, um die Ankunft der Post zu beobachten und sie an ihren Bestimmungsort zu begleiten.

Wie die Post in den ersten etwa zwölf Jahren ihres Bestehens aussah, sehen wir in der Abbildung nach James Pollard auf der gegenüberliegenden Seite ; obwohl wir ziemlich sicher sein können, dass die Kutsche in ihrer langsamsten Zeit nie auf die hier abgebildete langsame und würdevolle Weise vorankam — ähnlich der traurigen Überlegung einer Beerdigung. Dies ist lediglich die frühe Pollard-Konvention, die in vielen seiner Produktionen zu sehen ist.

Die erste Glasgower Post verlief keineswegs direkt, und zwischen Boroughbridge und Penrith verlief sie über wildes und schwieriges Land, so dass es ihr oft nicht gelang, den Takt einzuhalten. Aber trotz dieser Schwierigkeiten wurde diese Route bis 1835 beibehalten – nur durch gelegentliche Abzweigungen in Leeds und Ripon verändert – und dank der Straßenverbesserungen zwischen London und Doncaster waren sogar einige Beschleunigungen möglich.

DIE GLASGOW-POST, UM 1800.

[Nach J. Pollard.

Es muss zu einem frühen Zeitpunkt dieser Überarbeitungen des Zeitplans gewesen sein, dass Professor John Wilson, der athletische „Christopher North", die ihm zugeschriebene Gehleistung vollbrachte. Enttäuscht darüber, dass er sich keinen Platz auf der Poststrecke von Penrith nach Kendal gesichert hatte, gab er dem Kutscher seinen Mantel und machte sich auf den Weg, die 26 Meilen zu Fuß zurückzulegen, wobei er einige Zeit vor der Kutsche in Kendal ankam. Anschließend ging er weiter zu seinem Haus in Elleray .

BESCHLEUNIGUNGEN

Als dieser gute alte Sportler, Colonel Hawker, im Jahr 1812 von London nach Glasgow reiste, nahm die Reise fast siebenundfünfzig Stunden ununterbrochener, unermüdlicher Anstrengung seitens der vielen Kutscher, Wachen und Pferde sowie der passiven Standhaftigkeit in Anspruch das der Reisenden , die es schließlich am schlimmsten hatten; Denn während Pferde, Wachen und Kutscher unterwegs häufig gewechselt wurden und wie flüchtige Geister vor ihrer müden Vision vorbeizogen, hielten sie bis zum bitteren Ende durch. Gut für diejenigen, die gezwungen waren, in einem Zug durchzukommen, wenn es Sommer wäre, in dem diese drei Nächte und zwei

Tage voller Unannehmlichkeiten ertragen würden; aber die Mutigsten hätten vor der Aussicht auf eine solche Reise im Winter vielleicht Angst gehabt.

Im Jahr 1821 erreichte die Kutsche Carlisle in der als ausgezeichnet geltenden Zeit von 41 Stunden und 40 Minuten von London aus, was einer Geschwindigkeit von etwas weniger als 7¾ Meilen pro Stunde für die 311 Meilen entspricht. Dennoch traf die Post erst um 13.40 Uhr am Nachmittag des dritten Tages in Carlisle ein; Ankunft in Glasgow am nächsten Morgen um 4.50 Uhr. Zeit, von London nach Glasgow, 56 Stunden 50 Minuten.

Bis 1825 kam es jedoch zu einer weiteren Beschleunigung. Die Post kam um 6.7 Uhr morgens in Carlisle an; sogar 7 Stunden 33 Minuten früher. Die Leute hoben erstaunt die Hände und waren der Meinung, dass die Wunder niemals aufhören würden: Eine Geisteshaltung, die die Glasgower voll und ganz teilten, die mit Genugtuung, die durch die natürliche schottische Ruhe kaum zu verbergen war, sahen, wie die Post verhältnismäßig im Postamt einging früh.

Sie hatten völlig Recht: Die Wunder hörten *nicht* auf; denn im Jahr 1837 wurde eine weitere Einsparung von 1 Stunde und 50 Minuten für Carlisle erzielt , da die Postkutsche am zweiten Morgen um 4.17 Uhr aus London ankam, Zeit: 32 Stunden und 17 Minuten; und Ankunft in Glasgow um zwei Uhr desselben Nachmittags: zweiundvierzig Stunden für die gesamte Reise. Dieser wirklich erstaunliche Fortschritt gegenüber frühen Aufführungen wurde nur durch die lange Reihe von Verbesserungen ermöglicht, die zwischen 1798 und 1834 an der Straße zwischen Carlisle und Glasgow vorgenommen wurden und durch die nicht nur die Steigungen und die Oberfläche verbessert wurden, sondern auch neuere und kürzere Straßenabschnitte war gestrichen worden, wodurch sich die tatsächliche Kilometerleistung von 405 Meilen auf 397 Meilen und 6 Furlongs reduzierte.
[1]

Die Post in dieser letzten Phase war nicht die ganze Zeit über einer der Top-Wagen, die unter der Leitung der Post verkehrten; In der Geschwindigkeitsliste belegte es nur den dreizehnten Platz und zeigte eine Durchschnittsleistung von 9,34 Meilen pro Stunde im Vergleich zu der schnellen Bristol-Post, die mit 10,3 über die Straße raste, fast eine Meile pro Stunde schneller. Bei einer Analyse ergibt sich jedoch für die 95 Meilen entlang Telfords prächtiger Carlisle und Glasgow Road eine sogar etwas höhere Geschwindigkeit als die der Bristol-Post selbst; Und viele Jahre nach dem Verschwinden der Kutschen gab es bewundernde alte Leute, die sich mit einer Bewunderung, die nicht frei von Schrecken war, an die ungeheure Geschwindigkeit der Post in Glasgow erinnerten, als sie die Seite von Stanwix Brow außerhalb von Carlisle herunterriss.

DIE MAILS

Die begleitenden offiziellen Zeitpläne der Post von London und Carlisle sowie von Carlisle und Glasgow aus dem Jahr 1837 werden sich als interessant erweisen:

ALLGEMEINES POSTamt – DER EARL OF LICHFIELD. Der Generalpostmeister Ihrer Majestät.

Time Bill, London und Carlisle Mail.			
Namen der Auftragnehmer.	**Meilen und Furlongs.**	**Zeit erlaubt.**	
			Versand vom Generalpostamt 183 , um 20 Uhr, Bus Nr. verschickt.
		H.M.	Mit Uhrentresor Nr. bis .
Sherman	11 2	1 18	Ankunft in Barnet um 9.18 Uhr
	8 4		Hatfield.
	5 4	1 28	Ankunft in Welwyn um 10.46 Uhr.
W. & G. Wright	6 3		Stevenage .
	5 7	1 20	Ankunft in Baldock , 12.6.
	7 5		Biggleswade .
	1 4	0 56	Ankunft in Caldecot , 1.2 Uhr morgens
	8 4	0 53	Ankunft in Eaton Socon , 1,55.
Arnold	5 4		Buckden .
	5 1	1 4	Ankunft in Alconbury um 2:59 Uhr.
Coveney	.9 2	0 57	Ankunft in Stilton, 3.56 Uhr.
T. Whincup	8 5		Wansford.
	6 0	1 32	Ankunft in Stamford, 5.28 Uhr.
H. Whincup	8 0	0 50	Ankunft in Stretton, 6.18 Uhr.
Burbidge	5 1		Colsterworth.

	8 1	1 22	Ankunft in Grantham um 7.40 Uhr. nach Zeitmesser, nach Uhr. Trainer Nr. ist nach vorne gegangen. Geliefert wurde die Uhr sicher, Nr. bis .
		0 40	Vierzig Minuten erlaubt.
	6 0	0 36	Ankunft in Foston um 8.56 Uhr.
Lawton	8 0	0 48	Ankunft in Newark um 9.44 Uhr.
	13 1	1 19	Ankunft in Ollerton am 11.3.
Lister	8 4	0 49	Ankunft in Worksop , 11.52 Uhr.
Dawson	8 3	0 48	Ankunft in Bagley um 12.40 Uhr.
	4 1	0 23	Ankunft in Wadsworth um 13.3 Uhr
Dunhill	4 1	0 23	Ankunft in Doncaster, 1.26.
Outhwaite	14 3	1 27	Ankunft in Pontefract , 2.53 Uhr.
	100	0 59	Ankunft in Aberford um 3.52 Uhr.
Cleminshaw	7 4	0 44	Ankunft in Wetherby um 4.36 Uhr. Trainer Nr. ist nach vorne gegangen. Nach Zeitmesser bei ; nach Uhr ;aus um ,nach Uhr.
		0 35	Fünfunddreißig Minuten erlaubt.
	12 1	1 12	Ankunft in Boroughbridge, 6.23 Uhr.
Kochen	12 1	1 12	Ankunft in der Leeming Lane um 7.35 Uhr.

	Meilen und Furlongs.	Zeit erlaubt.	
Könnte gut sein	11 0	1 6	Ankunft an der Catterick Bridge um 8.41 Uhr.
Fritteuse	9 0	0 54	Ankunft in Foxhall um 9.35 Uhr.
Martin	4 4	0 27	Ankunft im New Inn, Greta Bridge, 10.2.
	100	1 8	Ankunft im New Spital am 11.10.
	9 4	15	Ankunft in Brough um 12.15 Uhr.
Fritteuse	8 0	0 52	Ankunft in Appleby, 1.7 Uhr
Doulim	13 4	1 21	Ankunft in Penrith, 2.28 Uhr.
Teather	9 3	0 55	Ankunft in Hesketh , 3.23.
Barton	8 6	0 54	um 4.17 Uhr im Postamt, Carlisle , 183, an Trainer Nr. ist angekommen. Nach Zeitmesser ; nach Uhr.
	302 7	32 17	

Time Bill, Carlisle und Glasgow Mail.

Namen der Auftragnehmer.	Meilen und Furlongs.	Zeit erlaubt.	
			Versand vom Postamt , Carlisle , 183, um 5 Uhr morgens per Uhr; per Uhr . Die Londoner Post kam um 4:17 Uhr an. Die Manchester Post kam um 4:48 Uhr an. Der Wagen Nr. wurde abgeschickt. Mit Uhrensafe, Nr. ; Zu .
		H. M.	

Teather , junr .	9 6	0 55	Ankunft in Gretna um 5.55 Uhr.
Burn & Paton	9 2	0 53	Ankunft in Ecclefechan um 6.48 Uhr.
	5 6	1 1	Lockerbie.
	5 0		Ankunft in Dinwoodie Green um 7.49 Uhr.
Wilson	9 3	0 53	Ankunft im Beattock Bridge Inn um 8.42 Uhr. Die Taschen wurden für Moffat abgeworfen. Mautstelle. Taschen für Leadhills abgeworfen .
	14 0	1 44	Ankunft in Abington, 10.26 Uhr.
	4 3		
Burn & Paton	9 0	0 52	Ankunft in Douglas Mill, 11.18 Uhr. Gepäck für Lesmahago abgeworfen .
	6 0	0 46	Angekommen bei Knowknack , 12.4.
	2 0		
	9 3	0 53	Ankunft in Hamilton um 12.57 Uhr.
	11 0	1 3	per Uhr um 14:00 Uhr im Postamt von Glasgow , 183, an ; um Uhr. Bus Nr. ist eingetroffen , hat die Uhr sicher geliefert, Nr. , Zu .
	94 7	9 0	

In ihren letzten Jahren wurden die Poststrecken Carlisle und Glasgow sowie Carlisle und Edinburgh jedoch mit einer Geschwindigkeit von 11 Meilen pro Stunde gefahren: Die Zeit zwischen Carlisle und Glasgow wurde auf 8 Stunden 32 Minuten verkürzt. Vorsichtige Leute hielten sich von solchen Aufführungen fern, da es häufig zu Unfällen kam. Aber es war nicht die Geschwindigkeit, die den schrecklichen Unfall mit der Post von Carlisle nach

Manchester verursachte, die am 25. September 1835 in Penrith umkippte. Die Kutsche fuhr am Gasthaus „Greyhound" vorbei, als die Pferde, aufgeschreckt von einem plötzlichen Gewitter, die Kutsche umwarfen. Ein Herr auf dem Dach wurde getötet, drei weitere Außenstehende und der Kutscher waren fassungslos.

Aber das war nicht das volle Ausmaß der Glasgow-Mails. Die Post von London und Manchester, die einst nicht über Manchester hinausging, wurde durch einen zweiten Trainer nach Carlisle verlängert. Diese und die reguläre alte Glasgow-Post trafen sich in späteren Jahren um vier Uhr morgens in Penrith und fuhren gemeinsam weiter nach Carlisle. Carlisle war daher ein geschäftiges Zentrum für die Post und schickte zusätzlich zu seinen örtlichen Kutschen und einer Post nach Edinburgh auch eine vierspännige Postkutsche nach Portpatrick aus , die die Post nach Nordirland beförderte. Diese verlief ebenfalls entlang der Hauptstraße bis nach Gretna, von wo aus sie nach Dumfries abzweigte; Weiterfahrt von dieser Stadt nach Portpatrick als zweigleisige Angelegenheit.

Die Kosten für die Beförderung per Postkutsche von London nach Glasgow waren enorm. Heutzutage ist eine Reise nach Amerika über eine Entfernung von 3.000 Meilen für weniger Geld möglich. Im Jahr 1812 kostete die Fahrt nach Glasgow für einen Innenpassagier allein für den Fahrpreis, abgesehen von den notwendigen Trinkgeldern für Kutscher und Wachen und ohne die Ausgaben für Essen und Trinken während dieser anstrengenden Stunden, nicht weniger als 10 8 Pfund . : mit einer Rate von etwa 6 $^1/_8$ $d.$ eine Meile. Heutzutage braucht der schnellste Zug genau acht Stunden, und der Fahrpreis für die erste Klasse beträgt, vergleichbar mit dem Postbusfahrpreis, 2,18 £ . ; während man in der dritten Klasse 33 Sekunden lang in größerem Luxus reisen kann als die alten Passagiere mit der Post .

III

Unannehmlichkeiten beim Reisen

In der Zeit als Trainer hielt es niemand für LOHNENSWERT , die Geschichte der Glasgower Post zu schreiben. Die harten, trockenen Fakten dazu können in Parlamentspapieren und auf den Seiten von Cary oder in den Trainerinformationen, die in Verzeichnissen dieser Zeit üblich waren, gesucht und mit einiger Sorgfalt gefunden und zusammengestellt werden; Doch nach intimen Berichten sucht man vergeblich. Reisende , die das Elend einer Fernreise erlebt hatten, waren nur allzu froh, mit ihnen fertig zu sein und die Erinnerung an ihre Leiden zu verdrängen. Bei schlechtem Wetter fast zweiundvierzig Stunden ununterbrochen auf dem Dach einer Kutsche verbracht zu haben, wobei sich jedes Haar wie die Stacheln eines Stachelschweins aufstellte und Regen, Tau und Raureif die trostlose Portion waren, verbot all den Glamour, den das mit sich brachte Diese alte Ära wird in diesem bequemen Zeitabstand betrachtet.

Es gab nur wenige, die eine solche Reise ohne Unterbrechung überstehen konnten; und für die wenigen, die aus irgendeinem Grund gezwungen waren, von einem Ende zum anderen zu eilen, muss die Erinnerung wie eine wahre Phantasmagorie verschwommener Szenen und schmerzender, müder Glieder gewirkt haben.

DIE GLASGOW-POST VERLÄSST DEN HOF VON „BULL AND MOUTH".

[*Nach C. Cooper Henderson.*

Daher erhalten wir nur kurze und unzusammenhängende Einblicke in den Fortschritt der Post. Das beredteste Bild des Elends stammt zweifellos von Charles Kirkpatrick Sharpe, der im November 1800 eine Reise von Carlisle nach London beschrieb:

„Nachdem ich eine schlaflose Nacht in Carlisle verbracht hatte, wurde ich am nächsten Morgen ohne einen Bissen Frühstück weggebracht und nach kurzer Zeit wurde ich so krank und krank, dass ich zweimal fast ohnmächtig geworden wäre. Als wir in Penrith anhielten und einen alten Herrn aufsuchten, bekam ich einen großen Schluck Gin, der mir große Dienste leistete; und wir zogen weit und weit durch Schnee und Eis und weiter, als ich sagen kann, bis ich einschlief und eine viel bessere Nachtruhe hatte als in diesem verfluchten Carlisle. In der Nacht (aber der Himmel weiß wo) haben wir zwei Männer mitgenommen, die nach London wollten; und siehe da! Als es um das Tageslicht ging, überkam mich ein weiteres Bedenken. Und als wir in Stilton ankamen, blies ein so schrecklicher Sturm mit Hagel, Schnee und Wind, dass die sechs Pferde eine Stunde und zwanzig Minuten lang nicht weiterkamen, sondern immer versuchten, sich in die Ställe zurückzuziehen. Solch ein Tritt, ein solches Aufziehen von Tieren, ein solches Fluchen und Fluchen gegenüber Männern (die einen stärkeren Beigeschmack des großen Tieres in sich hatten als selbst ihr Vieh) habe ich noch nie zuvor erlebt; und nachdem jeder Knüppel im Haus – ja, sogar der Privatstock meiner Vermieterin, mit dem sie ihren Gatten zurechtweist – über ihren Rücken verbogen oder gebrochen worden war, kamen sie so langsam voran, dass wir London erst um acht Uhr morgens erreichten. Hier gab es keinen Frieden für die Bösen. Das „Bull and Mouth", der schmutzigste Ort, den Sie je gesehen haben, löste in mir eine solche Abneigung dagegen aus, dort zu bleiben, wo ich war, dass ich in der schweren Kutsche, die an diesem Tag um eins fuhr, Platz nahm und mich auf ein Bett legte bis zur Abreise. Hier wurde mein Kopf wirklich sehr krank, so dass ich kein Auge zugetan habe."

EIN BETROFFENER REISENDER

„Stinkender, lauter Schweinestall", nennt er an anderer Stelle den „Bull and Mouth", aber wir müssen uns daran erinnern, dass Sharpe sehr affektiert war, ein Bündel feiner Gefühle und ein Poseur: einer, kurz gesagt, hundert Jahre vor seiner Zeit *geboren* , und keineswegs einer dieser robusten Engländer, für die Lärm und Stallgerüche nur die gewöhnlichen und alltäglichen Vorkommnisse von Kutschfahrten und Kutschengasthöfen waren.

Nichts, wie Sie deutlich erkennen, hätte Sharpe zur Begeisterung erwecken können. Aber es waren damals einige überaus enthusiastische Menschen unterwegs, und die mitreißenden Nachrichten, die sie mitbrachten, hatten oft Grund, ihre Stimmung zu jubeln. Denn mit der Post kamen Nachrichten über die Schlachten am Nil, von Trafalgar, von Waterloo; und mancher Park am Wegesrand wurde von Lorbeerzweigen befreit, um die Kutsche mit Siegesabzeichen zu schmücken. Oftmals gelangte die Post auf diese Weise nach Glasgow: geschmückt mit den Braunen, eine rote Fahne wehte vom Dach, der Wachmann trug seinen besten scharlachroten Mantel und den goldbesetzten Hut und ließ sein Signalhorn ertönen, während die Pferde in donnerndem Tempo dahingaloppierten das Galgentor. Als er gegen sieben Uhr morgens am Fuße der Nelson Street ankam, bestand seine Aufgabe darin, bei diesen historischen Anlässen dreimal seine Donnerbüchse in die Luft abzufeuern. Dann eilten alle in das „Tontine"-Kaffeezimmer, um die Neuigkeiten zu erfahren und die Papiere zu holen: Jemand mit lärmender Stimme wurde im Allgemeinen ausgewählt, um die Depeschen zum Wohle der Allgemeinheit laut vorzulesen .

Eine spannende Geschichte aus jenen alten Zeiten, als wir uns im Allgemeinen mit Frankreich im Krieg befanden, ist die eines gewissen Archibald Campbell, eines Kaufmanns aus Glasgow, der es versäumt hatte, eines seiner Schiffe zu versichern, und in den letzten Wochen vor Fälligkeit Buße tat seines Versäumnisses. Alarmiert versuchte er, eine Versicherung bei einem Büro in Glasgow abzuschließen, stellte jedoch fest, dass die Prämie so hoch war, dass er beschloss, Schiff und Fracht in London zu versichern. Dementsprechend schrieb er an seinen Londoner Makler und beauftragte ihn, zu den bestmöglichen Konditionen zu versichern. Der Brief wurde um 14 Uhr von der Postkutsche aufgegeben und dort zurückgelassen. Um sieben Uhr in dieser Nacht erhielt er einen Express von Greenock, der die sichere Ankunft seines Schiffes ankündigte, und schickte sofort seinen Chefschreiber los, um die Kutsche zu verfolgen die Anweisung, es nach Möglichkeit zu überholen oder, falls dies nicht möglich ist, nach London zu fahren und dem Makler eine Mitteilung zu übermitteln, in der er die Versicherung widerruft.

Aber trotz aller Anstrengungen, die Postillionen zu drängen, gelang es dem Beamten nicht, die Post einzuholen, deren Startzeit fünf Stunden betrug. Er kam kurz darauf in London an und begab sich früh am Morgen noch vor der morgendlichen Lieferung zum Wohnsitz des Maklers, womit er den Auftrag widerrief; mit dem Ergebnis, dass eine Versicherung, die 1.500 £ gekostet hätte, auf Kosten von 100 £ eingespart wurde.

SCHNELLER ALS DIE POST

Dies waren die Vorfälle, die die Post auf ihrer langen Reise begleiteten; Sie waren jedoch bereits aus dem allgemeinen Wissen verschwunden und wurden hauptsächlich in den Erinnerungen einiger älterer Menschen aufbewahrt, als ihre letzten Tage im Februar 1848 kamen. Sie hatten „Zeiten des Friedens" gepfiffen, seit die Echos von Waterloo verklungen waren , im Jahr 1815; und aus zwei Gründen wurden Nachrichten über große Probleme nicht mehr per Post überbracht. Erstens, weil große nationale Ereignisse seltener geworden waren ; und zweitens, weil unternehmungslustige Leute, die noch schneller reisten als die Postkutsche und zu jeder beliebigen Stunde aufbrachen, als es besonders bedeutsame Nachrichten gab, die Spitzenposition dieses alten nationalen Geheimdienstes gestohlen hatten. Als beispielsweise das große Reformgesetz nach einer langen Zeit gefährlicher politischer Agitation endlich am Samstag, dem 14. April 1832, um 6.35 Uhr morgens im House of Lords verabschiedet wurde, verließ ein Mr. Young von der Zeitung The Sun das House of *Lords* Strandte fünfundsechzig Minuten später in einer Post-Chaise und vier, mit Exemplaren von *The Sun* , die er zwischen 6.30 und 7.30 Uhr drucken ließ und die einen Bericht über die Debatte und die Spaltung enthielten, und reiste buchstäblich „post-eilig" nach Glasgow. Am nächsten Tag, Sonntag, um 19.30 Uhr, stieg er am Haus seines Agenten Thomas Atkinson in der Miller Street in Glasgow aus, nachdem er die Fahrt in 35 Stunden und 50 Minuten zurückgelegt hatte: eine Geschwindigkeit von 11¼ Meilen pro Stunde, einschließlich Pausen für den Pferdewechsel durchgehend eine Stunde.

Anscheinend waren bei dieser Gelegenheit auch andere unterwegs, die ähnlich engagiert waren, denn John Bright sprach nach Jahren, in denen er damals mit dem „Peveril of the Peak" von Manchester nach London gereist war und Folgendes erlebt hatte: Gemeinsam mit den anderen Passagieren „beobachtete, wie etwas auf uns zukam. Wir sahen galoppierende Pferde und mit großer Geschwindigkeit heranfahrende Kutschen. Nach und nach sahen wir zwei Kutschen mit vier Pferden, in denen jeweils zwei oder drei Männer saßen. Sie warfen im Vorbeigehen Pakete aus jedem Fenster und galoppierten so schnell, wie Pferde nur möglich waren. Es handelte sich um Expresswagen, die aus London kamen und allen Menschen im Land – denn damals gab es weder Telegrafen noch Eisenbahnen – die Nachricht vom glorreichen Triumph der Volksprinzipien überbrachten, sogar im House of Lords, denn dieses Haus hatte getagt die ganze Nacht, und erst am Morgen kam es zu einer Meinungsverschiedenheit im Repräsentantenhaus und die zweite Lesung dieser großen Maßnahme wurde mit einer Mehrheit von neun Stimmen angenommen." Die Menschen dachten, das Jahrtausend sei gekommen, aber die Ereignisse haben bewiesen, dass dies nicht der Fall war; und den neuesten Meldungen zufolge wurde dies noch nicht einmal signalisiert .

IV

DER „FLIEGENDE COACH"

MANCHESTER , weniger als die Hälfte des Weges nach Glasgow, wurde in späteren Jahren sehr reichlich mit Reisebussen aus London versorgt; aber London und Manchester standen erst 1754 per Post in direkter Verbindung; und wenn es London überlassen geblieben wäre, eine Buslinie nach Manchester einzurichten, wäre das Datum zweifellos viel später gewesen. Tatsächlich ist anzumerken, dass die früheren Reisebusse zwischen London und den Provinzen fast ausnahmslos von Provinzbewohnern eingerichtet wurden, die London erreichen wollten. Die Metropole war immer herrlich gleichgültig; Doch als die Fabrikstädte in der Provinz zu entstehen begannen, richteten die Fabrikanten, die auf dem größten aller Märkte Geschäfte machen wollten und nichts anderes fanden, als zu Pferd von und nach London zu reiten, rasch einen Busverkehr ein. So kam es, dass der erste Trainer, der jemals zwischen Manchester und London verkehrte, von einer Vereinigung von Manchester-Männern gegründet wurde. Dies war die „Fliegende Kutsche" von 1754, die mit der Aussage angekündigt wurde: „So unglaublich es auch erscheinen mag, diese Kutsche wird tatsächlich (von Unfällen abgesehen) in viereinhalb Tagen nach ihrer Abreise aus Manchester in London eintreffen."

Wirklich und wahrhaftig! wie die Kinder sagen. Hier lächeln wir; Aber diese Projektoren des 18. Jahrhunderts nahmen die Dinge offensichtlich sehr ernst, wozu sie allen Grund hatten; und betrachtete die Einführung dieses Flugblatts zweifellos als eine wunderbare Leistung.

Sechs Jahre später, im Jahr 1760, wird die Kutsche der Herren Handforth , Howe, Glanville & Richardson gefunden, die die Reise in drei Tagen „oder so ungefähr" durchführt; und im Jahr 1770 begann die „London Flying Machine" von Samuel Tennant jeden Montag, Mittwoch und Freitag im Sommer in zwei Tagen von der „Royal Oak", Market Street, ihren Weg zu finden. Im Sommer ging es zur schockierenden Stunde um ein Uhr morgens los, musste aber in den Wintermonaten um vier Uhr morgens kassieren. als die Reise jedoch noch einen weiteren ganzen Tag erforderte.

Die früheren Reisebusse scheinen eingestellt worden zu sein, denn Tennants „Fliegende Maschine" war 1770 die einzige zwischen London und Manchester; aber für die weniger wohlhabenden und gemächlicheren Klassen, deren Zeit von geringem Wert war und deren Expedition deshalb von geringer Bedeutung war, gab es Matthew Pickfords Bühnenwagen („Fliegende Wagen ", wie er sie nannte), die im Allgemeinen einen Penny pro Meile kosteten. beförderte Passagiere und Güter in viereinhalb Tagen zwischen London und Manchester. Sie gingen mittwochs und samstags vom „Swan", Market Street Lane, aus; hatte aber mehrere Konkurrenten: vor allem Bass's Waggons , freitags, vom „Brunnen"; Cooper's, vom „Star", Deansgate, mittwochs und samstags; Hulse's, aus der „Windmühle", an denselben Tagen; Washington's, vom „Pack Horse", Mill Street Lane, dienstags; und Wood's von „Coach and Horses", Deansgate, mittwochs und samstags.

DIE MANCHESTER-POST

In den Jahren 1776–77 begann ein ernsthafter Wettbewerb um den Busverkehr zwischen London und Manchester. Zwei konkurrierende Unternehmen – die „London New and Elegant Diligence" und die „New Diligence" – starteten jeweils dreimal pro Woche in Manchester und dauerten nur zwei Tage die Reise durchzuführen. Der „New and Elegant"-Konkurrent startete vom Gasthaus „Upper Royal Oak", Market Street Lane, und fuhr an Macclesfield und Derby vorbei. Die Besatzung bestand aus dreizehn Passagieren, denen jeweils 14 Pfund Gepäck kostenlos zur Verfügung standen ; und der Fahrpreis betrug 2,6 £ . oder 3 *Tage.* eine Meile. Unter den Besitzern dieser Kutsche kommt der Name Pickford vor.

Die „New Diligence" (die offenbar vor ihrem „New and Elegant"-Kollegen gegründet wurde) ging über Matlock und Derby.

Das nächste große Ereignis war die Gründung der Manchester-Post im Jahr 1785. Sie verließ jeden Wochentagabend um 19.30 Uhr den Hof des „Schwanens mit zwei Hälsen" in Lad Lane und eine halbe Stunde später das Generalpostamt kam am nächsten Tag um 18 Uhr zu HC Lacys „Bridgewater Arms" in Manchester. Zeit: 22 Stunden; eine Geschwindigkeit von fast 8½ Meilen pro Stunde. In seiner besten Zeit, von 1825 bis zum Ende im Jahr 1837, bewältigte es die Reise in genau 19 Stunden mit einer Durchschnittsgeschwindigkeit von 9,66 Meilen pro Stunde.

In der Zwischenzeit wurde in den zweiundfünfzig Jahren, die die gesamte Karriere des Postkutschers bis zu seiner letzten Fahrt umfasste, das Postkutschenwesen auf der Straße nach Manchester völlig revolutioniert . Rivalität und Konkurrenz, so hart wie auf jeder Straße, brachten die Reisebusse zu einem solchen Grad an Perfektion, dass sie in puncto komfortables Reisen, wie man es damals verstand, allen anderen Strecken voraus waren; und mit einer solchen Geschwindigkeit, dass sie dem Besten für den Schnellverkehr entsprach.

Während dieser ganzen Zeit lagen die Bezirke nördlich von Manchester mehr oder weniger außerhalb der Reichweite der Londoner Postkutschenbesitzer, für die der vergleichsweise geringe Verkehr auf der Straße nach Lancaster, Carlisle und Glasgow keine großen Anreize für durchgehende Buchungen bot. Darüber hinaus waren Manchester und Carlisle selbst großartige Trainerzentren , deren Trainerbesitzer durchaus in der Lage waren, selbstständig zu arbeiten und solche Langstreckenkonkurrenz im Nachteil zu ertragen. Von „Bridgewater Arms", High Street, Manchester, gingen zahlreiche Postfilialen ab; Vom Gasthaus „Star" in Deansgate und dem Gasthaus „Mosley Arms" am Market Place fuhr eine lange Liste von Postkutschen nach Lancaster, Kendal, Carlisle und Glasgow sowie zu anderen Orten entlang der wichtigen Kreuzungen . während vom „Swan" Inn, dem „Flying Horse", dem „Palace" Inn und dem „Talbot" Market Street; der „Goldene Löwe" und „Bush", Deansgate; „Der Kopf des unteren Türken", Shude Hill; „Buck", Hängender Graben; „Boar's Head", Hyde's Cross und andere machten sich auf den Weg zu einem Schwarm von Kurzstreckenbussen.

DER „KURIER", MANCHESTER, CARLISLE UND GLASGOW
COACH.

[*Nach CB Newhouse.*

Der wichtigste Postunternehmer in Manchester in den Anfängen des Trainerwesens war Alexander Paterson, der 1788 vom Gasthaus „Lower Swan" in der Market Street Lane in das „Bridgewater Arms" umzog. Ihm folgte HC Lacy, der 1827 umzog in ein bis dahin privates Herrenhaus an der Ecke Market Street und Mosley Street und eröffnete es als „Royal Hotel und New Bridgewater Arms".

Das ältere Gasthaus wurde vor langer Zeit in Lagerhäuser umgewandelt, in denen sich derzeit die Herren Woodhouse, Hambly & Co. befinden.

DIE TAGESCOACHES

Zu den wenigen Postkutschen, die die gesamte Strecke von London nach Manchester und Glasgow zurücklegen sollten, gehörte der „Courier“, der in späteren Jahren eingeführt wurde und bis zur Eröffnung der Eisenbahn verkehrte. Sie startete jeden Wochentag um 15 Uhr von „Belle Sauvage “, Ludgate Hill, und von „Castle and Falcon“, Aldersgate Street, und verband sie mit einem Nebenbus in Carlisle mit Edinburgh.

V

SELTSAME Vorzeichen gesehen. Um 1824 begann die Ära der schnellen Tageskutschen, und statt der federlosen Wannen, des elenden Viehs und des Geschirrs, das hauptsächlich aus abgenutzten Lederstücken bestand und mit denen man sich herumschlagen musste, wurden schöne Fahrzeuge, schöne Pferde und anständige Pferdegeschirre für das reisende Publikum bereitgestellt Schnur, aus der die unbequemen alten Nachtwagen bestanden. Es war in mehr als einer Hinsicht eine neue Ära, denn es war die mittlerweile historische Zeit, in der erstmals pferdelose Fahrzeuge auf die öffentlichen Straßen kamen.

Die zwanziger Jahre des 19. Jahrhunderts waren für die frühen pferdelosen Fahrzeuge, die Dampfkutschen, fast ebenso bemerkenswert wie die heutige Ära für Benzin- und Elektroautos. Auch die Eisenbahnen begannen schon früh, den Post- und Postverkehr zu bedrohen; und lange, wirbelnde und komplizierte Kontroversen über den Straßen- und Schienenverkehr beschäftigten die Spalten der Presse und strömten in unzählige Broschüren über.

Nur wenige Menschen verfügten über genügend Vorstellungskraft, um ein Zeitalter der mechanischen Fortbewegung vorherzusehen. doch ein Pamphletschreiber, der leider anonym bleiben wollte, veröffentlichte 1824 etwas, was moderne Journalisten mit einem unzureichenden englischen Wortschatz zweifellos als *Broschüre* zu diesem Thema bezeichnen würden. Diese Broschüre mit dem Titel „*The Fingerpost*" trägt laut Titelseite den Titel „Von???". „Wer auch immer er war, der seine Identität hinter diesen drei Verhörnotizen verschleierte, er war mit Sicherheit ein Seher. Er hat unsere eigene Zeit mit klarem Blick vorausgesehen – und sie auch gerochen.

Er hielt es für „vernünftig, zu dem Schluss zu kommen, dass der nervöse Mann bald seinen Platz in einem von einer Lokomotive gezogenen oder angetriebenen Wagen mit mehr Unbekümmertheit und weitaus größerer Sicherheit einnehmen wird, als er jetzt in einem von vier Pferden gezogenen Wagen einnimmt." Ungleiche Kräfte und Geschwindigkeit, ausgestattet mit Leidenschaften, die keine Kontrolle, sondern überlegene Kraft anerkennen, und jeder für sich, für einen Moment, anfällig für alle Katastrophen, die das Fleisch erben muss. Sicherlich muss eine unbelebte Kraft, die nach Belieben mit dem Finger oder Fuß eines Menschen gestartet, gestoppt und geführt werden kann, dem Reisenden eine größere persönliche Sicherheit versprechen als eine Kraft, die aus tierischem Leben gewonnen werden kann."

EIN BLICK IN DIE ZUKUNFT

„Ich muss ihn bitten", fährt er fort, „seiner Fantasie freien Lauf zu lassen mit einem Ausflug etwa zwanzig oder dreißig Jahre in die Zukunft; Wenn er sich aus der dunklen, unansehnlichen, formlosen Maschine, die ihn jetzt schon in der Idee beleidigt, in eine Maschine von exquisiter Symmetrie und Schönheit verwandeln wird, die ebenso prächtig mit heraldischen Ehren geschmückt ist wie alle, die jetzt von den Etagen von Long Acre gestartet werden – eine Maschine das kann seine Nase mit dem Ausatmen eines wohltuenden Produkts der Erde verwöhnen, dessen Essenz zu einem unbedeutenden Preis gewonnen werden kann und dessen Duft zur Befriedigung des sensiblen Reisenden in der Brise verbleibt ; dass er, statt mit dem Rumpeln der Kutschen, sein Ohr mit der Harmonie süßer Klänge erfreuen kann."

Wundervoller Mann: durchdringende Intuition! Aber barbarischer Konservatismus versperrte ihm den Weg, und nicht dreißig Jahre, sondern eine ermüdende Zeit von zweiundsiebzig Jahren lag zwischen seinem Tag und der Erfüllung seines Traums. Im Jahr 1896 kam das Automobil, und wir haben jetzt eine Menge „Ausdünstungen", deren „Duft" in Form von stinkendem Benzin und frittiertem Schmieröl „im Wind zurückbleibt". während Straßen und Wege im Staub erstickt sind und in einer „Eintracht süßer Klänge" das Krachen von Zahnrädern und das Brüllen von Motorhupen widerhallt, wie die Stiere von Bashan, die an Bronchitis leiden.

Aber in dieser frühen Versuchsphase wurde (unter anderem) eine London and St. Albans Steam Carriage Company gegründet, die mit ihren ungehobelten Monstern mehrere Reisen unternahm. Es wurden sogar Vorschläge gemacht, einen „Dampfwagen"-Dienst nach Manchester einzurichten, wobei der Wagen eine Reihe von Güterwaggons hinter sich herziehen sollte ; Aber die Autobahnbehörden in Dunstable waren um den Zustand ihrer Straßen besorgt, als sie schon früh von diesem Vorschlag hörten, und bereiteten sich auf die unwillkommenen Besucher vor, beschafften Wagenladungen mit riesigen Steinen und übersäten die Straße mit ihnen. Sie brachten zwar die „Dampfkutsche" zum Stehen, zerstörten aber gleichzeitig beinahe die heruntergekommene Manchester-Post; und es dauerte lange, bis die Post ihnen erlaubte, ihren übermäßigen Eifer zu vergessen.

VI

BIS 1821 gab es entlang der Manchester Road vergleichsweise wenig Trainerwettbewerb. In diesem Jahr verkehrte auf der Coventry-, Atherstone-, Lichfield- und Congleton -Route nach Manchester (die nicht die Manchester Road ist, wie auf diesen Seiten betrachtet) der „Prince Cobourg"-Bus, der vom „Swan with Two Necks" aus startete. und war in genau sechsundzwanzig Stunden in Manchester; aber die „Defiance" befand sich im ersten Flug auf der hier gewählten Route. Es war nicht sehr schnell, denn es startete jeden Nachmittag um halb zwei vom „Schwan mit zwei Hälsen", Lad Lane, und kam erst um 5.30 Uhr am nächsten Nachmittag am „Bridgewater Arms", Manchester an: zwanzig- Sieben Stunden. Das war kurz vor der Ära des großen Chaplin, und zu dieser Zeit befand sich der „Schwan mit zwei Hälsen" noch im Besitz eines gewissen Kingsford, während das Kutschenbüro in seinem Hof in den Händen von William Waterhouse blieb, der dort Geschäfte betrieben hatte war seit 1792 als Postunternehmer und Kutschenbesitzer tätig und war mit den alten gemächlichen Gewohnheiten zufrieden. So wie es war, wurde die „Defiance " in diesem Jahr nur durch die „Regulator" erreicht , die von derselben Einrichtung aus verkehrte, kein Konkurrent war und eine etwas andere Route hatte, die über Buxton führte. Auch die Fahrt dauerte 27 Stunden. Der „Manchester Telegraph" brauchte damals dreißig Stunden.

Aber im Jahr 1822 wurde er wahrscheinlich zu großen Taten angespornt durch die Gründung eines klugen Rivalen, des „Independent", der abwechselnd von Nelsons Gasthaus „Bull" in Whitechapel und dem „Spread Eagle" in der Gracechurch Street aus arbeitete und jeden Tag London verließ Als er abends um 18 Uhr Manchester in vierundzwanzig Stunden erreichte, schaffte er es, die „Defiance" um zweieinhalb Stunden zu beschleunigen. In diesem Jahr dauerte die Reise vierundzwanzigeinhalb Stunden. Im Jahr 1826 wurde es zur „Royal Defiance" und war ab 18.30 Uhr in vierundzwanzig Stunden in Manchester.

Diese aufeinanderfolgenden Beschleunigungen waren wahrscheinlich William Chaplin zu verdanken, der sich offenbar nach und nach für das von Waterhouse so lange betriebene Geschäft interessierte und schließlich um 1825 seine Nachfolge antrat.

Die „Defiance" hatte in ihren früheren Jahren kaum etwas zu bieten. Im Jahr 1821 gab es einen „Manchester Telegraph" vom „Castle and Falcon", Aldersgate Street, der ebenfalls um 14.30 Uhr startete, aber für die Fahrt nicht weniger als neunundzwanzigeinhalb Stunden benötigte: eine sehr bescheidene Geschwindigkeit von etwa sechs Meilen eine Stunde. Doch 1823 erschien in Edward Sherman ein mächtiger Rivale, der sich dann im „Bull and Mouth", St. Martin's-le-Grand, als Kutschenbesitzer etablierte. Er war als Junge aus Wantage, Berkshire, mit der traditionellen Halbkrone in der Tasche nach London gekommen; und fand Arbeit am Oxford Market als Junge-Träger und verdiente 8 *d.* ein Tag. Von diesem dürftigen Lohn sparte er täglich 2 *d.* Einigen Berichten zufolge fand er seinen Weg an die Börse, in irgendeiner Verbindung mit einem gewissen Levy, einem wohlhabenden Farmer der Turnpike-Mautstellen, der ihm half, sich im „Bull and Mouth" zu etablieren. Er war ein großer, dunkler, gutaussehender Mann; einer der ganz wenigen, die damals einen Schnurrbart trugen, damals das Zeichen des schnellen, wilden jungen Kerls. Er heiratete die wohlhabende Witwe und Besitzerin des „Oxford Arms", Warwick Lane. Sie starb bald, und nicht lange danach folgte ihre Schwester, die ihm ihr Eigentum hinterließ. Anschließend heiratete er die Nichte seiner Frau.

E-MAILS VERLASSEN DEN HOF DES „SCHWANS MIT ZWEI HÄLSEN", 1834

[*Nach J. Pollard.*

Schließlich stieg er in den ersten Rang eines Kutschmeisters auf ; Er konkurrierte fast mit dem großen Chaplin selbst und leitete mehrere Trainer, die in scharfer Konkurrenz mit ihm standen. Er baute das „Bull and Mouth" wieder auf und besaß in seiner Blütezeit siebenhundert Pferde. Über fünfzig Post- und Postkutschen, hauptsächlich für die Nord- und Nordweststraßen, verließen alle vierundzwanzig Stunden seinen geräumigen Hof. Die großen Ställe wurden mit einer kleinen Stadt verglichen.

Er war kein Pferdemensch, aber seine Pferde und Kutschen waren die Besten. Die Waggons unterschieden sich leicht von allen anderen, da ihre unteren Teile und Räder hellgelb und die oberen Teile schwarz gestrichen waren.

DER MANCHESTER-TELEGRAPH

Der berühmte „Manchester Telegraph", der 1833 von Sherman gegründet wurde, verließ den „Bull and Mouth" um 5 Uhr morgens und erreichte Manchester um halb elf Uhr in derselben Nacht. Als die Konkurrenz zu Chaplins „Defiance" immer härter wurde, wurde die Geschwindigkeit um eine halbe und dann um eine ganze Stunde erhöht; Als das Tempo unter Berücksichtigung von zwanzig Minuten in Derby, wo „der Trainer speiste", und unter Berücksichtigung der verschiedenen Wechsel bei knapp zwölf Meilen pro Stunde lag.

Um diese teilweise hügelige Straße bei so hoher Durchschnittsgeschwindigkeit sicher befahren zu können, wurde der „Telegraph"-Wagen speziell mit Flachfedern konstruiert und konstruiert, was ihm einen vergleichsweise niedrigen Schwerpunkt verlieh .

Die strenge Führung des Coaching-Geschäfts lässt sich leicht anhand des beigefügten Stundenzettels erkennen, der bei jeder Fahrt mitgeführt wird:

ZEITRECHNUNG, „TELEGRAPH" LONDON UND MANCHESTER COACH, 1833						
Runter.		*Bewachen*				
	Verlassen Sie das „Bull and Mouth" um 5 Uhr morgens					
	Verließ den „Peacock" um 5.15 Uhr					
Eigentümer.	Setzt.	Meilen.	Zeit erlaubt.	Sollte ankommen.	Ist angekommen.	
			H. M.	H. M.		
Sherman	St. Albans	19½	1 54	7 9		
Liley	Redbourn	4½	0 22	7 31		
Fossey	Hockliffe	12½	1 10	8 41		

	Northampton -Frühstück		0 20			
Shaw	Harboro '	47½	4 30	1 31		
	Leicester-Geschäft		0 5			
Pettifer	Loughboro '	26	2 27	4 3		
	Derby-Dinner		0 20			
Mason	Ashbourne	30	2 48	7 11		
Holz	Wasserhäuser	7½	0 43	7 54		
Linley	Bullock Smithy	29½	2 46	10 40		
Wetherald & Co.	Manchester	9	0 50	11 30		
		186	18 15			
Wache (Unterschreiben Sie Ihren Namen)				*Uhr Nr. ......*		

BEOBACHTEN. — Das ist eine Geldstrafe von 1 *s*. Für jede Minute, die er auf seiner Etappe oder seinen Etappen verloren hat, muss jeder Besitzer eine Gebühr pro Minute zahlen, wobei der Kutscher und der Wachmann jeweils zur Hälfte haftbar gemacht werden, sofern ihre Arbeitgeber einen ausreichenden Grund zur Durchsetzung sehen.

Wenn der Wachmann bei seinem Eintreffen an einem der oben genannten Orte eine falsche Datierung des Stundenzettels vornimmt oder die Datierung überhaupt vernachlässigt (entweder mit Feder und Tinte oder Bleistift), wird ihm eine Geldstrafe von 5 s auferlegt . für jeden Standardwert. Der Wachmann muss bei seiner Ankunft im „Bull and Mouth" auch seine Zeitrechnung im Büro lassen, andernfalls verliert er 5er. für jede Auslassung.

DER „MANCHESTER TELEGRAPH", 1834

[*Nach Robert Havell* .

Shermans „Estafette" war ein großer Fortschritt im Trainer-Luxus und ein Produkt des harten Wettbewerbs in den letzten Trainerjahren. Der Innenraum wurde mit einer Reflektorlampe beleuchtet, die eine elegant gravierte Elfenbeintafel beleuchtete, auf der eine Tabelle mit allen Städten auf der Route, Entfernungen und Zwischenzeiten zu sehen war.

GESCHWINDIGKEIT UND LUXUS

Ein sehr erfolgreicher Reisebus, der in späteren Jahren immer gut belud, war der „Peveril of the Peak", der mit dem „Telegraph" und dem „Defiance" konkurrierte, indem er London zu etwas späterer Stunde verließ. Ein weiterer schneller Nachtbus war der „Red Rover" von Robert Nelson von der „Belle Sauvage ", Ludgate Hill. Es begann um 19 Uhr und die Reise dauerte zwanzig Stunden über die vergleichsweise ebene Holyhead Road nach Birmingham und Wolverhampton und von dort über Newcastle-under-Lyme und Congleton . Der „Rote Rover" war unverwechselbar, denn nicht nur die Kutsche selbst war rot, auch die Wachen trugen rote Hüte und rote Mäntel. Sherman kaufte Nelson bald auf und nahm den „Red Rover"; aber Nelson baute sofort eine weitere auf derselben Route ein und nannte sie „Bienenstock". Es ging ins andere Extrem und machte sich um 8 Uhr morgens auf den Weg, um am nächsten Morgen um 4 Uhr in Manchester anzukommen. Es war der letzte Ton in Sachen Reisekomfort, denn es war nicht nur innen mit einer Leselampe ausgestattet und die Innensitze waren mit Federkissen ausgestattet, sondern jeder Sitz war auch nummeriert, um Streitigkeiten zu vermeiden.

Im Jahr 1834 wurde die Konkurrenz zwischen den Busbesitzern auf den Hauptstrecken so heftig, dass ein Vernichtungskrieg ausbrach; Die stärkeren Männer streben danach, die kleineren zu vernichten, indem sie die Fahrpreise unter das Lohnniveau senken. Auf dieser Straße war es zeitweise möglich, zum halben früheren Fahrpreis zu reisen und die 186 Meilen bis Manchester in 40 *Sekunden zurückzulegen.* drinnen und 20 *s.* aus; Aber billiges Reisen war durch die Unfälle, die diese übertriebene Rivalität mit sich brachte, teuer erkauft. Hinzu kamen die üblichen und unvermeidlichen Missgeschicke auf der Autobahn. So wurde die Manchester „Defiance" im August 1835 in Brailsford durch die Pferde, die vor einem weißen Tor scheuten, umgeworfen, als ein Mr. Holbrook getötet wurde; und der „Peveril of the Peak" wurde im September 1836 umgeworfen, wobei ein Passagier und der Kutscher zu Tode zerquetscht wurden.

Die Busbesitzer mit den längsten Geldbörsen hätten natürlich mit der Zeit die kleineren Männer in diesem Billigpreiskrieg vernichtet; Und schon bevor die Eisenbahn große und kleine Menschen in einen gemeinsamen Schwebezustand trieb, spürten diejenigen mit geringen Mitteln die Belastung durch die täglichen Ausgaben und konnten manchmal ihre Autobahnrechnungen kaum begleichen – besonders schwer auf dieser Straße.

Die belastende Belastung durch die Mautpflicht für Postkutschen lässt sich nur durch die Nennung eines konkreten Beispiels nachvollziehen . Der Betrag, der für eine einzelne Fahrt nach Manchester anfiel, betrug nicht weniger als £ 5 13 *s.* 5 *Tage* , und das war keineswegs außergewöhnlich. Natürlich hielt der Bus nicht an jedem Tor an, um die Maut zu entrichten, sondern es war üblich, die Maut monatlich zu begleichen. Die Belastung scheint für Busbesitzer hoch zu sein, wurde jedoch, wie jede andere Steuer, letztendlich vom Verbraucher erhoben und schließlich von den Busfahrgästen in ihren Fahrpreisen bezahlt, die auf der Grundlage der Ausgaben der Busbesitzer berechnet wurden.

Mit der Eröffnung der London and Birmingham Railway nach Manchester im Jahr 1837 wurde dieser Kleinkrieg endlich beendet, und das Geschäft der Kutschenbesitzer schien beendet zu sein. Im Jahr 1836, als die Eisenbahn bis nach Birmingham eröffnet worden war, waren Chaplin und Benjamin Worthy Horne, zwei der größten Eigentümer, dazu veranlasst worden, sich von der Straße zurückzuziehen und ihr Interesse auf die Seite der neuen Methoden zu richten; aber Sherman weigerte sich, etwas Derartiges zu hören. Er war der mutigste, um nicht zu sagen, der eigensinnigste aller Männer; durch und durch britisch in den Merkmalen der Verbissenheit und des Unwillens, sich geschlagen zu geben. Er glaubte nicht an die Eisenbahn, bis ihn die traurige Tatsache, dass seine Waggons leer über die Straße fuhren, mit erheblichem Verlust überzeugte; und als es 1837 zu vorübergehenden

Schwierigkeiten zwischen der Öffentlichkeit und der Eisenbahn kam und einige bereits die alten Zeiten bereuten, stürzte er sich und baute seinen „Red Rover"-Wagen wieder auf, der ein Jahr oder länger hielt und bei der Manchester-Fahrt schwere Verluste erlitt Volk und Eisenbahn hatten ihren Streit beigelegt.

EDWARD SHERMAN

Die Charakterskizze von Sherman, die hier begonnen wurde, kann hier angemessen abgeschlossen werden. Zweifellos war er ein Mann mit starkem Charakter und hatte viele Besonderheiten, darunter eine ausgeprägte Vorliebe für Extravaganz bei Kleidung und Schmuck , die selbst zu jener Zeit bemerkenswert war, als die Kleidung in der Tat sehr üppig war. Anstatt ein Hemd zu tragen, zeigte seine Brust eine Fläche aus schwarzem Satin, die reichlich mit Diamantnadeln bedeckt war. Eines Tages kam ein Dieb auf der Straße hinter ihm her, legte ihm die Hand über die Schulter und machte sich mit einem wertvollen Exemplar davon. Sherman ließ sie anschließend alle an einer Kette befestigen.

Sein kämpferisches Temperament, wenn es ihm unter seinen Mitbesitzern von Kutschen zugute kam, bescherte ihm, wie wir gesehen haben, mit Sicherheit schwere Verluste im Streit mit den Eisenbahnen, bevor er sie zu stark für ihn fand. Geld zu verlieren war für ihn ein besonderer Kummer. Allein der Anblick von Sovereigns war für ihn ein Trost, und er bewahrte einen Hundert in einem Humpen auf, den er in seinem Safe im „Bull and Mouth" deponierte, damit er immer das Vergnügen haben konnte, mit dem Gold umzugehen.

Er hatte – privaten Informationen zufolge – eine Reihe von Kindern, „die er nicht hätte bekommen dürfen", was auch immer das bedeuten mag. Seine letzten Jahre waren traurig, denn seine Verwandten nutzten sein Temperament und einige Exzentrizitäten aus, die er entwickelt hatte, und sorgten dafür, dass er als Wahnsinniger ins Bethlem Hospital eingeliefert wurde, wo er 1866 starb. Es gibt noch Lebende, die sich dort an ihn erinnern und davon erzählen wie er mit wenig legitimer Entschuldigung weggeschickt wurde.

Das „Bull and Mouth" wurde von seinem Testamentsvollstrecker E. Sanderson weitergeführt, bis es 1869 vom verstorbenen Quartermaine East gekauft und in „Queen's Hotel" umbenannt wurde.

Heutzutage werden die ruinössten Busfahrpreise der konkurrenzfähigen Zeit vor der Eisenbahn selbst durch den gewöhnlichen Bahnfahrpreis der dritten Klasse, 15 *s, absurd hoch erscheinen lassen.* 5½ *Tage* , nach Manchester: und Ausflüge werden oft zum Preis von ein paar Schilling angeboten.

VII

DIE KUTTER

WIR können das Thema Kutschenwesen nicht ohne ein paar flüchtige Erinnerungen an die Kutscher und Wachen verlassen, die die Straße rauf und runter arbeiteten. Nicht alle von ihnen haben ein gewisses Maß an Ruhm erlangt. Sie bildeten in der Tat eine sehr beträchtliche Gruppe von Männern, und es gab mehrere Generationen von ihnen; Angefangen bei den armen alten Tobys mit den roten Nasen und den vielen Umhängen , die, in viele Tücher gewickelt und mit Heu- und Strohbändern um Füße und Beine gewickelt, wie teilweise belebte Mumien auf der Kiste saßen; und endete mit Kutschern, die in vielerlei Hinsicht als Gentlemen galten. Die Vorliebe für starke Geister war den früheren und späteren Generationen gemeinsam, aber die früheren Generationen waren lediglich „Fahrer", wenn Sie so wollen, und die späteren waren „Kutscher". Die alten Tobys fuhren hauptsächlich in der Nacht, und in Zeiten, in denen es weder auf Geschwindigkeit ankam noch auf Geschicklichkeit ankam, fuhren die eher protzigen Kutscher einer späteren Ära tagsüber mit einer Zigarre zwischen den Zähnen einen Strich durch die Rechnung und taten es auch außergewöhnliche Geschicklichkeit im Umgang mit den Zügeln. Dies waren die beiden Hauptklassen, die immer wieder durch individuelle Besonderheiten unterteilt wurden; und dann waren da noch die Wachen.

Trainerexperten wurden nicht müde, die hervorragenden Kutscher auf dieser Straße zu loben oder auf ihre Besonderheiten hinzuweisen. Bob Snow vom „Telegraph" war laut „Nimrod", der seine Position als Trainerkritiker in der Tat sehr ernst nahm, „in Ordnung – auf seine Art ein Rosa und für die Straße so gut gekleidet, wie es sich für einen Gentleman gehört." für Almack zu sein ." Groß war auch seine Bewunderung für Harry Douglas, einen weiteren Kutscher im „Telegraph". Er war „ungefähr so groß wie zwei normale Männer". Er konnte nicht nur mit einer Kutsche galoppieren, ohne dass sie schwankte, sondern er konnte auch so viel trinken, wie ein Schwein verbrennen würde. Dibdin sang über Tom Bowling: „Seine Tugenden waren so selten." Darüber hinaus war er „ein großer Favorit bei den Herren von Manchester und ein Künstler ersten Ranges." Sein rechter Arm – dafür, dass er den Pferden an empfindlichen Stellen mit der Peitsche aus dem Leib gerissen wurde – war schrecklich. „Jovial, viele ausgezeichnete Lieder singend", scheint er eine prominente Persönlichkeit gewesen zu sein.

Aber Joe Wall war der Unnahbare, der Unübertroffene, vor dessen Großartigkeit die Straße staunend staunen konnte. Auf dem Höhepunkt seines Ruhms fuhr er mit dem „Telegraph" die 37 Meilen zwischen London und Hockliffe . Er war „ein gewaltiger Kerl", hielt ein oder zwei Jäger an diesem Ort und verbrachte so die Stunden, die er dort verbrachte, damit, darauf zu warten, seinen Platz in der oberen Kutsche einzunehmen. Einmal stürzte er auf dem Jagdgelände und konnte deshalb in dieser Nacht nicht mit dem „Telegraph" in die Stadt fahren. Glücklicherweise saß ein fähiger und erfahrener Amateur im Trainer und nahm seinen Platz ein. Keinem anderen weniger versierten Mann hätte man einen so schnellen Bus anvertrauen können, der nachts durch die überfüllte Zufahrt zur Stadt fuhr.

Peitschen des „Telegraphen"

Meecher hingegen war, obwohl er ein kompetenter Mitarbeiter des „Telegraph" war, eine satirische und düstere Person: eine Art männlicher Gummidge. Er war ein reduzierter Gentleman und als solcher fand er die Welt aus den Fugen. Aus Rache nahm er die Werbespots, die in der Kutsche unterwegs waren, „aus" und verlor viel, indem er sich weigerte, jemanden zu behandeln, der nicht auch ein Gentleman war. Wie er genau zu seiner Einschätzung von Vornehmheit bzw. dem Mangel daran gelangte, geht nicht hervor.

Sein Humor war zweifellos sardonischer Art, wie aus einer Geschichte über ihn hervorgeht. „Schade, dass diese Frauen nichts zu tun haben", rief ein Passagier auf der Loge und beäugte eine klatschende Gruppe auf der Straße.

„Ich werde ihnen etwas geben", sagte der finstere Meecher ; und als er auf sie zukam, fragte er in seinem düstersten Tonfall, ob einer von ihnen eines seiner Kinder vermisse; „denn", sagte er, „ich habe gerade einen überfahren und getötet, die Straße runter." Sie flogen alle weg, gequält , und Meecher grinste.

Er kam schließlich, in den allgemeinen Ruinen der Kutsche, um einen einspännigen Eisenbahn-Omnibus zu steuern; aber er hörte nie auf, sich selbst als Gentleman zu betrachten.

Ein anderer Peitsche in derselben Kutsche, Samuel Inns, der – wenn es überhaupt Namen gibt – sicherlich Gastwirt hätte werden sollen, wurde stattdessen Bauer und wurde wohlhabend; und noch ein anderer, Tom Davies, wurde Jahre später als Postbote auf dem Land entdeckt.

William Jervis von der „Defiance" war fast so „gentlemanhaft" wie Meecher und um einiges frecher. Er erzählte dem Logenpassagier, der das Pech hatte, mit seiner Kutsche zu reisen, von den glücklichen Tagen, an denen er gewesen war Er stand im Dienst des Marquis von Exeter – obwohl er freilich nur ein Stallbursche im Burghley House gewesen war – und tat so, als würde er jene Tage bedauern, „als er mit Gentlemen verkehrte". „Und jetzt, Sir", bemerkte er bitter, „muss ich verdammte Baumwollspinnmaschinen und Kattundrucker fahren." Es spielte überhaupt keine Rolle, dass es sich in diesem Moment wahrscheinlich um einen Kattundrucker oder einen

Baumwollfabrikanten handelte, der neben ihm saß. Tatsächlich lag etwas in seiner Natur, das ihn dazu veranlasste, die Gelegenheit zu nutzen, um die Gefühle würdiger Männer aus Manchester zu verletzen. Daraus folgte natürlich, dass die Trinkgelder, die er erhielt, sowohl an Zahl als auch an Wert litten, weil er dazu neigte, mit seinen harmlosen Passagieren zu streiten, und die seltenen Gelegenheiten, bei denen er einen Adligen oder Grundbesitzer an seiner Seite fand, änderten das Gleichgewicht nicht.

Wie die Kutscher so ständig und im Überfluss an erlesenen Zigarren der teuersten Sorte waren, muss ein Rätsel bleiben. Jervis – der sich übrigens weigerte, als „Bill" bekannt zu werden, und immer mit „Mr." angesprochen wurde. „William Jervis" – rauchte in der Regel die besten Havannas und konnte minderwertige Marken nicht ertragen. Eines denkwürdigen Tages paffte ein Passagier neben ihm glücklich an einer billigen und ekligen Zigarette – einem echten *Flor de Kohl* – als Jervis sich zu ihm umdrehte und ihn ohne weiteres aus seinem Mund riss und wegwarf.

„Ich kann eine schlechte Zigarre nicht ertragen", sagte Jervis in einer nicht ganz angemessenen Erklärung: „Nehmen Sie eine von mir."

Das Ende dieses kühnen und hochmütigen Kerls war traurig. Als die Eisenbahnen die Postkutschen ablösten, erhängte er sich hinter der Stalltür des „Schwan mit zwei Hälsen".

DIE WACHEN

Für einen Mann waren die Wachen rücksichtsvoller und weltgewandter. Ihr Zeichen war eine allgemeine Herzlichkeit gegenüber jedem , vom Stallknecht bis zum Kreismagnaten; Aber der Charakter eines Wachmanns hatte viel Raum für Entwicklung, denn er pflegte innige persönliche Beziehungen zu den Passagieren im Allgemeinen, während der Kutscher nur einen Begleiter hatte – den Passagier neben ihm auf dem Bock. Die Wachen wurden nicht nur mit Paketen aller Art betraut, sondern auch mit Einkaufsprovisionen in der Stadt für ländliche Kunden; und fungierten häufig, wie den zwielichtigeren Charakteren auf dem Land hinreichend bekannt war , als interessierte Vermittler zwischen Wilderern und den Geflügelhändlern in London, denen der Handel mit pochiertem Wild nichts ausmachte.

Von den Wachen, die die Waggons auf dieser Straße bemannten, ist uns, abgesehen von allgemeinen Worten, vergleichsweise wenig überliefert; aber Venables, einer von denen im „Manchester Telegraph", sticht hervor. Er spielte nicht wie so viele seiner Brüder das Schlüsselhorn, sondern besaß eine wunderschöne Tenorstimme, die er an sonnigen Tagen in sentimentalem Gesang auf den Straßen erhob, sehr zur Freude der Passagiere und seiner eigenen profitieren. Er hatte mindestens ein dramatisches Erlebnis, als er fast mit Chloroform behandelt und von drei Dieben aus der Kutsche geworfen wurde, die auf irgendeine Weise von einer äußerst wertvollen Kiste mit Juwelen erfahren hatten, die ihm zur größeren Sicherheit anvertraut worden war und die er auch besaß , deponiert in einer verschlossenen Kiste unter seinem Sitz. Mit Ausnahme des Passagiers auf dem Logensitz waren diese unternehmungslustigen Möchtegern-Juwelendiebe die einzigen Passagiere auf dem Dach, und sie hatten damit gerechnet, den Wachmann zu ersticken und ihn in der Dunkelheit zwischen Ashbourne und Leek über die Bordwand zu werfen, im Vertrauen darauf der Lärm, den die Kutsche macht, um den Lärm jedes Handgemenges zu übertönen. Was sie dann getan hätten, nachdem sie die Juwelen sichergestellt hatten, lässt sich nur vermuten, denn das Verhalten der Verschwörer hatte Venables schon früh misstrauisch gemacht, und kaum hatte jemand seinen Chloroform-Pad gezückt, fühlte er sich mit voller Wucht getroffen das Gesicht mit atemberaubender Kraft. Die Aufmerksamkeit des Kutschers war geweckt, und die Kutsche war kurz davor, angehalten zu werden, als die drei vom Dach sprangen und in der Nacht verschwanden.

Venables wurde später Wachmann bei der London and Birmingham Railway.

JIM BYRNS

Skaife , selbst ein Mann mit einigen musikalischen Fähigkeiten und ein guter Spieler auf der Bassgambe, wurde Vermieter des „Graham Arms" in Longtown. Jim Byrns , Wachmann der Glasgower Post zwischen Preston und Carlisle, war in der nächsten Ära Bahnhofsvorsteher in Preston und sah die Züge auf dem Weg nach Shap vorbeifahren , dessen karges Hochland er tausende Male bereist hatte. In nebligen Nächten kilometerweit gemeinsam aufstehen und ständig in die Hupe blasen, um einen Zusammenstoß zu verhindern; oder indem er durch die Verwehungen eines Schneesturms watete und einen der Anführer sattelte, um zu einem Bauernhaus zu reiten und die Landarbeiter zu wecken, damit sie mit ihren Schaufeln beim Ausgraben der Post Seiner Majestät halfen, hatte er alles verdient, was er erhielt, und ein bisschen über. „Jim", sagt jemand, der ihn kannte, „war der richtige Mann am richtigen Ort, ein seltener Mann an der Spitze einer Arbeitsgruppe mit Schaufeln und ein perfekter Beherrscher der Zimmermannswerkzeuge für den Fall einer Panne." "

VIII

NEIN Reisende auf dieser Straße, nicht einmal Könige und Königinnen, Staatsmänner und andere große historische Persönlichkeiten, haben einen so beeindruckenden und interessanten Bericht über ihre Reise auf dieser Straße hinterlassen wie die Erzählungen zweier Fußgängerreisen zwischen London und Manchester, geschrieben von Samuel Bamford. Diese Berichte sind an sich äußerst interessant, weil sie von einem dieser Leute geschrieben wurden und weil sie, wie kein anderer Chronist es getan hat oder hätte tun können, das England von 1807 und 1819 aus der Sicht eines intelligenten und intelligenten Menschen dokumentieren Denkender Arbeiter auf Landstreicher. Es ist ein England, das nicht nur um ein Jahrhundert von unserem England entfernt ist, sondern ein überfülltes Jahrhundert, wie es noch nie zuvor gesehen wurde.

Aber wenn wir Bamfords äußerst interessante Erzählungen, die ich hier nicht ausführlich wiedergeben möchte, gründlich verstehen wollen, müssen wir herausfinden, was für ein Mann er war, der sie geschrieben hat.

SAMUEL BAMFORD

Samuel Bamford wurde 1788 in Middleton bei Manchester geboren und war ein Weber und ein Nachkomme von Webern. Vom Temperament her war er etwas mehr; war tatsächlich mit dem literarischen Makel in seiner extremen Form gesegnet oder verflucht; war, kurz gesagt, ein Dichter. Zu der Zeit, als Bamford aufwuchs und ein begeisterter Empfänger von Ideen war, war England – und insbesondere das England der Arbeiter, Handwerker und Landarbeiter – nicht das freie Land, das es heute ist. Die Arbeiterklasse hatte kein Wahlrecht, praktisch keine Bildung und nur allzu oft, als Folge der Unruhen, die durch die unaufhörlichen Kriege im Ausland verursacht wurden, unzureichende Ernährung. Das Land brodelte vor Unzufriedenheit – keine vorübergehende Unzufriedenheit, sondern eine lange, erbärmliche Ära mürrischer Feindseligkeit, die Bamfords aktive Zeit überdauerte und in der Chartisten-Agitation von 1839 ihren Höhepunkt fand. Bamford war natürlich nicht vollständig informiert. In seinen Schriften wimmelt es von Bildern des Unrechts der Lancashire-Agenten, während seine Beschreibungen des ländlichen Englands fast vermuten lassen, dass die Landarbeiter jener Zeit ein ideales Leben führten; was natürlich keineswegs der Fall war. Er kannte nur aus erster Hand den Fall der Weber und Baumwollspinner, der verzweifelt genug war; Denn zu dieser Zeit begannen Maschinen, den Handwebstuhl zu verdrängen, und die Fabrikanten wurden reich, während viele der Arbeiter aufgrund knapper Lebensmittel und mangelnder Beschäftigung verhungerten. Er selbst scheint als Jugendlicher unbeschwert genug gewesen zu sein, und es waren die Leiden, das Unrecht und die Behinderungen anderer und nicht seiner selbst, die ihn schließlich dazu brachten, ein politischer Agitator zu werden. Er konnte jedoch kaum anders, als ein Rebell zu sein, denn er gehörte zu denen, die überzeugte Jakobiten waren und später Methodisten geworden waren; und war, wie wir gesehen haben, selbst ein Idealist und so etwas wie ein selbstgebastelter Dichter.

Seine Karriere war die einer nicht wenigen intelligenten Arbeiter seiner Zeit. Er war ein „friedlicher" Agitator in einer Zeit, in der selbst die Argumente der Friedfertigen von den Regierungen mit strengeren und auf ihre Art unbeantwortbaren Argumenten der Macht beantwortet wurden. Wenn heute Agitatoren Gewalt ausstoßen und Reformen durch Sprengbomben befürworten und von den Behörden mit Gleichgültigkeit betrachtet werden, erreichen sie schließlich Kabinettsrang in Regierungen; aber zu Bamfords Zeiten wurde eine bloße Versammlung von den Behörden als gefährlich angesehen und im Allgemeinen zerstreut. Bamford selbst wurde 1817 zusammen mit anderen wegen des Verdachts des Hochverrats verhaftet und in Ketten in einer Kutsche nach London geschickt, um vor dem Geheimen Rat verhört zu werden. Er entkam dieser Zeit; aber zwei Jahre später wurde er im Zusammenhang mit der berühmten Reformversammlung am 16. August 1819 in St. Peter's Field, Manchester, verhaftet, die zur Tragödie von „Peterloo" führte.

„Diesmal", wurde ihm versichert, „werden Sie mit Sicherheit gehängt", aber das Verfahren endete mit einer einjährigen Haftstrafe in Lincoln, wo er als liebenswürdiger poetischer Visionär galt und sehr verwöhnt und beliebt war. Als er älter wurde, milderten sich seine Ansichten, und als die Chartisten-Agitatoren begannen, hörte er praktisch auf, ein Radikaler zu sein, und war entschieden whiggistisch. Der Trend der Ereignisse seither hat die Aussichten so verändert, dass man Bamford heute wahrscheinlich als Tory betrachten würde.

1852 bot ihm die Regierung eine Stelle im Somerset House an: eine Stelle, die er eine Zeit lang annahm, dann aber voller Abscheu zurücktrat, weil es reine Zeitverschwendung war. Es handelte sich nicht um einen hohen Posten, dessen Aufgaben darin bestanden, eine große Menge staubiger und nutzloser Papiere im Zusammenhang mit vergessenen Finanzangelegenheiten zu ordnen und zu katalogisieren: Papiere, die nur eine Regierungsbehörde vor dem Altpapierhändler retten konnte. Offensichtlich wurde Bamford vor seinem Alter geboren. Wenn jetzt alles erledigt wäre, würde er als Leiter seiner Abteilung im Unterhaus stehen. Es ist wirklich – dieses Kommen in eine Welt, die für Sie noch nicht reif ist – eine Tragödie, wenn Sie es nur bedenken; aber es gibt Entschädigungen. Er könnte ein Jahrhundert früher geboren worden sein, als für ihn das Leben in einer wahren Tragödie aus Fleisch und Blut geendet hätte. Er war vielleicht doch glücklich darüber, in die Mitte der Ära hineingeboren worden zu sein, und starb schließlich in seinem vierundachtzigsten Lebensjahr im Jahr 1872.

So viel zu einem umfassenden Überblick über seine Karriere, die, wenn er einem frühen Impuls gefolgt wäre, ganz anders verlaufen wäre. In seinem neunzehnten Lebensjahr begann er mit der Seefahrt und ging an Bord der *Æneas* , einer Küstenbrigg, die zwischen South Shields und London verkehrte. Bald wurde er des Lebens müde und beschloss, es aufzugeben. Mit sieben Schilling in der Tasche verließ er sein Schiff in den Londoner Docks. Das war im Jahr 1807, als vielversprechend aussehende Matrosen immer in Gefahr waren, von der Pressebande geschnappt zu werden. Sein Plan, die 185 Meilen nach Hause nach Manchester zu Fuß zurückzulegen, war daher angesichts so wenig Geldes und solcher Risiken äußerst abenteuerlich. Er blieb bis zum Einbruch der Dunkelheit in einem Gasthaus am Ratcliffe Highway und machte sich dann auf die lange Reise.

IX

BAMFORDS WEG NACH MANCHESTER

„VON DA AN ", sagt er, „ging ich in die Stadt, nach St. Paul's, erkundigte mich nach dem Weg zur Aldersgate Street, und als ich dort ankam, wagte ich es, eine anständig aussehende Person anzusprechen und bat ihn, so freundlich zu sein, mir den Weg dorthin zu weisen." Islington, was er natürlich auch tat, und ich durchquerte diesen Vorort, ohne anzuhalten oder befragt zu werden. Ein Offizier in Marineuniform, den ich traf, schenkte mir sicherlich mehr Aufmerksamkeit, als mir lieb war, aber er ging weiter und sagte kein Wort. Als nächstes erkundigte ich mich nach dem Weg nach Highgate, da ich wusste, dass ich, wenn ich dort ankäme, direkt auf der großen Nordstraße sein würde, und als ich in Highgate an einem Wirtshaus anhielt, stellte ich fest, dass der nächste Ort auf meiner Route Whetstone sein würde, und der nächste danach Barnet. Ich ging dementsprechend durch Whetstone und Barnet, ohne anzuhalten. Ich fühlte mich nun einigermaßen auf meiner Reise. Ich hatte das Glück gehabt, ohne Befragung aus der Nähe der Schifffahrt und der Stadt herauszukommen und war nun zehn Meilen von St. Paul's entfernt. Ich atmete noch einmal die süße Landluft ein; Manchmal wehte mir der Geruch gemähter Wiesen über den Weg. Ich hatte sieben Schilling in der Tasche, und obwohl ich mir über meinen Erfolg noch nicht sicher war, war ich voller Hoffnung und erfreut über den gegenwärtigen Genuss der Freiheit. Ich war jedoch noch nicht weit gekommen, als es mir etwas peinlich wurde, die Nacht rückte schon weit vor, das Land war weniger bevölkert und ich war mir nicht sicher, wie meine nächste Etappe heißen sollte und welchen Kurs ich einhalten sollte. Ich war jedoch noch nicht weit gegangen, als ich einen Mann traf, dem ich die notwendigen Fragen stellte und der mir sagte, ich solle auf der breiten Straße links bleiben und die nächste bedeutende Stadt erreichen, die ich erreichen würde sei St. Albans. Ich dankte dem Mann für seine Informationen, als er sagte: „Halt; Ich weiß, was du bist und wofür du stehst.'

'"Tust du?' sagte ich ziemlich überrascht, aber gut gelaunt .

„' Das tue ich tatsächlich ', antwortete der Mann; „Du bist ein Seemann und rennst von deinem Schiff weg."

„'Du könntest ein Zauberer sein', sagte ich, ,denn was du sagst, ist vollkommene Wahrheit.'

„'Nun', sagte er, ,da Sie so offenherzig waren wie ich, werde ich Ihnen etwas sagen, das Ihnen vielleicht von Nutzen sein könnte.'

„Ich habe ihm gedankt.

‚‚In St. Albans', fuhr er fort, ‚ist eine Gruppe von Marinesoldaten stationiert, die jeden Seemann unter Druck setzen, der in der Stadt erscheint. Sie drängen sie sogar aus den Bussen oder anderen Fahrzeugen, wenn sie sie zu Gesicht bekommen. Sie müssen jedoch durch St. Albans gehen, und Sie werden bedrängt, wenn Sie auf der Straße auftauchen; Sie müssen daher möglichst unbemerkt durch die Stadt kommen. Glücklicherweise kann es getan werden. In kurzer Zeit überholen Sie einen Waggon , der auf dieser Hauptstraße Güter transportiert. Sie müssen darin mitfahren, zwischen den Paketen verstaut werden und dürfen Ihr Gesicht erst zeigen, wenn Sie eindeutig auf der anderen Seite der Stadt sind.'

‚‚Ich dankte ihm sehr dankbar für seine Informationen und bat ihn, niemandem gegenüber zu erwähnen, dass er eine Person wie mich auf der Straße gesehen habe. Er wünschte, ich würde es mir in dieser Hinsicht leicht machen, und so trennten wir uns mit Dankbarkeit meinerseits und freundlichen Wünschen seinerseits.

‚‚Es war jetzt ungefähr Mitternacht; Alles war still und still auf der Straße. Ich war etwa acht Meilen von St. Albans entfernt, und als ich die Entfernung um drei verkürzt hatte, überholte ich den Wagen , dessen Heck voller Soldatenfrauen und ihrer Kinder war, und ich konnte dort nicht hineinkommen; Der Fahrer bot mir jedoch einen gemütlichen Platz in der Heudecke an – einem großen und starken Rosshaartuch, das vor dem Fahrzeug befestigt wurde und einen Ruheplatz bot, der so bequem wie eine Hängematte war und ziemlich groß genug, um ihn zu verstecken Mich. Ich ging also in mein Versteck und schlief fast augenblicklich tief und fest ein. Ich muss ungefähr vier Meilen gefahren sein, obwohl es mir vorkam, als wären nur ein paar Minuten vergangen, seit ich eingestiegen war, als der Fahrer mich weckte und fragte, auf welcher Straße ich fahre, als ich durch die Stadt kam?

‚‚Natürlich die Hauptstraße", sagte ich.

‚‚'Ja, aber welche Hauptstraße?' fragte der Mann.

‚‚'Die Hauptstraße hinunter in den Norden; ‚‚Nach Lancashire", sagte ich. ‚‚Es gibt keinen anderen, oder?"

‚‚Oh ja', sagte der Mann, ‚es gibt die Hauptstraße nach Bedford und in diese Teile, und das ist die Straße, die ich gehe.'

‚‚Anstatt zu sagen: ‚Dann fahren Sie mich nach Bedford oder irgendwo anders hin, damit Sie mich nicht hier in Sichtweite der Pressebande landen lassen' – statt darüber nachzudenken, wäre ich vielleicht plötzlich so geworden Wahnsinnig, denn ich verließ mein Versteck, schüttelte die

Heusamen von meinen Kleidern, so gut ich konnte, gab dem Mann etwas Kupfer und ging direkt auf die breite Straße von St. Albans.

„Es war ein sehr schöner Sommermorgen, und da Samstag war, war der Marktplatz von zahlreichen Landleuten besetzt, die ihre Butter-, Eier-, Geflügel- und Gemüsebestände darlegten. Direkt durch die Mitte dieser Marktleute bahnte ich mir den Weg, und ich ging ihn mit scheinbarem Gleichmut und so viel echter Gleichgültigkeit, wie ich aufbringen konnte, denn schließlich, so überlegte ich, würde ich es auch nur sein, wenn das Allerschlimmste passieren würde Enttäuscht von der gegenwärtigen Hoffnung, und an Bord eines Kriegsschiffes geschickt zu werden, wie viele Hunderte vor mir. Also ging ich weiter, und die Leute hoben vor Staunen fast die Augen, als sie einen großen, hageren, wettergebräunten Seemann sahen, der dieses gefährliche Gelände durchquerte.

DIE PRESSE-GANG

„Ich hatte den Marktplatz verlassen und schritt einen gepflasterten Fußweg hinunter, der zum Rand der Stadt führte, und atmete bereits freier, als sich hinter mir das Geräusch eines leichten, schlüpfrigen Schrittes näherte. Ich dachte, es wäre ein Dienstmädchen, das morgens Milch oder ein warmes Brötchen holte, und drehte mich nicht um. Ein Schlag auf die Schulter und die Begrüßung „Hallo, Schiffskamerad" veranlassten mich jedoch, mich umzudrehen, wo eigentlich etwas anderes vor mir stehen sollte als ein Marinesoldat in seinem blauen Mantel und dem umgürteten Hut ohne Feder.

„In diesem Moment fühlte ich mich so wenig aus der Fassung gebracht, als wären wir alte Bekannte, aber entschlossen, uns nicht entführen zu lassen, wenn Geistesgegenwart oder Widerstand dies verhindern könnten.

„‚Hallo, Schiffskamerad‘, sagte ich.

"'Was bist du?' fragte der Mann.

"'Was bin ich? „Ich bin ein Diener", antwortete ich. Ein Begriff, der in der Royal Navy nicht verwendet wird, durch den aber Vertragspersonen im Handel an unserer Ostküste unterschieden werden.

„‚Ein Diener? – was ist das?‘

„‚Na ja, ein Diener – das ist alles‘, antwortete ich.

„Zu diesem Zeitpunkt hatten sich uns drei weitere Marines angeschlossen.

„‚Wo ist dein Pass, der dich durch das Land führt?‘ fragte der erste Mann.

„‚Ich habe keinen Pass‘, sagte ich; „Ich bin ein freigeborener Untertan dieses Königreichs und kann diese oder jede andere Landstraße bereisen, ohne überhaupt einen Pass bei mir zu haben."

„Die Männer sahen einander an und dann mich. Sie konnten den Grund für meine kühle Art und ungewöhnliche Sprache nicht verstehen. Sie hatten keine Ahnung von frei geborenen Untertanen oder von Seeleuten, die ohne Pass reisen.

„'Dann haben Sie keine Papiere?' sagte der erste Mann, der der Vorgesetzte der Partei zu sein schien.

„'Nun, was das angeht', sagte ich, ‚ich wage zu behaupten, dass ich eine Art Kleinigkeit zeigen kann, die Sie vielleicht vorerst zufriedenstellen wird.' Als ich das sagte, holte ich meinen Schutz aus einer alten schwarzen Brieftasche, die ich in meinem Hut trug.

„'Oh, wenn Sie irgendwelche schriftlichen Papiere vorzeigen müssen', sagte er, ‚müssen Sie mit uns zu unserem Kapitän gehen: Ich kann keine Schrift lesen.'

„'Umso besser, dachte ich und legte mir das Dokument sofort ausführlich vor, wohl wissend, dass es mir weder nützen noch schaden könnte, wenn es mir nichts nützen würde. 'Siehst du das?' fragte ich und zeigte auf das breite Siegel der Admiralität, auf dem ein Anker abgebildet war.

„'Oh! sei d-d', sagte der Mann; „Sie wurden von einem Kriegsschiff entlassen.“

FLUCHT

„'Warum, du Idiot', sagte ich auf halbwegs vertraute Weise, ‚denkst du, wenn ich es nicht getan hätte, hätte ich hierher kommen sollen?'

„'Ah! „Das wird er nicht tun“, sagten ein oder zwei aus der Gruppe.

„'Sie können Ihren Geschäften nachgehen', sagte der erste Mann und drehte sich um, um mit den anderen zu gehen.

„'Ahoi, da', sagte ich, ‚wirst du auf diese Weise einen Schiffskameraden an Land anhalten, ohne auch nur ein Glas Grog für ihn hinzustellen?'

„'Du bist verdammt', sagte der Korporal und eilte die Straße hinauf, um sich seinen Kameraden anzuschließen.

„Mehrere anständig aussehende Bauern, die ihre Produkte auf dem Markt zurückgelassen hatten, standen am Feldweg und beobachteten das ganze Geschehen, und als die Marines gegangen waren, sagten sie: ‚Nun, junger Mann, du bist der erste Blaujackett.' Das ist diesen Schurken so lange durch die Finger gerutscht .' Ich begann ein freundschaftliches Gespräch mit diesen Männern, und als sie meinen Weg gingen , hatte ich ihre Gesellschaft auf der Straße bis nach Redbourn, wo wir uns trennten, nachdem wir mit ihnen ein oder zwei Gläser Bier getrunken hatten.

„Als nächstes ging ich durch Market Street und Dunstable und verbarg mich immer, so gut ich konnte, wenn ich eine Kutsche in die eine oder andere Richtung kommen hörte, bis sie vorbeifuhr. In Hockliffe ruhte ich mich etwas aus und schlief hinter einer Hecke gut. Von dort ging ich durch Woburn und danach durch Newport Pagnell, und als die Nacht hereinbrach und die Glühwürmchen in den Hecken leuchteten, befand ich mich gegenüber einem kleinen einsamen Wirtshaus in der Nähe des Dorfes Stoke Goldington in Buckinghamshire etwa elf Meilen von Northampton entfernt.

„Ich betrat dieses bescheidene Gasthaus und holte mir Brot, Käse und Bier zum Abendessen. Das Haus schien von einem älteren Ehepaar mit einer Dienerin geführt zu werden, und als ich meinen Wunsch erwähnte, dort zu übernachten, sagten sie, sie könnten im Haus kein Bett für mich finden, aber wenn ich es in Kauf nehmen würde Gute Einstreu aus Stroh im Stall, dort könnte ich mich gerne ausruhen. Ich nahm ihr freundliches Angebot mit Vergnügen an und legte mich nieder, dankte Gott dafür, dass ich mich ausruhen konnte, ohne dass die verhasste „Steuerbordwache, ahoi" meinen Schlaf störte; Und abgesehen davon, dass ich ein- oder zweimal von Ratten geweckt wurde, die über mich stolperten, und vom Gackern der Vögel und dem Quaken der Enten, konnte ein König nie eine bessere Ruhe genießen. Am Morgen, es war Sonntag, bürstete ich meine Schuhe, wusch mich gründlich an der Pumpe und drehte meine Wäsche mit der saubereren Seite nach außen. Danach bekam ich eine Schüssel Milch und Brot zum Frühstück und verlangte von den alten Leuten meinen Schuss sagte mir, ich hätte nichts zu bezahlen, und so verabschiedete ich mich mit wirklich dankbarem Dank für ihre Freundlichkeit von ihnen und setzte meine Reise fort.

LÄNDLICHE KÖSTLICHKEITEN

„Es war ein wunderschöner Morgen, und mein Weg führte durch ein Stück Land, das bei jeder Biegung und Wellung der Straße ein Objekt, eine Gruppe oder eine Öffnung in der Landschaft präsentierte, die ständig darauf hindeutete, dass dies tatsächlich der Fall war ein Land, in dem Männer und Frauen wussten, wie sie in ihren eigenen Häusern leben und glücklich sein konnten. Hier würde einerseits ein stattliches Bauernhaus stehen, dessen offene Tür viel Fülle im Innern freigab, dessen kräftige Hinterbeine die Pferde fütterten oder die Ställe säuberten, und dessen rotbraune Jungfrauen die Kühe melkten, die schläfrig dastanden und ihre Schwänze peitschten auf dem Rücken liegen oder mit den Ohren in der Sonne flattern. Die nächste Behausung würde wahrscheinlich ein kleines weißes Häuschen sein, mit einer niedrigen Tür und kleinen Bleifenstern, die von Weinreben beschattet werden, und deren Dachvorsprünge nach unten gezogen sind, als ob sie den Wind daran hindern wollten, sie nach oben zu treiben. Ein Winseln und Grunzen würde im Gerstenkorn zu hören sein, und ein weitläufiger Garten, an einem Ende von Obstbäumen verdunkelt, würde reichlich vorhanden sein

Von Kräutern und anderen Landspeisen.

Als nächstes plätschert ein klarer kleiner Bach am Straßenrand entlang; Bald sind wir unter einem hohen jungen Wald, mit einem alten Baum hier und da, der mit Efeu bedeckt oder in Raureifflechten gehüllt ist. Bald erkennen wir ein Haus von höherem Rang mit seinen Palisaden, seinem Kiesweg, seinen leuchtenden Immergrünbäumen, seinen sauberen Stufen und seiner stattlichen und anständigen Ruhe; Allerdings würde es umso offener, fröhlicher und christlicher wirken, wenn die weißen Jalousien hochgerollt statt heruntergelassen wären. Als nächstes erhaschen wir vielleicht einen Blick auf einen Turm, der sich über hohe Bäume erhebt, oder auf den Türmchen eines grauen, alt aussehenden Glockenturms, der die Dorfbewohner zu ihrer morgendlichen Andacht auffordert. Auf unserer Reise liegen Hügel und Täler mit Wiesen, Weiden und grünen Feldfrüchten, die sich über ihre Bergkämme und bis hinunter zu den Bachrändern erstrecken, üppig vor dem stets erfreuten Auge dar; In der Ferne sieht man in der Lichtung grauer alter Wälder den Turm und die Zinnen einer herrschaftlichen Halle.

DIE ZIGEUNER

„Durch ein Land wie dieses und das Atmen einer Luft, die süßer ist als die, die noch nie über dem Paradies wehte, wäre ich etwa fünf oder sechs Meilen gelaufen, als das Bellen eines Hundes und das Erscheinen verschiedener niedriger Zelte, eines Pferdes, einer Stute und ihr Fohlen, ein oder zwei Esel, ein Haufen Packtaschen, ein Lurcher und ein paar Terrier, Pfannen, Töpfe und ein Kessel auf einem Feuer, das ein Junge in Rotglut blies, machten mich darauf aufmerksam, dass ich es war Zum ersten Mal war ich dabei, eine Zigeunerfamilie in ihrem Lieblingslager zu erblicken . Der Stamm bestand aus drei kräftigen Männern und ebenso vielen Frauen, von denen eine sehr alt und deformiert war und die andere ein prächtiges Wesen mit majestätischen goldenen Anhängern, das die purpurrote Kapuze auf ihren Schultern berührte; Über ihren Knien lag eine Locke üppigen Haares, so dick wie ein Leichentuch und so glänzend wie ein Seidenknäuel, während ihre prächtig schwarzen und dunkel schattierten Augen wie zwei Edelsteine wirkten, die bis Mitternacht leuchteten . Zwei der Männer und eine Frau schliefen in Zelten, einige Kinder ruhten ebenfalls, ein oder zwei Jungen waren mit den Hunden beschäftigt; Die Pferde und Esel weideten, ein Mann rauchte eine kurze Pfeife und häutete dabei ein Kaninchen, die Königin saß da und flocht etwas, das aussah wie ein Gürtel aus vielen Farben, und der Alte kümmerte sich um einen Kuchen in der Glut. Dort saß ein junges Mädchen – eine Schönheit, wie ich sie noch nie zuvor gesehen hatte, nicht einmal in Lancashire, denn sie war anders als alle, wenn auch nicht überragend – kein Mensch konnte das tun –, aber sie hatte eine weibliche Anmut und eine makellose Schönheit einer für mich völlig neuen Art. Ein

scharlachroter Träger und ein kurzer Ärmel bedeckten lediglich ihre
Schultern, während ihr Hals und ihre Arme völlig nackt waren. Über der
Vorderseite eines spitzenbesetzten Mieders in verschiedenen Farbtönen hing
ein kleines Lätzchen aus feinem Leinen, das ihren Busen so weit bedeckte,
wie es die Bescheidenheit erforderte. Ein grüner Rock umgab ihre Taille und
reichte bis unter die Knie, so dass ihre Beine und Füße, die Vorbilder der
Symmetrie waren, genauso frei von Schläuchen oder Pumps waren wie bei
ihrer Geburt. Ihr Teint war klar olivfarben, während ihre Gesichtszüge
aufgrund ihrer Schönheit nur als auffallend beeindruckend beschrieben
werden können und denen sehr ähnlich waren, die ich auf den Porträts und
auf den Statuen orientalischer Nymphen und Göttinnen der Antike gesehen
hatte. Ihr Haar, von rabenschwarzem Glanz , war zu Zöpfen geflochten und
um ihren Kopf gewickelt, wo es mit Bändern in leuchtenden und ernsten
Farben zusammengebunden und von einem Kamm gehalten wurde, und von
dort aus geteilt wurde, fiel es in anmutigen Locken über ihre Schultern und
unter ihren Busen . Sie war auf den Knien und trank Brühe aus einer
Porzellanschüssel mit einem silbernen Löffel. Ich begrüßte die Gruppe wie
üblich mit „Guten Morgen“, worauf der Mann und die beiden Frauen
antworteten. Während ich dort stand, unterhielten wir uns über verschiedene
Dinge, wie die Straße, das Wetter, Mitreisende, die ich getroffen hatte, und
solche Dinge, und im Verlauf unseres Gesprächs teilte mir der Mann mit,
dass mein bester Weg nach Leicester über die Straße führen würde Welford
und nicht über Market Harborough , was die üblichere Route war. Nachdem
ich meine Neugier so gut wie möglich mit einer anständigen Beobachtung
befriedigt hatte, verabschiedete ich mich von ihnen und wollte gerade
weggehen, als die Herrin der Gesellschaft oder Königin, wie ich sie nennen
könnte, mich fragte, ob ich einen Schluck Brühe hätte akzeptabel sein. Ich
hatte vorher gedacht, dass die Brühe noch nie so verlockend gerochen hatte
wie diese; Deshalb brachte ich zum Ausdruck, dass ich ihr Angebot dankbar
annahm, und nahm auf dem Rasen Platz und nahm ein Frühstück zu mir,
wie ich es an einem solchen Tisch kaum erwartet hatte, denn außer der Brühe
wurde die junge Nymphe auf Anweisung der Königin stellte mir Brot, kaltes
Hammelfleisch, Geflügel, Käse mit Senf und Frühlingszwiebeln als Beilage
vor, und so aß ich so großzügig und reichlich, je nach meinen Bedürfnissen,
wie es ein Stadtrat bei einem Gemeindefest nur taten. Meine freundlichen
Animateure schienen umso zufriedener zu sein, je großzügiger ich teilnahm,
und nachdem ich ein äußerst ausgezeichnetes Mahl zubereitet hatte, bei dem
ich mich weder durch viele Fragen ärgerte noch durch Zeremonien in
Verlegenheit gebracht wurde – denn sie sprachen größtenteils miteinander,
und das in einer Sprache, die ich nicht kannte Ich verstand es nicht – ich
drückte noch einmal meinen aufrichtigen Dank aus und setzte meine Reise
fort, zutiefst interessiert an der Szene, die ich verlassen hatte, und
insbesondere an den beiden erstaunlichen Schönheiten, die ich gesehen hatte.

„Northampton, eine Garnisonsstadt, war der nächste Ort, den ich durchqueren musste, und da dort eine Rekrutierungsgruppe von Marinesoldaten stationiert war – wie mein Freund, der Zigeuner, mir mitgeteilt hatte, konnte er jedoch nicht sagen, ob sie Befehle zum Durchsetzen hatten oder nicht Erzählen Sie mir: Ich wartete draußen bis zu der ruhigen Stunde, als die Leute alle von der Kirche nach Hause gegangen waren und sich zu ihren Abendessen gesetzt hatten, bevor ich das gefährliche Experiment des Durchgehens versuchte. Die ersehnte Zeit war bald gekommen, die Glocken hatten alle aufgehört zu läuten und die Straßen waren fast menschenleer, als ich in gemächlichem, ruhigem Tempo, als hätte ich keine große Eile, wegzugehen, den klaren, breiten Damm dieses gepflegten und gepflegten Gebäudes entlangschritt saubere Stadt. Alles schien meinem Wunsch zu entsprechen; Es war ein heißer Tag: Die Sonne schien auf den Bürgersteig und gegen die Fenster; die Jalousien und Vorhänge waren fast alle geschlossen; Die Türen standen offen, um Luft hereinzulassen, und ich konnte die Kinder lachen, die Mütter schimpfen und das Klappern der Messer und Gabeln hören, während die guten Leute ihr fröhliches Essen zu sich nahmen. Ich beneidete sie nicht, ich wünschte nur in meinem Herzen, dass jede Seele im Ort gezwungen sein würde, zu essen und niemals aufzuhören, zu essen, bis ich das brennende Pflaster und die glühende Fahnenstraße weit hinter mir gelassen hätte; Und im Stillen begann ich zu glauben, dass es sicherlich so sein würde, die Straßen waren so still, als ich auf einmal, während ich nachdachte und den Hut über die Stirn gezogen hatte, feststellte, dass ich mich einem Marinesoldat näherte, der mich überquerte im rechten Winkel. Ich hätte die Welt darum gebeten, wenn der Kerl wie die Stadtbewohner still und heimlich mit seinem Pudding beschäftigt gewesen wäre, statt da zu sein, wo er war, aber ich achtete darauf, äußerlich keine Anzeichen von Besorgnis oder Unzufriedenheit zu verraten . Er war allein, und keine andere Person war in Sicht, und wenn er mich aufhielt und mein alter Schutztrick versagte, blieb mir nichts anderes zu tun, als ihm entweder zu entkommen oder ihn niederzuschlagen, oder beides, und so über das zu entscheiden Gegenstand. Diese Gedanken und diese Entschlüsse, die so schnell wie ein Pochen kamen, waren jedoch kaum vorhanden, als der Mann mich zu meiner Überraschung und Befriedigung lediglich auf eine gewöhnliche Weise ansah, nickte und sagte: „Gut." „Reise, Schiffskamerad", worauf ich bereitwillig antwortete: „Gute Quartiere, Schiffskamerad", und beide gingen weiter.

„Und jetzt, da der Schutz, den ich ein- oder zweimal erwähnt habe, nicht mehr erwähnt wird, kann ich genauso gut erklären, dass diese Dokumente, die den Lehrlingen ausgehändigt wurden, überhaupt keinen Schutz boten, außer während der Lehrling an Bord war das Schiff, zu dem er gehörte, oder, wenn er sich an Land befand, stand im rechtmäßigen Dienst seines Herrn. Wenn es der Marine stark an Arbeitskräften mangelte, wurden nicht nur Lehrlinge trotz ihres Schutzes beschlagnahmt, sondern manchmal wurden sogar Zimmerleute und Kameraden von Küstenschiffen freigelassen. In meinem Fall wäre das Dokument, wenn es gelesen worden wäre, für den, der aus meinem Dienst flüchtete, kein Schutz gewesen, sondern eine Entdeckung gewesen, da es ein Maß an Einfallsreichtum erfordert hätte, das über meine Fähigkeiten hinausging, um zu zeigen, warum ich , ein Lehrling an Bord eines Küstenschiffs auf der Nordsee, sollte beim Durchqueren der Straßen von St. Albans oder Northampton, dem wahren Festland des Königs, zu finden sein – anstatt sich auf *seinem* anderen Element, dem Meer, zu befinden .

LÄNDLICHES ENGLAND

„Diese Eskapade war eine große Erleichterung für mich, denn nachdem ich nun diese zweite Garnisonsstadt passiert hatte, hatte ich keine große Angst mehr, von Pressebanden gestört zu werden, obwohl es möglich war, dass ich dort war, wo eine Gruppe von Marinesoldaten war in Frage gestellt. Das Wetter war, wie ich bereits angedeutet habe, das eines echten englischen Sommertages. Gegen Abend, als sich die Hitze in eine angenehme Kühle verwandelte, wehte eine Brise, die die Düfte der wilden Rose und der Honigrebe mit sich trug. Dann erschienen an den Hängen, entlang der Täler oder auf den Wiesenwegen junge und glückliche Paare, die Jungen in ihren sauberen Kitteln und die Mädchen in ihren neuen Pumps, schicken Mützen und Bändern und so weiter scheinbar so voller glücklicher, zufriedener und hoffnungsvoller Liebe, dass die Tränen meine Augen verdunkelten, als ich sie ansah. 'Ah!' Ich dachte: „Und werde ich nicht schon bald mit jemandem zusammen sein, der so lieb und hübsch ist wie alle anderen?" Und so schwand dieser süße Sabbatabend, als ich weiterwanderte, und in der Tat war die Menge an „Bargeld in meinem Schließfach", mit der ich mir eine Unterkunft besorgen konnte, gering, aber ich ging weiter und musste etwa sieben oder acht Meilen hinter Welford vorbeigekommen sein Als es fast dunkel war, hielt ich an einem hübschen Wirtshaus an, und nachdem ich für ein Glas Bier bezahlt hatte, das fast das letzte Kupfer kostete, das ich hatte, fragte ich den Wirt, ob es in seinem Stall nicht eine gemütliche Ecke gäbe Heuboden , auf dem ich mich bis zum Morgen ausruhen könnte? Er sagte, das Vieh habe alle geschlafen und sei auf der Weide gewesen, und er habe nicht einmal einen Schoß Stroh auf dem Gelände gehabt; aber wenn ich ein paar Meilen oder so weitergehen würde, würde ich an einem Ort namens Wigston ankommen, wo das jährliche Fest stattfand, und wenn ich nur unter die jungen Leute dort wäre, hätte ich alles, was ich wollte, und das auch umsonst. So in einer Hinsicht entmutigt und in anderer Hinsicht ermutigt, machte ich mich wieder auf den Weg und ging einen langen Weg, während der Vorabend in Dunkelheit versank und kein Schimmer von einem Haus, noch das Bellen eines Schäferhundes oder irgendetwas anderes zu sehen war Angabe der Bewohner, die gesehen oder gehört werden sollen. Ich machte so weiter, bis ich ziemlich müde wurde und vergeblich nach einer Scheune, einem Nebengebäude oder einem Viehstall suchte, in dem ich mich niederlegen konnte, aber kein Rest von Vieh oder Viehstall war zu sehen. In dieser gewaltigen Stille war nicht einmal das Läuten einer Schafsglocke zu hören. Schließlich glaubte ich, auf der anderen Seite eines niedrigen Zauns so etwas wie Grasstreifen zu erspähen, und als ich hinüberstieg, stellte ich fest, dass sie das waren, was ich erwartet hatte. Ich fing also sofort an, mein Bett zu machen, und sammelte mehrere Schwaden zusammen, legte mich auf einen Teil davon und zog den Rest über mich, bis ich ziemlich gut bedeckt war, und so, mit einem Bündel unter meinem Kopf als Kissen, und Ich ersetzte meinen Hut durch eine Schlafmütze, wünschte einem Stern, der blinzelnd über mir hing, gute Nacht, und in einem Moment war mir das egal. Als ich aufwachte, war es heller Tag und die Lerche sang über mir. Ich sprang auf, schüttelte das taufrische Gras und den Klee ab und dankte Gott für ein so ausgezeichnetes Bett mit Freiheit, sprang über den Zaun und setzte meine Reise fort.

WEGE UND MITTEL

„Es war jetzt klar, dass meine Reisen bald aufhören mussten, wenn es mir nicht gelang, einen Plan zu finden , mit dem ich unterwegs Nahrung beschaffen konnte. Mein letzter Penny war an diesem Morgen für den Kauf eines Kuchens ausgegeben worden, und ich hatte keinen einzigen halben Penny, um mich 86 Meilen weit zu bringen. Was die Zuflucht zu unehrlichen Mitteln betrifft, kam mir das nie in den Sinn, während ich zu betteln noch nicht gemein sein konnte . Es musste sich jedoch etwas einfallen lassen, und da ich unter meiner Hose ein Paar robuste Wollhosen trug , die fast neu waren, beschloss ich, sie zu verkaufen, wenn ich einen Kunden treffen könnte; und dementsprechend ging ich über die Hecke in eine stille kleine Ecke, zog meine Unterhosen aus und verschnürte sie in einem kleinen Taschentuch, das ich sorgfältig aufbewahrt hatte. Ich war mit diesem Verfahren, das im Hinblick auf die gegenwärtigen Lebensunterhaltsmöglichkeiten so einfach war, so vollkommen zufrieden, dass ich in einen tiefen Schlaf fiel und so eine beträchtliche Zeit lang weitermachte. Als ich in Leicester ankam, hielt ich an einem Bekleidungsgeschäft an, an dessen Tür eine ältere Frau von sehr anständigem Aussehen stand. Ich sprach sie an, betrat den Laden und bot ihr meine Schubladen zum Verkauf an. Sie untersuchte sie und fragte, wie viel ich von ihnen erwarte? „Nun“, sagte ich, „ich sollte nicht sehr wählerisch sein, aber ich dachte, sie wären für zwei Schilling billig.“

„„Zwei Schilling!' sagte die Dame, deren scharfe Augen auf mich gerichtet waren . „ Na, junger Mann, ich würde nicht zwei Schilling für all die Kleider geben, die du auf deinem Rücken hast."

„Ich sagte, es tut mir leid, sie das sagen zu hören, aber wie viel würde sie dann geben?

„'Du bist ein Seemann, nehme ich an.'

„„Das bin ich, oder war es zumindest', antwortete ich.

„„Ich habe einen Sohn, der ebenfalls Seemann ist', sagte sie.

„„Dann wünsche ich ihm eine sichere Rückkehr', antwortete ich.

„„Ja, eine sichere Rückkehr, mit reichlich Preisgeld', fügte sie schnell hinzu.

„„Mei es, wie du willst', antwortete ich.

„'Wirst du deine Freunde sehen?' Sie fragte.

„„Ich werde bei ihnen bleiben, hoffe ich.'

„„Nun, ich sage dir, was ich tun werde', sagte die Dame. „Ich gebe dir nur Sixpence für die Schubladen, und das nenne ich guten Umgang mit dir."

„„Könntest du mir nicht noch etwas geben, Mutter', sagte ich und versuchte, sie mit dieser zärtlichen Bezeichnung zu besänftigen, allerdings mit geringer Hoffnung auf Erfolg.

„„Keinen halben Kotz mehr soll ich geben, wenn du bis in die Nacht redest', sagte die Dame, ‚und wenn ich das Geld jemals wieder zurückbekomme, werde ich Glück haben.'

„Ich habe immer noch mit ihr geplaudert und versucht, einen kleinen Vorschuss zu bekommen, aber es hat nichts genützt, und da ich befürchtete, ich könnte durch die ganze Stadt fliehen und es mir nicht besser gehen würde, habe ich die Zahlungen aufgegeben.

„„Wo ist die Serviette, in die sie eingebunden waren?' Sie fragte.

„„Es ist hier', antwortete ich und zeigte es.

Ein hartes Geschäft

„„Oh', sagte sie, ‚das muss ich haben, wissen Sie. Ich biete auf das gesamte Los.'

„Mein Zorn wurde nur von meinem Ekel übertroffen – die kleine Serviette lag mir sehr am Herzen – und als ich die Schubladen aufnahm und sie gerade wieder in die Serviette zurücklegen wollte, um den Laden zu verlassen, warf sie, wie ich vermutete, was ich vorhatte, aus Ich legte einen Sixpence nieder und sagte: „Gib mir die Unterhosen. Wenn du mein eigener Sohn wärst , könnte ich mich dir gegenüber nicht besser benehmen."

„Ich sicherte mir zuerst die Sixpence, stellte dann die Schubladen ab und sagte: ‚Gott helfe dem Sohn, der eine solche Mutter wie dich hat', und verließ den Ort.

„Mein nächstes Geschäft bestand darin, ein kleines Brot zu kaufen, was ich bald tat, und es mit großem Appetit verzehrte, während ich weiterging. Ich ging die Straße hinunter und aus der Stadt heraus, ohne mich auch nur ein einziges Mal über das Erscheinen eines Marinesoldaten oder einer Rekrutierungsgruppe zu ärgern. Ich durchquerte Montsorrel und Loughborough, ohne anzuhalten, und ruhte mich in einem kleinen Wirtshaus jenseits des letzteren Ortes aus und trank einen Schluck Porter. Danach traf ich gegen Abend eine Gruppe von Frauen, die vom Heufeld kamen; Sie waren bereit, fröhlich zu sein, und tanzten und sangen mit ihren Gabeln und Rechen auf ihren Schultern und bildeten einen Ring um mich. Schließlich sang einer der Jüngsten einen Auszug aus einem beliebten Lied:

Ich werde auf jeden Fall wiederkommen

Wenn ich zehntausend Meilen fahre, meine Liebe,

Wenn ich zehntausend Meilen fahre.

„Als nächstes brachten sie ein Fass und einen Korb hervor, und die freundlichen Kreaturen ließen mich zwischen ihnen Platz nehmen und von ihrem Schwarzbrot und Hartkäse aßen, was ich mit ganzem Herzen tat, und meinen Durst mit einem guten Schluck ihres selbstgebrauten Biers stillen , woraufhin wir uns mit großem Dank meinerseits und freundlichen Wünschen ihrerseits trennten.

„Wenn ich mich zum Betteln hätte entschließen können, wäre dies eine gute Gelegenheit gewesen, meine Talente in diesem Bereich an diesen freundlichen und schwesterlichen Wesen auszuprobieren, aber ich konnte es nicht übers Herz bringen, ihnen mitzuteilen, wie sehr ich verzweifelt war: und Obwohl ich wusste, dass ich mindestens zwei Tage schrecklichen Hungers und Erschöpfung ertragen musste, wenn ich unterwegs nicht um Hilfe bat oder keine unvorhergesehene Hilfe kam, konnte ich mich nicht dem Akt des Verlangens nach Almosen hingeben. So hegte ich immer noch eine Art irrationale und düstere Hoffnung jenseits aller Hoffnung – während meine Wohltäter in ihre fröhlichen und willkommenen Häuser zurückkehrten, ging ich in die Schatten des Abends, und die graue und feierliche Stille einer Sommernacht hatte mich überall eingehüllt, als ich dort ankam das Dorf Shardlow.

„Nur an einem kleinen Fenster konnte ich ein blinkendes Licht sehen. Ich klopfte an die Tür und sie wurde geöffnet; Ein altes Ehepaar, das sich darauf vorbereitete, sich zum Ausruhen zurückzuziehen, schien bei meinem Eintreten etwas beunruhigt zu sein, also beeilte ich mich, ihnen mitzuteilen, dass ich ein Fremder auf der Straße sei, und dankte ihnen, mich entweder zu einem Heuhaufen oder einem Viehstall zu leiten , wo ich für die Nacht Unterschlupf finden konnte. Sie bedauerten, wie schwer es für mich war, eine solche Frage stellen zu müssen, und verwiesen mich an einen Stall, der etwas weiter entfernt an ein Wirtshaus angeschlossen war, dessen Bewohner wahrscheinlich schon zu Bett gegangen waren. Ich dankte den alten Leuten und fand ohne große Mühe das Haus und den Stall heraus, um die es sich handelte. Ringsum war alles dunkel und still; Der Stall war völlig leer, und ich konnte dort weder einen Strohhalm noch eine Heulocke finden. Ich versuchte, die Krippe zu meinem Schlafplatz zu machen – nicht ohne eine dankbare Erinnerung an die Krippe in Bethlehem –, aber ich konnte meine Schultern nicht an den Trog anpassen, und da mir dort der Schlaf verwehrt blieb, legte ich mich unten auf das kahle Pflaster und dachte: So fleischlich ich auch war, dass, wenn die Krippe einst als Bett für einen himmlischen Herrn diente, die Steine darunter sogar für einen wandernden Sünder wie mich ausreichen könnten; und so streckte ich meine müden Glieder auf dem Boden aus und schlief ein. Am Morgen stand ich so erfrisch auf, als hätte ich ein Daunenbett gehabt, und nachdem ich meine Schlafwohnung in einem so aufgeräumten Zustand zurückgelassen hatte, wie ich sie vorgefunden hatte, schloss ich leise die Tür hinter mir und setzte meine Reise fort. Als ich in Derby ankam, gab ich meinen letzten Penny für den Kauf eines Kuchens aus, und da Penny Cakes damals eine eher kleine Angelegenheit waren, wurde mein Penny schnell verschlungen.

STABILE QUARTIERE

„Ich durchquerte die Stadt, ohne anzuhalten, und fand mich bald wieder inmitten der wunderschönen Landschaft wieder, die unsere Insel so vielfältig macht. Nachdem ich ein oder zwei Meilen gelaufen war, überholte ich einen kleinen, krabbenartigen Mann mittleren Alters, der, obwohl er auf einem Fuß hinkte und einen Stock trug, ziemlich geschickt über den Boden kam. Ich fand bald heraus, dass er von Beruf Korsett- und Korsettmacher war, ein großer Religionsprofessor und nach Manchester ging, um, wie er sagte, einen Penny für ein Geschäft zu holen und „ein Wort zu sagen". zu den Heiden, wenn sich die Gelegenheit bot. Und jetzt, dachte ich mir, wenn dieser Mann nur genug Geld bei sich hat, um uns beide nach Manchester zu bringen, und sich auf den Weg macht, für mich zu sorgen, werde ich ihn als jemanden betrachten, der von der göttlichen Vorsehung gesandt wurde. Ich brauchte nicht lange, um mich davon zu überzeugen, dass er über die Mittel verfügte, mir zu helfen, und dann erzählte ich ihm als Gegenleistung für seine

Mitteilung eine kurze Geschichte meiner Abenteuer, ohne ihm die ganze Wahrheit mitzuteilen, und schloss mit einem Vorschlag, dass ich wie wir Wenn wir beide in eine Stadt reisten, sollten wir Gesellschaft leisten und er sollte mir die Mittel für meinen sehr bescheidenen Lebensunterhalt beschaffen, bis wir dort ankamen, wo ich ihn meinen Freunden vorstellen würde, die ihm für seine Freundlichkeit danken und ihn reichlich belohnen würden außerdem. Die Aussicht, unterwegs einen guten Penny zu verdienen, schien aus der Art und Weise, wie ich den Fall darlegte, so klar und sicher, dass der kleine Mann dem Vorschlag zustimmte und wir weiter nach Ashbourne joggten, wo er eine Schüssel voll Penny bezahlte Milch und für jeden einen Penny Brot, und das war unser Frühstück. Kurz nachdem wir Ashbourne verlassen hatten , schlossen wir uns einem einfachen Dragoner-Soldaten an, der auf Urlaub nach Hause ging. Anfangs gefiel mir seine Anwesenheit nicht sehr, aber ich hatte bald Grund zu der Schlussfolgerung, dass er, zumindest vorerst, nicht die Absicht hatte, mich in eine Falle zu locken, und so machten wir uns zu dritt auf die Reise. Wir begannen nun, die Hügel zu erklimmen, über die wir nach Buxton gelangen mussten, und die Reise würde, wie mir erklärt wurde, eine lange, trostlose Reise von vierundzwanzig Meilen sein. Der Tag war sehr heiß und ich brauchte eine Erfrischung, um die Hitze und die Müdigkeit zu ertragen, aber ich stellte fest, dass mein Kommissar keineswegs mit Vorräten verschwenden würde. Während er etwa zehn Meilen zu Fuß zurücklegte, bezahlte er nur eine Kiste trauriges Melassesirupbier, und kurz darauf, als ich feststellte, dass ich mit meinen Kameraden nicht mithalten konnte, setzte ich mich auf eine Anhöhe am Straßenrand, und sie gingen weiter und verschwanden über den langen Heidelandschaften . Nach einiger Zeit, nachdem ich an einem kleinen Bach einen Schluck gesegnetes Wasser getrunken hatte, machte ich einen Aufsatz, um fortzufahren, und war noch nicht weit gegangen, als ich in einem großen Gasthaus und Posthaus namens New Haven ankam. Für mich war es in der Tat ein Zufluchtsort. Ich bat einen der Stallmänner um Erlaubnis, mich auf die Heuhaufen legen zu dürfen, was er höflich gewährte, und dort blieb ich bis weit in den Nachmittag hinein schlaflos. Als ich erwachte, machte ich mich völlig erfrischt und in guter Stimmung wieder auf den Weg und war umso sehnsüchtiger, nach Buxton zu gelangen, als ich dann nur noch zweiundzwanzig Meilen von zu Hause entfernt sein würde, eine Strecke, die ich mit der Erfrischung meiner Meinung nach zurücklegen könnte Nur aus Wasser, sollte mir der Zufall nicht ein Teilchen fester Nahrung in den Weg werfen. So ermutigt durch das Bewusstsein, dass ich mich fast am Rande meiner Heimatgrafschaft befand und jetzt die Gipfel einiger dieser Hügel überquerte, die ich von unserem Spielplatz in Middleton aus so oft in Betracht gezogen hatte, trat ich leichten Herzens über einen Land der Wüste und trostlosen Moore und der sanften, wogenden Hügel. Obwohl ich sehr erschöpft war, wahrscheinlich sowohl wegen der Hitze der letzten drei Tage als auch wegen des Mangels an Essen, fuhr ich mit vielen aufmunternden Vorfreuden fort, meine schwachen Schritte in Richtung meines erhofften Ruheplatzes für die Nacht voranzutreiben. obwohl Gott nur wusste, was für eine Ruhestätte das sein sollte. Jetzt bot sich mir eine weitere Gelegenheit, um Spenden zu bitten, und ich entschloss mich, sie zu ergreifen. Es war ein abgelegener Ort in einem Tal. Ich stieg auf der einen Seite ab, und auf der anderen Seite kam ein Herr herunter, der bestiegen war und sein Pferd in ruhigem Tempo führte. Wir trafen uns fast unten, und ich sah ihn an und hob meinen Hut, aber als meine Hand hätte ausgestreckt werden sollen und die flehenden Worte über meine Lippen hätten kommen sollen, konnte ich weder das eine noch das andere tun, und das Der Herr nickte lediglich als Antwort auf meine Höflichkeit und ging weiter.

RUHE AM STRAND

„Kurz danach begann ich mich kränklich zu fühlen; Mein Kopf war verwirrt, und ich setzte mich nur hin, weil ich mich ausruhen und Luft holen wollte, aber wahrscheinlich wurde ich ohnmächtig, denn als ich wieder zu Bewusstsein kam, war die Nacht völlig eingetreten. Ich stand jedoch auf, so gut ich konnte, und legte mich wieder hin, jetzt steif Ich bewegte mich mit meinen Gliedmaßen und war noch nicht mehr als eine Meile weitergekommen, als mir bewusst wurde, dass ich mich zahlreichen Wohnstätten näherte, und als ich vorwärts ging, war ich bald am Eingang des Dorfes Buxton.

ENGEL UNBEWUSST

„Mein erster Versuch bestand darin, wenn ich konnte, einen Stall oder ein Nebengebäude zu finden, in dem ich meine Unterkunft beziehen konnte – das Letzte, was ich auf meiner jetzigen Reise brauchen sollte. Ich war noch nicht lange auf der Straße herumgeschlendert, als ich eine Leiter entdeckte, die an etwas angebracht war, das wie ein Heuboden aussah. Also schlich ich mich so behutsam hinauf, als ob ich zu einem mit Vorhängen versehenen Bett aus Daunen gestiegen wäre, und stellte das zu meiner großen Freude fest Ich befand mich auf einem Bretterboden, gut gelagert mit Heu. Hier war also sofort mein Bett, und nun waren alle meine Sorgen vorüber. Ich suchte gerade nach einer Stelle, an der ich mein Bett machen konnte, als ich plötzlich wie ein Blitz durch den Boden fiel und mich auf dem Rücken an einer tieferen Stelle wiederfand. Anfangs war ich ziemlich verwirrt und mir war kaum bewusst, was passiert war, aber bald wurde mir durch Mordschreie und gelegentliche Gebete und Verwünschungen bewusst, dass etwas völlig falsch war. Plötzlich öffnete sich eine Tür und mehrere Männer betraten den Ort mit Lichtern, als ich feststellte, dass ich im Stall eines Stalls lag, meine Beine über dem Körper einer Frau, die weiterhin einen großen Lärm machte, deren Kleidung jedoch nicht stimmte im anständigsten Zustand. Obwohl ich durch den Sturz erschüttert und immer noch verwirrt war, stand ich sofort auf, als einer der Männer, der mir eine Laterne vors Gesicht hielt, wissen wollte, warum ich meine Hure in seinen Stall gebracht hätte. Vergeblich beteuerte ich, dass ich überhaupt nichts von der Frau wüsste. Er bestand darauf, dass ich es tat, und dass ich wahrscheinlich auch ein anderes Spiel hätte in die Hand nehmen sollen, wenn ich etwas gefunden hätte, das es wert wäre, mitgenommen zu werden. Auf diese Andeutung hatte ich keine Antwort außer einer Wiederholung der Behauptung, ich sei unschuldig, und ich fügte hinzu, dass mir erst durch den Zufall bewusst geworden sei, dass sich irgendein Lebewesen an diesem Ort aufhielt, als ich durch das Loch im Stockwerk darüber fiel, auf das ich zeigte aus, und nannte auch mein Motiv, dorthin zu gehen. Inzwischen hatte sich die Frau aus dem Stroh erhoben und war damit beschäftigt, ihr Kleid zurechtzuordnen.

„„Warum', sagte einer der Männer, ,ist das nicht das Mädchen, das die ganze Nacht mit dem hinkenden Kerl und dem Soldaten zusammen war?'

„„Genau das Gleiche', sagte ein anderer.

"'Oh! „Ich sehe, wie es ist", antwortete ein Dritter – „ wo ist der alte Fuchs versteckt?" Er war nicht mehr im Schankraum, seit diese Frau ihn verlassen hat.'

„„Er ist irgendwo im Ort', sagte einer der Männer.
„„Er wird nicht weit entfernt gefunden werden', sagte ein anderer.
„Sie begannen sofort mit der Suche, als ein leises Geräusch im nächsten Stall sie dazu veranlasste, dorthin zu schauen, und sie entdeckten ein Paar Beine, die unter einem Strohhalm hervorlugten.
„Gerade dieser Jagdruf, der beim Fangen eines Fuchses ertönt, wurde von einem halben Dutzend Stimmen gerufen, und sie packten die Beine und zogen meinen kleinen lahmen Freund, den Korsett- und Korsettmacher, heraus, mit dem ich mich zusammengetan hatte Morgen.
„'Hier ist er tatsächlich', sagte einer der Männer, als sie mit dem Rufen fertig waren.
ZECHEN

„'Der alte Hund wurde lebendig erlegt', sagte ein anderer.

„'Nun, wie ist das passiert?' fragte der Besitzer des Ortes. „Welchen Bericht können Sie über sich selbst abgeben?" er machte weiter.

„Hier kam es zu einer Szene und einem Dialog, den ich, so amüsant er für die Anwesenden auch sein mag, in meiner Erzählung weglassen möchte. Es genügt zu sagen, dass der Wirt das Haus räumte, die Tür abschloss und den Schlüssel in die Tasche steckte, während die ganze Gesellschaft, mit Ausnahme der Frau, das Wirtshaus betrat, an das der Stall angeschlossen war, und von wo aus das Wirtshaus betrat Der größte Teil von ihnen hatte den

Lärm gehört. Hier tranken, rauchten und sangen mehrere Personen in einer Art Küche oder Wohnzimmer, und unter ihnen befand sich betrunken und fast eingeschlafen mein anderer Mitreisender des Morgens, der junge Dragoner. Der Kneipenmacher wurde jetzt wegen seines Abenteuers traurig gehänselt, und schließlich bezahlte er, um mit dem Wirt und der Gesellschaft Frieden zu schließen, einen Liter heißes Bier und Gin, von denen ich ein oder zwei kleine nahm Gläser, obwohl ich viel lieber etwas gegessen hätte.

„Nachdem ich eine ganze Weile in dieser Gesellschaft gesessen hatte, erschöpft und sehnsüchtig nach Ruhe, sah ich eine Gelegenheit, den Ort zu verlassen, und stieg erneut die Leiter zum Heuboden hinauf, um sicherzustellen, dass ich diese Zeit nicht überbrückte. Schnell vergaß ich jegliche Sorge und wachte erst am frühen Morgen auf. Als ich von meinem Bett herunterkam, erkundigte ich mich nach dem Soldaten und dem Stützer, und als mir mitgeteilt wurde, dass sie drei Stunden zuvor aufgebrochen waren, wandte ich mich durch das Dorf und folgte ihnen.

„Müde und eher schwach, aber mit gutem Herzen, stieg ich die Hügel hinauf, die Buxton auf der Lancashire-Seite umgeben, und begann dann, mit größerer Leichtigkeit, den langen Weg hinunter zur Whaley Bridge hinunterzusteigen, wobei meine einzige Erfrischung ab und zu war dann ein Wasserzug aus den kleinen Gebirgsbächen, der durch ihre Felskanäle in den Mooren sickerte. Nachdem ich Whaley Bridge passiert hatte, begann ich, langsam genug, die steile alte Straße nach Disley hinaufzusteigen. Der Tag war wieder sehr heiß, und als ich diesen harten Weg aus alter Zeit ein beträchtliches Stück erklommen hatte, ruhte ich auf einer Steinmauer gegenüber einigen Hütten, an deren Tür ich bald eine alte Frau erblickte, die Spulen wickelte. Ich bat sie um einen Schluck Wasser, als sie sofort aufstand, um mir den Gefallen zu tun, und eine Schüssel mit köstlicher Buttermilch hervorbrachte. Ich dankte ihr sehr dankbar, und als ich sehr erschöpft am Türpfosten lehnte, fragte sie, ob ich etwas Haferflocken essen dürfe, und als ich sagte, dass ich das gerne tun könne, lud sie mich ein, hereinzukommen und mich zu setzen, und präsentierte mich schnell mich mit der Hälfte eines guten, kräftigen Kuchens, dick gebacken und ohne durchzogen zu sein. Ich verschickte den Kuchen schnell, als die alte Frau – eine gutaussehende alte Mutter, sie war – einen Blick voller weiblicher Gefühle auf mich warf und sagte: „Segne mich, Junge – denn du bist jemandes Junge, das wage ich zu behaupten – das warst du." ausgehungert, fast vor Hunger gestorben, da bin ich mir sicher; Könntest du noch ein Stück Kuchen essen?' Ich sagte, ich könne, und teilte ihr mit, dass dies das erste Essen sei, das ich probiert habe, seit ich Ashbourne am Morgen zuvor verlassen habe. Sie gab mir daraufhin die andere Hälfte des Kuchens, von der ich einen Teil aß, und ließ mich den Rest, zusammen mit etwas Käse, als Snack für unterwegs in meine Tasche stecken.

„Segen im Gedenken an diese freundliche alte Frau! Ich dachte, sie ähnelte sehr dem, was ich von meiner eigenen Mutter in Erinnerung hatte, nur älter. Ich warf ihr viele Blicke zu, während sie im Haus umherging. Der Segen sei ihr stets in Erinnerung!

„Nachdem ich dieses Cottage erfrischt und etwas ausgeruht verlassen hatte, war ich bald in Disley und von dort aus über Bullock Smithy und Stockport nach Manchester, wo ich in der Abenddämmerung ankam und bis zum Einbruch der Nacht mein Quartier im Haus eines Freundes bezog begann, als ich meinen Vater und andere Verwandte besuchte und von ihnen mit freudigem Empfang empfangen wurde. Ich fand es jedoch ziemlich seltsam, dass sie sich über meine Rückkehr nicht überrascht zeigten, und bei weiteren Gesprächen erfuhr ich, dass mein freundlicher Freund, der kleine Bleibemacher, sie am selben Tag besucht und auf meine Ankunft vorbereitet hatte. Er hatte es ihnen ganz leicht gemacht, meinen Zustand zu respektieren, indem er ihnen gesagt hatte, dass er mir genug Geld vorgeschossen hätte, um mich bequem nach Hause zu tragen, und dass ich nach Belieben weiterkommen würde. Der Schurke wurde daher von ihnen sehr gut aufgenommen und ging mit dreifacher Vergeltung für das, was er mir angeblich vorgestreckt hatte. Mein Vater jedoch, obwohl er den Betrug und die Täuschung verabscheute, sagte: „Das Geld ist egal." „Mein Sohn war tot und lebt wieder; er war verloren und wurde gefunden.""

X

DAS SCHICKSAL wollte es so, dass Bamford erneut diesen langen Weg zurücklegen sollte. Es war im Jahr 1819, als er den umgekehrten Weg von Manchester nach London reiste, um sich seiner Anerkennung zu ergeben und sich wegen der Anklage wegen aufrührerischer Versammlung vor Gericht zu stellen. Wir lassen seine vorläufigen Überlegungen der ersten paar Meilen aus und begleiten ihn, während er Macclesfield betritt:

„Ich ging jetzt in schnellem Tempo weiter und hatte noch nicht viele Meilen zurückgelegt, als ich einen jungen Mann und seine Frau überholte, von denen ich bald erfuhr, dass sie in dieser Nacht nach Macclesfield fuhren. Ich sagte, ich würde dorthin und noch etwas weiter gehen; und als ich ihnen von meinem Ziel erzählte und dass ich beabsichtige, die Reise zu Fuß zu gehen, waren sie sehr froh über meine Gesellschaft, und wir einigten uns darauf, gemeinsam zu reisen. Ich erfuhr bald, dass sie von Preston nach Loughborough gehen würden, wo sie sich bei den Verwandten der Frau niederlassen wollten. Sie waren ein sehr gutaussehendes Paar – er war ein kräftiger, üppiger junger Mann und sie eine große Frau mit hübschen Gesichtszügen; Sie konnte auch gut laufen, was er jedoch nicht konnte, da sie ohnehin schon wunde Füße hatte.

„Bei unserer Ankunft in Macclesfield ruhten meine Begleiter in einem Wirtshaus, während ich mich auf die Suche nach einigen ehrlichen Radikalen machte, denen Saxton mir Empfehlungsschreiben gegeben hatte. Sie waren hauptsächlich Arbeiter; Einige von ihnen befanden sich in recht guten Verhältnissen und waren Webermeister. Ich fand sie bald, und sie brachten mich und meine Mitreisenden in ein anständiges Gasthaus, wo wir Erfrischungen bekamen und einen sehr angenehmen Abend verbrachten. Am Morgen, als unsere Rechnung verlangt wurde, gab es keine Anklage gegen mich, da die freundlichen Freunde, die am Abend zuvor bei uns waren, alles beglichen hatten, was auf meinem Konto stand.

NACH LONDON

„Wir machten uns an einem schönen Morgen gegen sechs Uhr von Macclesfield auf den Weg und befanden uns bald in einem wunderbar bunten und bewaldeten Land, wie jeder zugeben wird, der zwischen Macclesfield und Leek gereist ist. Nachdem wir etwa vier oder fünf Meilen gelaufen waren, begannen wir über das Frühstück zu sprechen, und mein männlicher Begleiter sagte, er würde Käse, Brot und Bier haben, während ich ein gutes Frühstück mit Tee und ein paar Eiern erwartete, falls es welche gab. Kurz nachdem der Mann angehalten hatte und seine Frau im Weitergehen sagte, sie sei froh, dass ich Tee zum Frühstück bevorzuge. Ich fragte sie nach dem

Grund, und sie sagte, ihr Mann sei ein sehr fleißiger Mann und im Großen und Ganzen ein guter Ehemann, aber er sei etwas zu gierig und erwarte, dass es ihr auf der Straße so ergeht wie ihm, anstatt es ihr zu erlauben Gönnen Sie sich ein paar Genüsse wie Tee und Kaffee. Es lag nicht an Geldmangel, sagte sie, denn er hatte genug bei sich, und auch nicht an Freundlichkeit ihr gegenüber – es war allein übermäßige Sorgfalt, die ihn dazu machte. Aber jetzt, da ich dafür war, Tee zu trinken, würde er ihr kaum aus Scham verweigern, auch davon zu trinken. Ich versprach, bei Bedarf ein Wort für sie einzulegen, und sie dankte mir. Als wir noch ein wenig weiter gereist waren, kamen wir zu einem hübschen kleinen Zapfhaus am Abhang eines Tals, wo der kühle Schatten der Bäume die Luft angenehm und erfrischend machte und ein winziger Bach wie geschmolzene Perlen über dunklem Kies unter Jungpflanzen verlief -blättrige Haselnusssträucher und grün besäumte Ränder. Hier kamen wir überein, anzuhalten und uns das zu nehmen, was das Haus hergab. Die kluge Wirtin stellte mir bald eine schöne Mahlzeit aus Tee, Brot und Butter und ein paar Eiern vor, während meinen Mitreisenden ein Krug Bier mit Brot und Käse präsentiert wurde . Die Frau sagte, sie dürfe nichts essen, und ich bat sie, zu mir zum Tee zu kommen und fügte hinzu, dass die Kosten für den Tee höchstwahrscheinlich kaum höher sein würden als für das Frühstück, das sie vor ihnen hatten. Als ihr Mann diese Meinung hörte, forderte sie sie auf, Tee zu holen, und dann kam die Frau mit großer Freude an meinen Tisch und bereitete ein herzhaftes Frühstück zu.

„Wir haben uns eine Weile in dieser angenehmen kleinen Herberge ausgeruht; Der Mann und ich (ich könnte ihn genauso gut sofort John nennen) rauchten beide unsere Pfeife, während wir das Fenster hochrissen und die kühle Brise um uns wehte. Es war köstlich, wie wir zu frühstücken und sich dann nach einem schönen, gesundheitsfördernden Morgenspaziergang auszuruhen. Ich stellte jedoch bald fest, dass John nicht viele Gesprächsthemen beherrschte. Er war einfach ein ehrlicher Maurer ; wusste etwas über den Wert der Arbeit in seinem Bereich, konnte die Kosten für Gebäude und ähnliches abschätzen, und das war das Meiste, was er verstand. Nicht so seine Frau: Sie war eine vernünftige, gut informierte Frau für ihren Stand, und es war offensichtlich, dass sie in den meisten Angelegenheiten (mit Ausnahme der Geldverwaltung) seine Vorgesetzte war und großen Einfluss auf ihn ausübte. Sie war, wie sie mir später erzählte, Dienerin in einem Gasthaus in Loughborough gewesen, wo sich der junge Ziegelsetzer , damals auf Landstreicher, in sie verliebte und sie heiratete. Sie gingen nach Preston, um sich bei seinen Freunden niederzulassen; Er war sehr wild und rücksichtslos, und eines Tages fiel er von einem Gerüst und wurde schrecklich verstümmelt, so dass er nie wieder so kräftig sein konnte wie früher. In letzter Zeit war er beständiger gewesen und hatte ein wenig Geld gespart, und da sie keine Kinder hatten, hatte sie ihn überredet, mit ihr

zurückzukehren und bei ihren Verwandten zu leben, und das war der Grund
für ihre Reise.

„In Leek ruhten wir uns noch einmal eine Stunde lang aus, erfrischten uns
und setzten dann unsere Reise in Richtung Ashbourne fort . Als wir durch
die Straßen von Leek gingen, bemerkten wir eine Reihe von Webern an ihren
Webstühlen und erhielten die Erlaubnis, in die Webereien zu gehen, um sie
zu sehen. Die Räume, in denen sie arbeiteten, befanden sich in den oberen
Stockwerken der Häuser; sie waren im Allgemeinen sehr sauber; Bei den
Arbeiten handelte es sich ausschließlich um Kleinwaren aus Seide, und viele
der Weberinnen waren junge Mädchen – einige von ihnen sahen gut aus, die
meisten waren sehr ordentlich gekleidet und viele trugen kostbare Kämme,
Ohrringe und andere wertvolle Schmuckstücke dass sie einen ausreichenden
Lohn verdienten und eine Vorliebe für die Raffinesse der Kleidung
entwickelt hatten. Der Anblick dieser jungen Frauen, die an ihrem eleganten
Arbeitsplatz sitzen und reiche Bordüren und Verzierungen anfertigen, in
guten, gut gelüfteten und gut ausgestatteten Wohnungen – einige von ihnen
sind über Treppen mit Teppichen und Wachstüchern zu erreichen – und die
Mädchen werden ebenfalls angezogen in einem Stil, der vor zweihundert
Jahren für die Tochter eines Gutsherrn als üppig angesehen worden wäre,
war für mich sehr erfreulich; Für meine Reisegefährten hingegen war es
ebenso überraschend, und sie drückten ihre Gefühle durch verschiedene
Ausrufe des Erstaunens aus.

„Der Nachmittag war sehr heiß, und wir gingen langsam – das heißt, ich und
die Frau gingen langsam –, denn der arme John war wegen seiner
schmerzenden Füße traurigerweise humpelnd, und wir mussten uns weiter
hinsetzen und auf der Straße warten, bis er hochkam. Schließlich gönnten
wir ihm eine Stunde Pause, indem wir in einem Wirtshaus etwa vier Meilen
von Ashbourne entfernt Halt machten . Es war fast dunkel, als wir diese sehr
saubere und angenehme kleine Stadt betraten. Im ersten Gasthaus, in das wir
gingen, fanden wir eine Unterkunft, und nachdem wir ein gutes warmes
Abendessen mit einigen kräftigen Schlucken altem Bier und Pfeifen zum
Nachtisch genossen hatten, suchten wir die Ruhe, die jetzt notwendig
geworden war.

„Am nächsten Morgen standen wir wieder früh auf und setzten meinen
Reiseplan fort, nämlich vor dem Frühstück noch ein gutes Stück zu Fuß zu
gehen. Nachdem wir etwa sechs Meilen gelaufen waren, setzten wir uns hin:
Unser Essen war so gut, wie wir es uns nur wünschen konnten – Kaffee und
Eier für die Frau und mich und Bier, Käse und Brot für Freund John. Wir
befanden uns nun in einem echten Agrarland, in dem große Scheunen,
Scheunen und Viehställe an den Straßenrändern keine Seltenheit waren. Die
Straßen waren breit und in gutem Zustand, und auf beiden Seiten gab es oft
breite Landstreifen, auf denen offenbar viel Vieh herumstampfte.

Gelegentlich kamen wir zu einem hübschen, gemütlich aussehenden Häuschen, vielleicht mit einem großen Garten und einem angeschlossenen Kartoffelanbau, und mit Rosensträuchern und Honigreben, die sich um die Tür drängten. Dies waren Exemplare unserer echten englischen Häuser; es gab keinen Zweifel daran; In keinem anderen Land gibt es solche, und wer dieses Land in der Erwartung verlässt, in fremden Häusern ähnliche Häuser zu finden, wird kläglich enttäuscht sein. Nur in England wird der Begriff „Zuhause" mit all seinen häuslichen Annehmlichkeiten und Assoziationen richtig verstanden. Möge es noch lange die Heimat der Mutigen bleiben und schließlich die Heimat der wirklich Freien werden!

„ ENGLAND, MEIN ENGLAND "

„Wir haben bei Derby nur kurze Zeit angehalten; Ich besuchte jedoch das Grab von Jeremiah Brandreth auf dem Kirchhof von St. Werburgh und zollte den sterblichen Überresten dieses verblendeten Opfers einen tief empfundenen Tribut. Dann schloss ich mich meinen Kameraden an und wir eilten weiter, so weit Johns Füße es erlaubten, in Richtung Shardlow. Dort stieg er in einen Karren, und die Frau und ich gingen weiter und versprachen, in Kegworth zu warten, bis der Karren ankam. Einige Tage zuvor hatte es etwas geregnet; Der Trent war überschwemmt worden, und von allen grünen Weiden, die ich je gesehen hatte, übertraf keine das satte, lebendige Grün der Wiesen zwischen Shardlow und Kegworth. Es war erfrischend, sie zu betrachten, und als die süße Luft über sie wehte und die feuchten Brauen kühlte, fühlte man sich fast versucht, anzuhalten und einen Aufenthaltsort in dem köstlichen Tal zu suchen.

„Während unseres Spaziergangs hatten wir ein sehr angenehmes Gespräch; Ich ging auf einige Einzelheiten meines frühen Lebens und auf Dinge ein, die für Frauen immer von Interesse waren, nämlich die Geschichte einiger zärtlicher Bindungen, die ich aufgebaut hatte, die aber entweder aufgrund meiner eigenen Gleichgültigkeit oder, wie ich gerne annahm, verflogen waren die Treulosigkeit der Objekte, die ich liebte. Dies schien eine zärtliche Saite bei meiner Begleiterin zu berühren, sie war ganz aufmerksam, und als ich innehielt, stellte sie Fragen, die mich dazu zwangen, meine Erzählung fortzusetzen. Ich sprach von den edlen und erhabenen Freuden wahrer Zuneigung und stellte mir die widerlichen Schmerzen der verratenen Liebe und das Unglück vor, das den Verräter, ob Mann oder Frau, schließlich heimsuchen muss. Ich wiederholte einige Verse aus Gedichten, die das Bild noch verstärkten, und schließlich, als ich zur Seite schaute, stellte ich fest, dass ihre Wangen vor Tränen glänzten. Sie wurde jetzt mitteilsamer und teilte mir mit, dass sie sich gegenüber einem jungen Mann, dem ersten, dessen Ansprache sie ermutigt hatte, etwas vorzuwerfen hatte: dass sie jetzt oft das Gefühl hatte, dass sie sich ihm gegenüber ohne triftigen Grund kalt verhielt, und das auch Infolgedessen meldete sich der Junge zu seinem Regiment, bevor seine Freunde wussten, was aus ihm geworden war. dass sie bald darauf heiratete und er im Kampf getötet wurde. Sie weinte heftig und fügte hinzu, dass sie sich zeitweise selbst beschuldigte, die Ursache für seinen Tod gewesen zu sein. So gut ich konnte, tröstete ich sie mit dem Gedanken, dass ihr Verhalten offenbar eher auf jugendlicher Nachlässigkeit als auf Gefühlslosigkeit beruhte. Sie sagte, er sei ein Einzelkind und seine Mutter lebe noch, und sie dachte, wenn sie sich neben der alten Frau niederlassen könnte, würde es ihr etwas Trost spenden, ihr beizustehen und in ihrem Alter ein Kind für sie zu sein. Ich habe dem von ganzem Herzen zugestimmt; und nun, da wir in Kegworth waren, betraten wir ein Wirtshaus und warteten auf die Ankunft des Karrens, der bald herankam, und nach ein oder zwei Tassen Bier zwischen John und mir und einem Hauch Tabak machten wir uns auf den Weg. und eine kurze Fahrt durch ein angenehmes Viertel brachte uns nach Loughborough.

GEFÜHL

„Nichts würde meine Mitreisenden befriedigen, außer wenn ich sie zum Haus der alten Leute, wie sie sie nannten, begleitete. Ich war nicht sehr abgeneigt, mit ihnen zu gehen, zumal ich wusste, dass ich die ganze Nacht irgendwo in der Stadt anhalten musste. Ich begleitete sie daher mehrere Straßen und Abzweigungen entlang, bis wir an einer bescheidenen, aber anständig aussehenden Durchgangsstraße ankamen, als die Frau an die Tür klopfte und mir flüsternd erzählte, dass ihre Eltern dort lebten. Eine große, ehrwürdig aussehende Dame öffnete die Tür, und einen Augenblick später war unsere Reisenderin in ihren Armen eingeschlossen. Ein fröhlicher, hellhäutiger alter Mann stand gleichzeitig von seinem Stuhl auf und schüttelte John herzlich die Hand, und als John mich als Mitreisenden erwähnte, empfing er mich ebenso offenherzig . Dann umarmte er seine Tochter, und als die ersten Gefühle der Zärtlichkeit vorüber waren, setzten wir uns zu einem sehr gemütlichen, aber heimeligen Abendessen zusammen, und die Familienfeier wurde recht fröhlich und kommunikativ. Inzwischen hatte sich die Nachricht unter den Nachbarn herumgesprochen , mehrere kamen herein, und bald gesellte sich zu uns ein hübsches Mädchen, eine jüngere Tochter der alten Leute, die in einer der Manufakturen gearbeitet hatte. Kurz gesagt, wir hatten ein freudiges Familien- und Nachbarschaftstreffen ; Es wurde Alkohol geholt, ein junger Bursche stimmte seine Geige, und das alte Paar führte einen Tanz auf, dem weitere folgten; Alkohol wurde in Hülle und Fülle gebracht und die Stunden vergingen wie im Flug.

„John, ich und der alte Mann saßen in einer Ecke und rauchten und unterhielten uns, als ich sah, wie die jüngere Schwester etwas nervös hereinkam. Sie nahm die alte Mutter und ihre Schwester beiseite, und an ihrem Gesichtsausdruck und der Bewegung ihrer Hände erkannte ich, dass etwas Beunruhigendes und Geheimnisvolles geschehen war. Tatsächlich erklärte sie ihnen, wie ich später erfuhr, dass sie auf dem Weg zum Wirtshaus, um mehr Alkohol zu holen, an einer Postkutsche vorbeifahren musste, die angehalten hatte, und dass sie, als sie aufsah, einen jungen Soldaten aussteigen sah Der Trainer trug den Rucksack über der Schulter und die Mütze über dem Gesicht, aber sie sah genug, um sie davon zu überzeugen, dass er Robert war – derselbe, der einst ihrer Schwester den Hof machte und von dem sie gehört hatten, dass er im Kampf getötet wurde. Wie man sich vorstellen kann, wurde diese Nachricht bald im Haus bekannt und erregte großes Aufsehen, besonders bei den Frauen. Wir hatten gerade den Grund für ihr Flüstern erfahren, als sich die Tür öffnete und ein junger Bursche, blass, schlank und gut gebaut, in Regimentsuniform und mit einer Ausziehmütze und mit einem richtig zurechtgerückten Rucksack, respektvoll in den Raum trat und das sah Als er die alte Frau berührte, streckte er seine Hand aus, ergriff ihre, sprach liebevoll mit ihr und nannte sie „Mutter". Sie starrte einen Moment lang auf sein Gesicht, als wäre sie ungläubig gegenüber dem, was sie sah. Die Gesellschaft hatte in einiger Entfernung einen Halbkreis um sie herum gezogen; John, ich und der alte Mann behielten unsere Plätze, die jüngere Schwester stand neben ihrer Mutter und die Verheiratete saß auf einem niedrigen Sitz hinter ihr.

EINE DRAMATISCHE SITUATION

„‚Ich weiß kaum, was ich dir sagen soll, Robert', sagte die alte Frau. „Ich bin froh, dass du um deiner Mutter willen dem Tod entkommen bist, aber ich wünschte fast, du hättest heute Abend nicht hierhergekommen."

„‚Und warum nicht, Mutter? „Meine *andere* Mutter", sagte er und versuchte, ein Lächeln zu erzwingen. „Warum besuchst du nicht ein Haus, in dem ich Freunde zurückgelassen habe, und vielleicht ein bisschen mehr als nur Freundschaft?"

„‚Nichts weiter als Freundschaft, Robert', sagte die Mutter und bemühte sich , cool zu wirken.

„‚Warum, wo ist Margaret?' er sagte; „Ich hoffe, ihr ist nichts passiert?"

„‚Margaret ist deine Freundin', sagte die alte Frau, ‚aber sie ist jetzt nichts mehr. Dort sitzt ihr Mann und zeigt auf John.

„John ging auf den jungen Mann zu, nahm seine Hand und sagte mit Blick auf Margaret, er glaube, sie sei seit etwa zwei Jahren seine Frau.

„Der Soldat zitterte und taumelte zu einem Sitzplatz.

„Margaret stand auf, reichte dem jungen Soldaten die Hand und sagte, dass sie ihn mit der ganzen Rücksichtnahme einer Schwester zu Hause willkommen hieße. Wie er gehört hatte, war sie nun verheiratet und wollte sich in Loughborough niederlassen, und wenn er nie zurückgekehrt wäre, hätte seine alte Mutter zu Lebzeiten nicht auf die zärtlichen Dienste eines Kindes verzichten müssen.

„„Danke, Margaret', sagte er; „Das ist ein Trost; Du würdest meine alte Mutter nicht vernachlässigen, das weiß ich.' Er legte die Hand auf die Augen und brach in Tränen aus.

„„Das würde ich nicht, Robert', sagte sie, ‚und wenn ich dich in früheren Zeiten nicht so wertgeschätzt habe, wie du es vielleicht verdient hast, war ich bereit, die einzig mögliche Wiedergutmachung zu leisten, indem ich die sinkenden Jahre deines vermeintlich kinderlosen Elternteils aufmunterte.'

'"Das ist sehr gut!' „ Sehr fair auf beiden Seiten!" ' sehr hübsch!' sagten mehrere Stimmen. Keiner der Beteiligten äußerte sich zu Wort, beide waren tief betroffen.

„Die alte Frau und die jüngste Tochter führten Margaret dann in ein anderes Zimmer. Der alte Mann schüttelte dem Soldaten die Hand und bemühte sich , ihn aufzumuntern. Inzwischen war die Information an Roberts Mutter übermittelt worden, und sie betrat nun zitternd und auf einen Stock gestützt das Zimmer. Das Treffen war äußerst zärtlich; Es war so, wie es nur zwischen einem Elternteil und einem Kind stattfinden konnte, die gleichermaßen liebevoll waren. Das Tanzen hatte man zunächst aufgegeben; ein warmes, reichhaltiges Abendessen war in kurzer Zeit auf der Tafel ausgebreitet; Robert und seine Mutter nahmen etwas von der Erfrischung und gingen dann nach Hause. Margaret erschien nicht. Kurz nach dem Abendessen wurde ich zu einer Unterkunft in einem Gasthaus geführt und verbrachte den größten Teil der Nacht in verwirrten Träumen von den seltsamen Szenen, die sich wie in einer Romanze vor mir abgespielt hatten.

MARGARET WOLLTE BEIDES

„Am nächsten Morgen habe ich, wie versprochen, bei den Alten gefrühstückt. Ich stellte keine Frage und hörte auch nichts weiter. Margarets Augen wirkten, als hätte sie geweint. John war ihr gegenüber aufmerksam, und es schien, als würde sie seine Aufmerksamkeit wertschätzen, konnte die Last aber nicht ganz von ihrem Herzen abwerfen. Ich verließ die Familie, um meinen Weg fortzusetzen, und John begleitete mich bis nach Quorn, wo wir uns trennten, und ich sah ihn danach nie wieder.

„Ich bin lediglich durch Mountsorrel gelaufen und habe Rothley zu meiner Rechten gelassen, wo viele Tempelritter begraben liegen, und bin weiter nach Leicester gegangen, wo ich den Rest des Tages damit verbracht hatte, verschiedene Antiquitäten zu besichtigen, insbesondere das Zimmer, in dem Richard III. Als ich in der Nacht vor der Schlacht von Bosworth und der Brücke, über die sein toter Körper bei seiner Rückkehr geworfen wurde, schlief, übernachtete ich in einem respektabel aussehenden kleinen

Topfhaus. Hier fand ich ausgezeichnete Unterkunft und genoss die lebhafte Unterhaltung einiger Strumpfweber, die mich fast auf ihren Armen getragen hätten, als sie erfuhren, woher ich kam und welchen Anteil ich an der Politik von Lancashire hatte.

„Am nächsten Morgen setzte ich meine Reise fort und durchquerte ein schönes Land, das aus Schafweiden und Ackerland bestand, speiste in Market Harborough und fuhr am Nachmittag weiter nach Northampton.

GUTE FIRMA

„Ich wusste kaum, wo ich mich um eine Unterkunft bewerben sollte; Es gab so viele gemütlich aussehende Gaststätten, dass ich die Qual der Wahl hatte. Schließlich betrat ich einen der besagten hübschen Orte und fragte eine anständige ältere Frau, ob ich dort eine Unterkunft bekommen könnte. Sie sagte sofort offen, dass ich das nicht könne, sie seien voller Soldaten; und tatsächlich hatte ich eine große Menge bei der Parade gesehen, als ich durch die Stadt kam. Ich fragte sie, ob sie mich zu einem Ort führen könne, und sie zeigte auf ein respektables Haus etwas weiter oben auf der Straße. Ich ging dorthin, erhielt aber die gleiche Antwort; Sie waren „voller Soldaten", und ich erfuhr, dass diese gerade erst in die Stadt gekommen waren und sich auf dem Marsch nach Liverpool nach Irland befanden. Ich wurde nun zu einem Wirtshaus geführt, wo Kutscher und Wachen anhielten und wo viele Reisende sich auszuruhen pflegten. Es wurde spät und fast dunkel, und ich beschloss, mich nicht unter irgendeinem Vorwand von diesem nächsten Ort vertreiben zu lassen . Ich betrat eine ziemlich hübsche Bar , in der eine zahlreiche Gesellschaft saß, offenbar Bauern, die nach der Messe oder dem Markt ihre Pfeifen und ihr Glas abholten. Ich fragte die Vermieterin, eine kluge, aber bescheidene Frau, ob ich für die Nacht ein Bett haben könnte. Von dem Moment an, als ich eintrat, hatte sie mich beäugt, und als sie, wie ich vermute, sah, dass meine Schuhe völlig verstaubt waren und ich selbst ein brauner und nicht besonders gepflegt aussehender Kunde war, sagte sie, es täte ihr sehr leid, aber das stimmte nicht ein freies Bett im Haus, so viele Soldaten hatten Unterkünfte mitgebracht, dass sie ziemlich voll waren. Ich fuhr mir mit der Hand über die Stirn, blickte ziemlich gefühlvoll auf meine Füße, und mit der Bitte, dass sie mir ein halbes Liter Bier servieren möge, setzte ich mich. Das Bier wurde gebracht, und ich nahm einen kräftigen Schluck davon und bat dann um eine Pfeife und Tabak, die mir vorgelegt wurden. Als nächstes bestellte ich etwas zu essen und deutete an, dass ich lieber ein Kotelett oder ein Steak mit einer heißen Kartoffel essen würde. In der Zwischenzeit trank ich mein Bier aus, bestellte noch ein Pint und saß rauchend da und unterhielt mich ganz gemütlich mit den Bauern. Als sie hörten, dass ich aus Lancashire stamme, stellten sie viele Erkundigungen über die jüngsten Ereignisse und die gegenwärtigen Aussichten ein, und ich erzählte ihnen alles, was sie brauchten, soweit meine Informationen reichten, und zwar so offen und fair, wie es mein Urteilsvermögen erlaubte, und wir wurden eine sehr angenehme Gesellschaft . Als mein Abendessen gebracht wurde, verschickte ich es mit einem herzhaften Genuss, und nachdem ich etwas Brandy und Wasser bestellt hatte, rief ich die Wirtin, um meinen Schuss entgegenzunehmen, und bemerkte, dass es an der Zeit sei, nach einer Unterkunft Ausschau zu halten – denn ich wollte es versuchen welche fairen Mittel würden zuerst tun? 'Oh!' Sie sagte: „Machen Sie es sich bequem, junger Mann; Sie scheinen eine sehr gute Gesellschaft zu sein, und wir werden Ihnen irgendwie ein Bett machen, Sie werden sehen." „Noch ein Glas, Sir, haben Sie gesagt?" fragte die Magd, die neben ihrer Herrin stand. Ich nickte zustimmend und wurde so für die Nacht untergebracht und hatte eine ausgezeichnete Unterkunft.

„Bei der Schilderung dieser Transaktion war ich umso ausführlicher, da sie für Fußreisende einen nützlichen Hinweis enthält . Seitdem habe ich, abgesehen von zwei Gelegenheiten, das Experiment, in einem Wirtshaus eine Unterkunft zu bekommen, nie mehr so versucht, wie ich die Frage an diesem Abend gestellt habe, und bei diesen Gelegenheiten habe ich den Plan mehr aus Neugier als aus irgendeinem anderen Beweggrund angenommen. Ein Fußreisender sollte , wenn er wirklich an einer Unterkunft interessiert ist, niemals danach fragen. Er sollte in ein gutes Zimmer gehen – niemals in den gemeinsamen Schankraum –, seine staubigen Füße unter einen Tisch legen, ziemlich elegant klingeln und etwas zu essen und zu trinken bestellen und nicht im bescheidensten Tonfall sprechen. Er wird schnell und respektvoll bedient – vorausgesetzt, dass diese beiden Dinge im Haus verstanden werden. Nach der Mahlzeit sollte er seine Pfeife oder Zigarre nehmen, wenn er Raucher ist, und ob er nun Raucher ist oder nicht, er sollte trinken, plaudern und es sich bis zur Schlafenszeit ganz gemütlich machen, dann braucht er nur noch anzurufen das Zimmermädchen und bitte sie, ihm Licht ins Bett zu bringen. Das wird eine Selbstverständlichkeit sein, und er wird sich wahrscheinlich eine Wanderung durch die Stadt auf der Suche nach einer Unterkunft und wahrscheinlich auch das Machen seines eigenen Bettes unter einer Krippe oder auf einem Heuboden erspart haben.

„Um sechs Uhr am nächsten Morgen verließ ich Northampton, das Wetter war immer noch herrlich. Mit Gefühlen der Verehrung blieb ich stehen, um das schöne alte Kreuz zu bewundern, wie es genannt wird, das an der Stelle errichtet wurde, an der der Leichnam von Eleanor, Königin von Edward I., auf dem Weg nach London ruhte. In der Nähe dieses Ortes zweigte, wie mir ein Wegweiser mitteilte, die Straße nach Needwood Forest ab, und ich sehnte mich nach einer Gelegenheit, durch diese interessanten Orte unserer alten englischen Freibauern zu schlendern, aber meine fantasievollen Wanderungen wurden bald durch die Information eingeschränkt Wie mir ein Landsmann mitteilte, waren die Waldflächen fast vollständig eingezäunt.

„In einem kleinen ruhigen, pensionierten Wirtshaus auf der Northampton-Seite von Stoke Goldington hielt ich zum Frühstück an. Ich entschied mich aus zwei Gründen, hier anzuhalten: erstens, weil ich einem würdigen alten Ehepaar, sofern es noch lebte, meinen Respekt erweisen wollte, und zweitens, weil ich etwa elf Meilen gelaufen war und hungrig war. Als ich in meinem neunzehnten Jahr von einem Schiff in London flüchtete, müde, erschöpft und besorgt, dass ich bedrängt werden könnte, besuchte ich bei Einbruch der Dunkelheit dieses Wirtshaus, das damals von einem anständigen älteren Mann und seiner Frau mit mehreren geführt wurde Kinder. Ich trug meine Matrosentracht, hatte nur wenig Geld in der Tasche und erzählte den guten Leuten meine Situation. Sie konnten im Haus kein Bett für mich finden, aber sie hatten Mitleid mit mir und schüttelten mich in einem Nebengebäude mit gutem, sauberem Stroh nieder, wo in einer Ecke die Enten für meine Gefährten und in der anderen die Hühner waren Ich habe eine Nacht geschlafen, die einem König ein Segen gewesen wäre. Die netten Leute gaben mir auch morgens ein Frühstück mit Milch und Brot, und als ich dankbar und bereitwillig die Bezahlung anbot, weigerten sie sich, etwas anzunehmen. Ich konnte daher nicht an ihrer Tür vorbeigehen, ohne sie anzurufen, um ihnen zu danken, aber ich fand sie nicht dort; Sie waren beide, glaube ich, tot, und die Leute, die jetzt im Haus waren, wussten nichts von dem Umstand, der mich zum Schuldner ihrer Vorgänger gemacht hatte.

„Während ich da saß und meine Mahlzeit genoss, kam eine beleibte, ländlich wirkende Persönlichkeit mit einer gewissen Autorität in die Küche, wo sich mehrere andere befanden. Ihm folgte eine ordentlich und einfach gekleidete junge Frau, die sich in respektvollem Abstand niederließ und eine Beobachtung zu scheuen schien. Aus dem Tenor seines Gesprächs mit dem Vermieter erfuhr ich bald, dass er in einigen benachbarten Townships eine Art Hilfspolizist war und dass die junge Frau mit ihm vor einen Richter gehen wollte, wegen einer Anklage, die sie ins Gefängnis bringen würde , weil sie Mutter geworden ist, ohne für ihren Nachwuchs einen legitimen Vater hervorgebracht zu haben. Das genügte, um mich für das Mädchen zu interessieren, selbst wenn nicht die groben Witze des Polizisten und ein oder zwei anderer meinen Ekel und meine starke Abneigung erregt hätten. Ich warf ein oder zwei Mal ein höfliches und eher entlastendes Wort ein, wofür ich von den Männern fast ausgelacht wurde, aber durch die bescheidenen und dankbaren Blicke des armen Mädchens belohnt wurde. Der Sohn des Kutschers des Gutsbesitzers machte, wie ich hörte, seit zwei oder drei Jahren den Hof um das Mädchen, aber als sie in der Lage war, Anklage gegen ihn zu erheben, hatte er fast aufgehört, sie zu besuchen, und hatte es ganz aufgegeben, über die Heirat zu reden . Diese Umstände, die für die junge Frau zutiefst betrübt und beschämend sein mussten, waren für die Landeben

Gegenstand höhnischer und bitterer Scherze, die sie allesamt sehr demütig und, was mich eines Besseren belehren ließ, mit gesundem Menschenverstand ertrug und Selbstachtung, die sie davon abhielt, auch nur die geringste Antwort zu geben. Sie saß mit nicht ganz gesenktem Kopf da, aber mit einem Ausdruck von Scham, Empörung und Reue, während auf ihren Wangen abwechselnd Röte, Blässe und Tränen zu sehen waren. Ich wünschte mir sehnlichst eine Gelegenheit, sie aus den Händen dieser Raufbolde zu befreien, und insbesondere derjenigen, die für sie verantwortlich waren, und da ich erfahren hatte, dass der Polizist und sie in meine Richtung gingen, beschloss ich, jede Chance zu nutzen zu diesem Zweck. Ich machte mich daher daran, beim Funktionär eine gute Meinung zu bilden; Ich gab ihm etwas Tabak und mein Glas zum Trinken, und nach kurzer Zeit erzählte er von den zahlreichen Gefahren, die er durchgemacht hatte, als er Diebe, Wilderer und Eindringlinge festnahm; auf das gesunde Urteilsvermögen, das sein Amt erforderte, und auf den Mut und die Aktivität, die er bei verschiedenen Gelegenheiten an den Tag gelegt hatte, während ich mich fragte, wie ein so seltener Polizist so lange in einer bescheidenen Situation auf dem Land bleiben konnte. Endlich musste er gehen, und da er sagte, er würde sich über meine Gesellschaft freuen, so weit wir gingen, verließen wir alle drei das Wirtshaus.

ABENTEUER

„Wir waren noch nicht weit gekommen, als ein junger Bursche, offenbar ein Landarbeiter , über einen Zauntritt von den Feldern kletterte und sich uns anschloss. Er sei auf dem Weg zum Arzt, sagte er, nachdem ihm vor einigen Wochen eine Gesichtsverletzung durch einen Tritt eines jungen Hengstes zugefügt worden sei. Sein Kopf und seine Gesichtszüge waren bandagiert, so dass außer seinen Augen und einem Teil seiner Nase nichts davon zu sehen war. Er ging mit uns, sagte sehr wenig, seufzte aber gelegentlich, sozusagen vor Schmerzen. Ich beobachtete, wie die junge Frau ihn ein- oder zweimal eher zweifelnd ansah, aber weder sie noch der Polizist schienen ihn zu kennen. Nachdem er ein Stück zurückgelegt hatte , sagte der Polizist, er müsse über die Felder zu einem Dorf abbiegen. Er sagte, ich könnte genauso gut diesen Weg gehen, da der Fußweg wieder in die Landstraße münde und kurz sei und es in der Bierstube einen ausgezeichneten Zapfhahn gebe, wo wir nach getaner Arbeit ein Glas trinken könnten. Ich stimmte zu, denn ich wollte mehr von dieser Angelegenheit sehen, und so trat ich mit ihm, seinem Gefangenen und dem jungen Mann auf den Wiesenweg – denn der Arzt wohnte auch im selben Dorf. Wir kamen bald in dem kleinen Weiler an und der Polizist fragte einen Diener in Livree, ob „sein Gottesdienst zu Hause sei?" Er sagte, dass er es sei und in einer halben Stunde unten sein würde, und wenn er anrufe, würde er ihn sehen. Wir betraten ein Wirtshaus, bestellten etwas Bier, fanden es sehr gut und begannen zu rauchen, da wir ganz philosophisch der Meinung waren, dass es der klügste Weg sei, „die Dinge in dieser Welt ruhig anzugehen". Wir saßen so eine Zeit lang da, bliesen Wolken und tranken unseren zweiten Krug, als der junge Bursche plötzlich ins Zimmer kam und mit wildem Blick sagte, dass direkt über uns ein Mensch getötet worden sei und der Arzt ihn nach einem Polizisten geschickt habe , da sie die Leiche erst entfernen konnten, wenn einer eintraf. Dann legte unser aktiver Offizier, mächtig im Bier und Autorität, seine Pfeife nieder, zog seinen Stab heraus, nahm einen großen Schluck, beauftragte mich mit der Obhut der jungen Frau bis zu seiner Rückkehr und eilte aus dem Haus. Sobald er verschwunden war, sagte ich zu dem Mädchen: „Nimm diesen Schilling und renne um dein Leben." Gleichzeitig zog der junge Mann seine Bandagen vom Gesicht; Ein Schrei brach aus dem Mädchen heraus, er ergriff ihren Arm, ich drehte mich um, um meine Pfeife anzuzünden, und im nächsten Moment waren sie verschwunden.

KOMÖDIE

„Dann eilte ich auf der Suche nach meinem aktiven Koadjutor die Gasse hinauf und traf ihn fluchend und mit seinem Schlagstock schwingend herunterkommen. 'Wo sind sie?' Ich sagte, denn ich dachte, ich wäre der Erste, der sprechen würde. „Wo sind wer?" er hat gefragt. „Warum, die junge Isebel und dieser Kerl mit dem gebrochenen Gesicht?" 'Wo sind sie?' wiederholte er und starrte mich mit seinen beiden Augen an, als würden sie von seinem Kopf ausgehen. „Wo sind sie tatsächlich?" „Du solltest wenigstens wissen, wo einer ist." Dann sagte ich ihm in einem etwas abfälligen Ton, dass ich mich nur zum Feuer umdrehte, um meine Pfeife anzuzünden, und als ich noch einmal hinschaute, waren sowohl der Gefangene als auch der junge Kerl verschwunden. „Aber Sie sind auf keinen Fall weg", antwortete er, „und Sie werden auch nicht gehen, bis Sie vor dem Richter gestanden haben, um sich dafür zu verantworten." „Komm mit", sagte er, „komm hier entlang", ergriff meinen Arm und führte mich zurück zum Wirtshaus. „Heigh ho!" Ich sagte: „Es gibt nichts Schöneres auf dieser Welt, als die Dinge ruhig angehen zu lassen." „D... du und deine Leichtigkeit", erwiderte er ziemlich wütend. „Johannes", sagte er zum Knecht, „geh und sieh nach, ob seine Anbetung schon in Bewegung ist." Johannes ging und kehrte bald mit der Nachricht zurück, dass sein Gottesdienst bereit sei. Mein Schaffner und ich gingen dann in das Haus des würdigen Richters und wurden an der Hoftür von einer Gruppe sehr zorniger Vorstehhunde empfangen, die einen allgemeinen Angriff ausführten, als hätten sie uns und insbesondere mich beunruhigt , denn sie schienen meinen Begleiter schon einmal angebellt zu haben. Wir wurden in einen sauberen, mit Teppichen ausgelegten Raum geführt, wo sein Prediger und sein Schreiber an einem mit einem grünen Tuch bedeckten Tisch saßen und eine Reihe von Papieren und Schreibmaterialien vor sich hatten. „Na ja, Andrew!" sagte der Angestellte, ein dünner, blasser Mensch mit misstrauischem Blick, „wo ist das Mädchen, das Sie mitbringen sollten?" „Herr segne die Anbetung seiner Ehre ", sagte Andrew, „ich habe sie in der Obhut dieses Mannes hier gelassen und er hat sie weglaufen lassen." 'Wie ist das?' fragte seine Anbetung und hob den Blick von einem Spielakt, den er gelesen hatte. „Wie kamen Sie dazu, sie der Obhut dieses Mannes zu überlassen? „Ich dachte, Sie wären ein älterer Offizier gewesen und hätten es besser gewusst", sagte seine Anbetung. „Möge es Euer Ehren gefällig sein", sagte der Polizist, „ich und das Mädchen und dieser besagte Gefangene warteten gerade im Wirtshaus auf das Vergnügen Eurer Ehren , als ein Skorbut-Schurke hereinkam , der bereits auf ihn wartete Arzt, und sagte, es sei eine Person getötet worden, und ich müsse gehen und mich um die Leiche kümmern; Also übergab ich meinen Gefangenen in die Obhut dieses Mannes und ging hinter der Leiche weg; Und als ich im Dorf auf und ab gelaufen war, konnte ich nichts von der Leiche hören, und die Leute, Sir, lachten mich aus.'

MEHR KOMÖDIE

„Der Gerichtsschreiber runzelte die Stirn und runzelte die Stirn, der Richter brach in herzhaftes Lachen aus. Ich habe auch gelacht; Tatsächlich hatte ich das in der letzten halben Stunde in Gedanken getan. Als der Angestellte den Richter lachen sah, überkam ihn plötzlich ein ebenso fröhliches Gefühl, und wir lachten alle drei über Andrew, den Polizisten.

„'Nun', sagte der Richter und beruhigte sich, ,aber was hat das mit dem Verlust Ihres Gefangenen zu tun?'

„'Euer Ehren ', sagte der Polizist, ,bevor ich mich auf die Suche nach der Leiche machte, überließ ich dem Mädchen die Aufsicht über diesen Mann, von dem ich glaube, dass er nicht besser ist, als er sein sollte, und als ich zurückkam, erzählte er mir das „Das Mädchen war weggelaufen, während er seine Pfeife anzündete."

"'Wie war es?' fragte der Richter und wandte sich an mich. Ich erzählte ihm den gleichen Bericht, den ich dem Polizisten gegeben hatte, woraufhin er zuerst und dann der Angestellte in lautes Gelächter ausbrachen, was den Polizisten offensichtlich sehr verwirrte, da er die Angelegenheit anscheinend für ein zu ernstes Thema hielt Natur für so leichte Unterhaltung.

„'Was soll seine Verehrung in diesem Fall Ihrer Meinung nach tun, Andrew?' fragte der Angestellte.

„‚Ich wünschte, Seine Ehre würde diesen Mann hier ins Gefängnis schicken, anstatt das Mädchen', war die Antwort.

„'Können wir das tun?' fragte der Richter halb ernst, halb scherzhaft.

„‚Wir können ihn als Bürgschaft verpflichten, wenn Andrew sich verpflichtet, bei den Schwurgerichten einen Wechsel gegen ihn vorzulegen', lautete die Antwort im gleichen Ton.

„‚Dann geschehe es', sagte seine Anbetung. „Andrew, Sie werden mit einer Kaution in Höhe von fünfzig Pfund belegt, um diese Anklage bei den nächsten Gerichtsverhandlungen zu verfolgen."

„‚Euer Ehren , ich möchte lieber entschuldigt werden', sagte Andrew alarmiert. „Wer soll die Kosten bezahlen?"

„‚Ich glaube eher, dass der Gefangene jedenfalls nicht zahlen wird', sagte seine Anbetung; „Wer strafrechtlich verfolgt, wird die erste Chance dazu haben."

„‚Dann konnte ich es nicht tun', sagte der Polizist; „Ich möchte lieber nichts mit der Sache zu tun haben."

„'Soll der Mann dann entlassen werden?' fragte der Richter.

„‚Ja, wenn es Euer Ehren gefällt', sagte der Polizist; „Ich mag diese Anleihen nicht."

„Der Richter fragte mich dann, was ich sei und woher ich komme, und ich sagte ihm, ich sei Weber und stamme aus Lancashire.

„Er fragte mich, wohin ich wollte und zu welchem Zweck, und ich sagte ihm, dass ich auf dem Weg nach London sei, in der Erwartung, einen Platz zu bekommen.

„Hatte ich Verwandte in London, und was für eine Unterkunft erwartete ich? Ich sagte, ich hätte keine Verwandten in London, aber einige gute Freunde, und ich hätte kaum Zweifel daran, eine Stellung unter der Regierung zu bekommen.

ENTLADEN

„‚Unter Regierung', sagte er überrascht; Auch der Angestellte zog die Augenbrauen hoch.

„‚Ja, Sir', sagte ich halb lachend; „Ich gehe in Erwartung einer Regierungsstelle nach oben ."

„‚Der Mann ist *unzufrieden* ', sagte der Richter mit gedämpfter Stimme.

„‚Sehr wahrscheinlich, Sir', antwortete der Angestellte.

„„Dann sind Sie also entlassen', sagte der Richter. „Wir können nichts mit Ihnen machen, es sei denn, es liegt eine Verpflichtung zur Strafverfolgung vor."

„Ich verneigte mich respektvoll vor seiner Verehrung, schenkte dem Angestellten ein fragwürdiges Lächeln, verließ den Raum und machte mich auf den besten Weg zum Wirtshaus, wo ich mein Bündel und meinen Stock zurückgelassen hatte.

„Während unserer Abwesenheit war eine andere Person hereingekommen, und die Vermieterin hatte ihm erzählt, dass das Mädchen weggelaufen sei und ich gefangen genommen worden sei. Bei dieser Person handelte es sich um einen Anwaltsgehilfen, und er nahm meine Sache ernsthaft auf und riet mir, den Polizisten wegen falscher Inhaftierung strafrechtlich zu verfolgen. Er gab mir diesen Rat, als der Polizist zurückkam. Ich tat so, als würde ich das Projekt in Betracht ziehen, und als der Beamte auf das Thema aufmerksam wurde, über das wir berieten, wurde er sehr unruhig und schien fast bereit zu sein, jeden Kompromiss einzugehen, anstatt sich in die Fänge des anderen „Zweigs des Gesetzes" zu begeben. ' Nachdem ich ihn ausreichend gequält hatte, stimmte ich schließlich einer Einigung zu, deren Bedingungen darin bestanden, dass er für eine Menge Bier bezahlen sollte, und ich und der Anwaltsgehilfe, den ich als seltsamen, ironischen Kerl empfand, stimmten zu Ich bezahle so viel, dass ich reinkomme, nachdem er betrunken war.

„Wir saßen schon ziemlich lange hier und waren miteinander und mit dem Alkohol sehr gut gelaunt , als man Stimmen und eine Geige hörte, die sich dem Haus näherten, und eine Minute später kam das Mädchen herein, das wir gefangen hatten am Morgen Arm in Arm mit einem jungen Burschen, den wir an seiner Sprache und Kleidung als den mit dem geflickten Gesicht erkannten ; Kurz gesagt, es waren die beiden Ausreißer, gefolgt von etwa einem halben Dutzend junger Männer, zwei jungen Frauen und einer älteren Person, die herumfummelte. Sie waren in der Kirche gewesen und hatten geheiratet, da die Aufgebote dort einige Monate zuvor veröffentlicht worden waren. Sie waren jetzt alle bereit zum Tanzen, Singen und Fröhlichen; Ich habe kaum jemals eine Reihe glücklicher aussehender Gesichter gesehen; der Junge war in Verzückung; Die Braut schien mehr Selbstbeherrschung zu haben als alle anderen im Ort. Sie dankte mir sehr dankbar für die freundlichen Gefühle, die ich gezeigt hatte; Ihr Mann gesellte sich zu ihr, und ich fand es sinnlos, ihr anzubieten, mich von der Hochzeitsfeier zu trennen. Der Polizist war völlig damit einverstanden, da die Anklage, wie er sagte, von der Gemeinde abgezogen werden würde und die Steuerzahler es nicht für seine schlechte Tagesarbeit halten würden. Der Anwalt bot seine freundlichen Dienste an, um den Kutscher des Gutsherrn mit dem Spiel zu versöhnen, und die Wirtin brachte für das Hochzeitsfest einen Vorrat an

Gewürzbier mit. Der Geiger färbte seinen Bogen erneut mit Kolophonium und spielte einen Jig, der alle Jungs zum Toben brachte. Kurz gesagt, wir aßen und tranken und tanzten den ganzen Nachmittag. Der Abend folgte, die Nacht kam und dann der Mittag der Nacht; und die letzten Szenen, die ich mir eingeprägt habe, waren der Geiger, der von seinem Stuhl fiel und seine Geige zerschmetterte, und der Anwalt, der das Gesicht des Polizisten vorsichtig mit einem Schwärzepinsel bemalte, während dieser tief und fest schlief.

Die hochmütige Herberge

„Am nächsten Morgen war ich früh in Newport Pagnell . Als ich mich ihm näherte, wirkte der Ort äußerst romantisch. Oberhalb muss es starke Regenfälle gegeben haben, denn die Ouse war über die Ufer getreten und zahlreiche Rinder grasten auf kleinen grünen Inseln, die von der Flut umgeben waren. Das Wetter blieb so, wie es sich ein Wanderer nur wünschen kann, und ich ging gemächlich weiter und genoss die kühle Brise, den Duft der Blumen und den Gesang der Vögel, etwa sechs oder acht Meilen entfernt, bis ich das berühmte Dorf Woburn erreichte, wo ich hinging in das erste Wirtshaus, das ich auf der linken Seite sah – ich glaube, es war das Schild des „Bedford Arms". Der Ort schien sehr schön zu sein, und die Leute, die ich herumlaufen sah, schauten mich, wie ich dachte, auf eine seltsame, hochnäsige Art an; Keiner von ihnen blieb stehen und fragte, was ich wollte. Schließlich bat ich eine Frau, mir ein Glas Bier zu bringen, als Vorspeise zum Frühstück. Sie zögerte keinen Moment, um meine Bestellung entgegenzunehmen, sondern blickte nach unten und fegte an mir vorbei. „Gott sei Dank", dachte ich, „in was für einer Kneipe bin ich jetzt geraten?" Niemand kümmerte sich um mich, und bald darauf bat ich erneut um ein Glas Bier; Dieser Diener ging ebenfalls wortlos weg, aber nach kurzer Zeit kam eine Frau von vornehmem Aussehen und sagte, dass sie keine Fußreisenden beherbergen würden . Ich brachte meine Überraschung darüber zum Ausdruck und versicherte ihr, dass ich sowohl in der Lage als auch bereit sei, für alles zu zahlen, was ich verlangte. Sie sagte, sie zweifle nicht daran, aber es sei eine unveränderliche Regel des Hauses, Personen, die zu Fuß unterwegs seien, nicht zu bedienen, und von dieser Regel dürfe nicht abgewichen werden. Könnte ich nicht einen Schluck Bier haben? Ich fragte. Nein, Fußreisende konnten dort nichts haben. Ich stand also auf, legte mein Bündel auf meine Schulter und bat sie, ihrem Arbeitgeber mitzuteilen, dass die Herrschaft des Hauses irgendwann Ärger und Demütigungen mit sich bringen könnte, da ich, wenn andere Verpflichtungen mich nicht bedrängten, zum nächsten Richter gehen würde oder den Herzog von Bedford selbst und bevorzugen eine Beschwerde gegen den Besatzer wegen der Weigerung, einen Reisenden ohne ausreichenden Grund zu beherbergen. Sie lächelte über mein Gesetz (was auch gut möglich war, da sie mein Aussehen musterte und sich daraus eine Meinung über meinen Geldbeutel bildete) und sagte, es gäbe noch andere Orte im Dorf, wo ich jede Erfrischung bekommen könnte, die ich wollte; und dann drehte sie sich um und ging weg, wahrscheinlich weil sie dachte, sie hätte genug Zeit mit mir verschwendet, und ich verließ diesen unwirtlichen und stolzen Ort. In einem anderen Gasthaus erlebte ich einen Empfang, der genau das Gegenteil des ersten war; Die Leute, sowohl Vermieter als auch Bedienstete, waren sehr zuvorkommend und aufmerksam. Ich machte ein gutes Frühstück, ruhte mich aus, unterhielt mich und erhielt eine Einladung, dort noch einmal anzurufen, falls ich dorthin käme.

„Ich frage mich, ob die Leute von Duke's Arms schon im Geschäft sind? Und wenn ja, ob sie, wie Dutzende ihrer arroganten Bruderschaft, nicht durch diese großen Planierer , die Eisenbahnen , so sehr gedemütigt wurden, dass, wenn jetzt ein Wanderer ihr Haus betritt , er für Geld einen Becher Bier trinken kann?

REISE BEENDET

„Ich ging zum Abendessen nach Redbourn, das aus einer einfachen, aber köstlichen Mahlzeit in einem sehr bescheidenen Pothouse bestand. Hier fiel mir ein Hufeisen auf, das in das Wetterbrett der Tür genagelt war, und als ich vorgab, seinen Zweck nicht zu kennen, und fragte, wofür es sei, sagte mir eine alte runzlige Dame, scheinbar die Mutter des Hauses, mit vollkommener Ernsthaftigkeit, dass es so sei um alle Hexen und verhexten Personen und Dinge von dem Ort fernzuhalten, und dass, solange es dort blieb, nichts unter dem Einfluss der Hexerei eindringen konnte.

„In St. Albans spazierte ich durch die Ruinen der Alten Abtei, nachdem ich zuvor auf den Wiesen darunter an einem Mauerstück vorbeigekommen war, zweifellos ein Teil der Überreste der britischen Stadt Verulam. Ich verweilte ziemlich lange bei diesen Szenen, und es wurde schon dunkel, als ich am Obelisken in Barnet vorbeikam, wo die berühmte Schlacht in den Rosenkriegen ausgetragen wurde. Mit jedem Schritt, den ich heute machte, wurden die Menschen, ihre Häuser und ihre Manieren Londoner ; und es wird dann nicht überraschen, dass ich im ersten Wirtshaus, das ich betrat, in bequemen Unterkünften willkommen geheißen wurde und so die ganze Nacht dort blieb. Am nächsten Morgen ging ich nach London und frühstückte in einem Kaffeehaus.“

XI

ISLINGTON ist nur anderthalb Meilen vom General Post Office entfernt. Noch vor achtzig Jahren war es nur halbländlich. Tatsächlich ist London im Grunde genommen ein sich langsam bewegendes Monster, und obwohl es hier und da Fälle einer raschen Erweiterung gibt, vergrößert sich die Großstadt in der Regel mit elefantistischer Überlegung. In Islington, in der Blütezeit der Trainer-Ära, erlebte man zum ersten Mal das Gefühl, unterwegs zu einem bestimmten Ort zu sein; denn dort, am Islington Green, standen die ersten Schlagbaumtore. Auf der anderen Seite lag London: Wenn man sie einmal durchquert hatte, war man definitiv auf dem Land. Wie die Abbildung zeigt, entstanden damals typisch städtische Häuserstraßen, aber die Hähne und Hühner sowie die Schafherde auf der Straße wirken ländlich, und in der Ferne scheint die Kirche inmitten rustikaler Lauben zu stehen.

Hinter dem Dorf Islington war die Straße wieder offen, und als die Reisenden nach Ring Cross kamen, sprachen sie immer noch voller Angst von dem Galgen, der dort gestanden hatte, und hofften, dass die Erinnerung an solche Dinge nicht erloschen war und nicht aufgehört hatte, eine Warnung zu sein an Übeltäter.

ISLINGTON GRÜN, 1825.

Ring Cross ist längst von der Landkarte verschwunden. Laut so sorgfältigen Kartographen wie John Rocque und seinen Koadjutoren im Jahr 1746 befand es sich an einem Punkt dreieinhalb Meilen von London entfernt, der heute mit der Kreuzung der Holloway Road und der Benwell and Hornsey Roads identifiziert werden kann, die damals darunter lag Der furchterregende Name „Devil's Lane" führte zum abgelegenen Weiler Crouch End.

SZENEN DES SCHRECKENS

Die Nachbarschaft war ein schlechtes Omen. Dort hing mancher zerfetzte, langsam zerfallende Körper in Ketten; Am bemerkenswertesten unter ihnen ist der von John Price, dem Henker, der am 31. Mai 1718 selbst gehängt wurde, weil er eine Elizabeth White in Bunhill Fields ausgeraubt und ermordet hatte, und sein Leichnam anschließend hier aufgehängt wurde. Der Schrecken kam 1827 wieder zum Vorschein, als in der „Catherine Street, nahe der Hauptstraße, Holloway" ein Skelett mit den Galgeneisen gefunden wurde; Der Galgen und die Überreste wurden später im nahegelegenen Gasthaus „Coach and Horses" ausgestellt , möglicherweise um mit dem gleichnamigen Haus in 214, Holloway Road, identifiziert zu werden.

Highgate bildete zu dieser Zeit einen weiteren besiedelten Ort, an dem die Londoner Bürger ein ländliches Leben führten und ihre Tugenden und roten Wangen pflegten, inmitten von schändlich berüchtigten Ödlanden im Norden und Süden. Finchley Common und seine angrenzenden Elsässer erstreckten sich nach Norden bis zu dem anderen zivilisierten Gebiet, Barnet; und durch die große Gemeinde von Finchley verlief die Straße, die alle, die nach Norden reisten, passieren mussten, da die Straßenräuber als Messieurs nur allzu gut kannten.

In den Tagen, bevor es überhaupt eine Kutsche gab, war es für einen Reisenden üblich , sich auf sein eigenes Pferd zu setzen und so im Sattel holpernd an sein Ziel zu gelangen. Andere, die zwar keine Pferde besaßen, aber ein gutes Auge für Pferdefleisch hatten und gut handeln konnten, kauften oft ein Reittier und verkauften es am Ende einer langen Reise zu einem Vorteil. Es war einer dieser Reisenden , der, nachdem er in London ein schönes Pferd zu einem sehr moderaten Preis gekauft hatte, bei seiner Ankunft in Finchley Common feststellte, dass er tatsächlich ein ganz besonderes Geschäft gemacht hatte. Als er durch die einsame Wüste ritt, sah er einen anderen Reiter herankommen; Daraufhin schob sich sein eigenes Pferd auf höchst merkwürdige Weise an den Fremden heran und drängte so drohend gegen ihn, dass er mit allen Anzeichen von Angst seinen Beutel überreichte. Das Pferd war offensichtlich Eigentum eines Straßenräubers.

Die Manchester Mail wechselte im „Old White Lion", Finchley , die Pferde, wie der Druck nach James Pollard zeigt ; Und ob Pollard beabsichtigte, eine solche Idee zu vermitteln oder nicht, es sieht eindeutig nach einer Herberge und einem Viertel aus, in dem es für einen Fremden, der viel Geld bei sich hat, nicht klug wäre, lange zu bleiben, nachdem die Post ordnungsgemäß gewechselt und weggefahren wurde. Was für eine erstaunliche Veränderung ist jetzt auf der Szene eingetreten!

DIE MANCHESTER-POST WECHSELT IM „OLD WHITE LION",
FINCHLEY, 1835.

Tatsächlich drohen auf den Heimstrecken der Straße Veränderungen, und selbst Barnet Fair ist vom Aussterben bedroht. Bedrohte Menschen und bedrohte Institutionen leben lange, aber schließlich setzt irgendjemand oder etwas ihrer Existenz ein Ende; und am Ende, als die Menschen sie fast für unsterblich halten, werden sie plötzlich abgeschnitten. Die Barnet Fair wird zweifellos in naher Zukunft den meisten anderen Messen in der Vergangenheitsform folgen; aber inzwischen ist es zweifellos äußerst lebhaft, obwohl es von vielen als sterbend angesehen wird. Und es ist gerade diese lustvolle Lebendigkeit, die paradoxerweise zu ihrer Abschaffung führen wird; denn die Scharen der Pferdehändler sowie der East-End- und einfachen Londoner im Allgemeinen, die sich wegen der alljährlichen dreitägigen Veranstaltung, die am ersten Montag im September beginnt, angezogen fühlen, werden von den „Wohnklassen" nicht besonders geschätzt Barnet und der Bezirk; obwohl die Handwerker sie mit einigermaßen freundlichen Augen zu betrachten scheinen. Die Meinungen sind geteilt, und das muss auch sein, wenn solch gegensätzliche Lebensideale vorherrschen. Die „Einwohner" wollen Ruhe und Frieden: Die Handwerker wollen Handel, und sie haben offenbar das Ohr der Sakristei, die schon 1888 einen Beschluss fasste, der als damaliger Jahrmarkt über 20.000 Menschen in den Bezirk lockte und war bedeutet, dass dort etwa 10.000 bis 12.000 Pfund ausgegeben werden, wäre es eine große Belastung für die Handelsschichten in Barnet, wenn es abgeschafft würde. Dem damaligen Innenminister wurde ein

Denkmal überreicht, in dem er für die Fortsetzung der Messe betete, und die Petition erwies sich als erfolgreich.

BARNET-MESSE

An „Verbesserungen" hat es in Barnet in letzter Zeit nicht gefehlt. Dass es sich dabei um Verbesserungen handelt, lässt sich nicht bezweifeln, denn sie führten zu einer Verbreiterung der Straße an einer Engstelle und gaben den Blick auf die edle Pfarrkirche frei. Sie wurde an ihrem östlichen Ende in einer längst vergangenen Zeit mit einem malerischen Bau eingebaut altes Haus und Laden; ein malerisches Durcheinander, dessen Verschwinden für einige eine schmerzliche Lücke hinterlassen hat. Bei diesem seltsamen Auswuchs handelte es sich um eine altmodische Bäckerei mit einem kleinen, mit Stuck verzierten Zimmermannshaus im gotischen Stil darüber: nicht (wie man sich vorstellen kann) wegen der Reinheit seines Stils bewundernswert. Wie die Fliege im Bernstein war sie weder reich noch selten, aber man spekulierte darüber, was sie zu einer so seltsamen Verbindung brachte, die bis zum Ende der Kirche reichte, so dass der ungebildete Fremde nicht sagen konnte, wo sie war Der kirchliche Bau endete und der rein weltliche begann.

MONKEN HADLEY KIRCHE.

GREAT NORTH ROAD" und „ HOLYHEAD ROAD" wurde Barnet bereits ausführlich behandelt , und es bleibt kaum etwas anderes dazu zu sagen; aber es schätzt unter anderem die amüsante Geschichte der Frau des Postmeisters, die die Lederhosen ihres Mannes aus dem Schlafzimmerfenster an die Nachtpost statt an die Posttüten verteilt. Der Wachmann bemerkte den Fehler erst, als er Highgate erreichte und zu Pferd zurückkehrte, um die Kleidung gegen die Post seiner Majestät einzutauschen.

Die Postsäcke selbst wurden hier einst gestohlen. Der Vorfall ereignete sich im Februar 1810, als die Pferde gewechselt wurden. Diebe machten sich mit den Taschen auf den Weg zu Orten von Hatfield nach Grantham und von dort nach Spilsby und Boston, und obwohl in der Mitteilung des Generalpostmeisters vom 1. März eine Belohnung von einhundert Pfund für die Ergreifung des Räubers vorgesehen war, war niemand dabei jemals gefangen genommen, noch sind die Taschen jemals wieder aufgetaucht.

XII

COCKFOSTERS

EIN SELTSAMER Ortsname, der auf den Wegweisern entlang der Straße prangt, lädt unwiderstehlich zu einer weiteren Erkundung ein. „Nach Cockfosters", steht auf den Wegweisern. Auf jeden Fall. Sie können nicht anders, als nachzusehen, was für ein Ort das sein könnte; aber schließlich – wie in unzähligen anderen Fällen – erblickt der Blick des Forschers nichts so Bemerkenswertes. Tatsächlich handelt es sich um ein kleines Walddörfchen an der Grenze der drei Gemeinden Hadley, East Barnet und Enfield. und mangels tatsächlicher Beweise wird vermutet, dass der Name von der alten französischen Phrase „ *Bicoque" abgeleitet ist Forestière* , eine kleine Siedlung inmitten eines nicht eingezäunten Waldgebiets.

MONKEN HADLEY

Noch mehr sieht man in Monken Hadley, einem Dorf, das noch nicht von der Vorstadtflut überschwemmt wurde. Der Mittelpunkt des örtlichen Interesses liegt natürlich wie üblich in der Kirche, und das Interesse der Kirche selbst konzentriert sich auf den Turm.

Das Datum des hohen Turms lässt sich leicht anhand der urigen arabischen Figuren über dem Eingang bestimmen, die, wenn man sie entziffert, das Jahr 1494 ergeben. Aber die große Kuriosität der Monken-Hadley-Kirche ist natürlich der Feuertopf oder das Leuchtfeuer, das weckt solche Spekulationen seitens Fremder aus der Ferne.

DER FEUERTOPF, MONKEN HADLEY.

Wie weit zurück ein solches Leuchtfeuer auf diesem oder einem früheren Turmturm hier existierte, muss ungewiss bleiben; aber sein Zweck ist klar genug. Sein Licht sollte Reisenden helfen , die in der einst dichten und weitläufigen Enfield-Verfolgungsjagd umherirrten. Der erhöhte Standort der Kirche selbst war zur Zeit von Königin Elizabeth als „Beacon Hill" bekannt und trug schon damals diesen Namen. Es gibt Hinweise darauf, dass das Leuchtfeuer in den unruhigen Zeiten des Jahres 1745 angezündet wurde, als stündlich damit gerechnet wurde, dass die schottischen Rebellen über London herfallen und König George durch einen Stuart-Souverän ersetzen würden. Bei dem großen Sturm vom 1. Januar 1779 wurde das bestehende Gebäude zerstört und ist natürlich lediglich eine Restaurierung. Es wurde in der Nacht der Freude über das Diamantjubiläum im Jahr 1897 und erneut bei der Krönung Eduards des Siebten angezündet.

Die Schlacht von Barnet, an der Monken Hadley und die gesamte Umgebung beteiligt waren, ist eine oft erzählte Geschichte, und romantische Romanautoren haben sich schon lange damit beschäftigt. Lord Lytton war wahrscheinlich der Letzte, und sicherlich der Größte, der diesen großen Wettbewerb von 1471 zum Anlass für eine Geschichte machte; und er schrieb so überzeugend darüber, dass ein altes und verwittertes Fragment einer riesigen Eiche, das die Grenze von Enfield Chase markiert, als legitimes historisches Wahrzeichen dieses großen Wettbewerbs bezeichnet wird. Es ist der „magere und blattlose Baum", an dem Bruder Bungay seinen verhassten Rivalen Adam Warner hängt, während an seinem Fuß die leblose Gestalt seiner Tochter Sibyll und „die zerschmetterten Fragmente der mechanischen ‚Heureka', an der er die Mühe aufgewendet hatte, liegen." seines Lebens."

Der alte Stamm, der vor langer Zeit von seiner Rinde befreit worden war, wurde vor einigen Jahren von einigen betrunkenen Freiwilligen umgeworfen, aber er wurde an seine ursprüngliche Position zurückgebracht und von einem Geländer umgeben.

Wir nehmen vorzugsweise die alte Straße über Hadley Green, am Obelisken namens „Hadley Highstone ", der den Ort der Schlacht markiert, statt der „neuen" Straße aus Barnet zu folgen, die 1823 von Telford gebaut wurde, und passieren Dyrham Park. Der imposante, aus Stein erbaute Eingang zu diesem wunderschönen Anwesen allein reicht aus, um ohne die Hilfe historischer Assoziationen Aufmerksamkeit zu erregen. Laut einer oft wiederholten Geschichte ist es jedoch zusätzlich interessant, da es sich ursprünglich um einen Triumphbogen handelte, der in London errichtet wurde, um Karl den Zweiten bei seiner Restauration im Jahr 1660 willkommen zu heißen.

DAS TOR, DYRHAM PARK.

Die alte Straße trifft bei South Mimms wieder auf eine Kreuzung mit der neuen, und von diesem Punkt aus führen alte und neue Straße gemeinsam nach St. Albans, den Ridge Hill hinauf und so an London Colney vorbei. Hier und da kann man Abschnitte des alten Weges nach rechts oder links finden; hohl, von Bäumen überschattet und einsam, abgesehen von den erfahrensten Wanderern, den Zigeunern und Landstreichern, die oft dort unter dem grünen Baum zu finden sind, geschützt vor dem Staub und der Hektik dieses neuen Jahrhunderts, das das entdeckt hat wieder Straßen, hat aber weder die Zeit noch die Lust, sie genau zu kennen, oder als etwas anderes als eine Rennstrecke.

ST. ALBANS

Im Jahr 1826 fuhren alle 24 Stunden 72 Kutschen durch St. Albans, und es wurde berechnet, dass die Zahl der Reisenden , die im gleichen Zeitraum durchfuhren, nicht weniger als 1.000 betrug, von denen die Kutschen 600 beförderten Extreme von Armut und Reichtum, die in den Wagen fuhren oder zu Fuß gingen; oder schnell und luxuriös vorbeigerast, in Postkutschen oder in ihren eigenen privaten Streitwagen. Man fragt sich, wie viele Autos heute täglich in Staubwolken den Ridge Hill hinauf und so über London Colney und St. Albans nach Nordwales oder nach Manchester und dann über die Grenze nach Schottland rasen?

Die Straßen von St. Albans sind keineswegs an die Hektik der heutigen Zeit angepasst; und obwohl die Stadt oder die Stadt, wie wir sie jetzt nennen müssen, nur einundzwanzig Meilen vom Zentrum Londons entfernt ist, ist sie dennoch ein Ort mit engen und verwinkelten Wegen. Tatsächlich ist in St. Albans bis heute ein gewisser Hauch von Mönchtum zu spüren, vor allem, obwohl der Ort in den letzten Jahren gewachsen ist. Die Abtei auf ihrem krönenden Bergrücken dominiert natürlich alles; Aber abgesehen von diesem Hauptmerkmal gibt es alte Kirchen, alte Häuser jeden Alters bis zur Zeit Georgs des Dritten (nach dieser Zeit sind die Häuser nicht mehr antik) und alte Gasthöfe. Und trotz all dieser Zeugnisse einer ehrwürdigen Zeit strahlt St. Albans eine lebendige Atmosphäre, eine geschäftige Fröhlichkeit aus, die es wirklich liebenswert macht. Man könnte viel über St. Albans sagen: über die Ruinen des Nonnenklosters Sopwell , unten in den feuchten Wasserwiesen, wenn man aus London kommt; von St. Stephen's, dem winzigen Dorf auf seiner Anhöhe, mit Blick auf die Stadt; des alten Abbey Gatehouse, das stolz als „die älteste Schule Englands" bekannt ist. Zu Letzterem muss tatsächlich noch etwas gesagt werden. Es steht direkt an der Westfassade der Abtei und ist das letzte Relikt des verschwundenen Klosters.

Aristokratische Kirchenmänner

Das Torhaus ist nur zufällig das Gymnasium, denn die Schule, die um das Jahr 1095 von den Mönchen gegründet wurde, wurde erst 1869 hierher verlegt. Nach der Auflösung der Abtei und dem Abriss der meisten ihrer Wohngebäude wurde das Torhaus zum Torhaus Bis 1651 war es das Sessions House und das Gefängnis für St. Albans. Von da an diente es bis 1869 dem nicht unähnlichen Zweck eines Justizvollzugsanstalts. Tatsächlich diente das große Torhaus im Laufe seiner Geschichte, seit seiner Erbauung im Jahr 1380, ähnlichen Zwecken: Die Verwalter der Äbte meiner Herren hielten in den oberen Räumen Schwurgerichte ab und verbannten Straftäter in die Kerker darunter. Es gab viele Täter, denn die alten Kirchenmänner, die autokratisch über St. Albans herrschten, sowohl in zeitlichen als auch in spirituellen Angelegenheiten, drängten sich in alle Dinge ein. Sie dienten, wie bereits gezeigt, der Bildung und gründeten außerordentlich früh das Gymnasium. Aber sie achteten darauf, jede andere Schule in der Nachbarschaft zu exkommunizieren , und niemand durfte ohne die Kirche kaufen oder verkaufen oder irgendwelche Marktprivilegien innehaben forderte ihren Tribut. Dass es Menschen gab, die schon in den frühen Tagen gegen die Stacheln dieser vereinten Gerichtsbarkeit über Körper und Seele kämpften, geht aus den Aufzeichnungen von St. Albans hervor; und sie erlitten im Torhaus die Strafen, die allen Brandstiftern, Unzufriedenen und Agitatoren und all diesen schädigenden Gesellen zuerkannt wurden. Daher ist das graue alte Gebäude tatsächlich ein sehr interessantes altes Relikt aus jenen Zeiten, die bestimmte Parteien im Staat (die eigentlich am Ende des Wagens ausgepeitscht werden sollten) unbedingt zurückbringen möchten.

DIE „FLEUR DE LIS".

Über die Gasthäuser von St. Albans werde ich an dieser Stelle wenig sagen, da auf den Seiten der HOLYHEAD ROAD und der GREAT NORTH ROAD VIEL ÜBER SIE GESAGT WURDE . Aber ein oder zwei Worte und eine Skizze müssen dem Gasthaus „Fleur de Lis" in der Nähe des Marktplatzes vorbehalten bleiben. Wie Cannings „Needy Knife-Grinder" hat es keine Geschichte zu erzählen, aber sein Innenhof mit der seltsamen kleinen Außentreppe, die hier gezeigt wird, rechtfertigt hinreichend Aufmerksamkeit, auch wenn das Haus in der Geschichte, weder auf nationaler noch auf lokaler Ebene, keinen Platz hat. Ein wirkungsvolles Element in der Ansicht – das Objekt, das einem Kirchturm ähnelt – ist völlig äußerlich. Es hat nichts mit dem Gasthaus zu tun, sondern dient lediglich dem Zweck, ein Bild zu komponieren; Es ist auch nicht einmal streng kirchlich, da es sich um einen Ausgangssperrenturm aus dem 14. Jahrhundert handelt, der einst von bemerkenswertem Interesse war, aber viel von diesem Wert verloren hat, nachdem Sir Gilbert Scott vor etwa vierzig Jahren seine restaurierende Hand darauf gelegt hatte.

XIII

ST. ALBAN DER MÄRTYRER

DIE Kathedrale von St. Albans, wie sie jetzt genannt werden muss, da die alte Abtei 1875 zur Domkirche einer neuen Diözese wurde, wurde von Freeman als „die größte aller englischen Pfarrer" bezeichnet. Er hatte nicht ganz recht, denn die riesige Kathedrale von Winchester ist zehn Fuß länger; Aber der kühne und erhöhte Standort, auf dem St. Albans steht, verrät in höchstem Maße seine Größe , während der Standort der Winchester-Kathedrale, da sie flach ist und ihre Bezirke umschlossen sind, die Dimensionen dieser interessantesten aller englischen Kathedralen nicht vollständig zur Geltung bringt.

Die Gründe, die die ersten Architekten der Abtei von St. Albans dazu veranlassten, ihre Kirche vor allem wegen ihrer Größe so hervorzuheben, liegen in der Tatsache, dass St. Alban, der erste britische Märtyrer, hier im Dunkeln litt Ära der diokletianischen Verfolgung, in der römischen Herrschaft über Großbritannien. „In diesem Jahr", heißt es in der Sächsischen Chronik und bezieht sich dabei auf das Jahr 283 n. CHR ., „hat der heilige Märtyrer Alban gelitten", aber Beda setzt in seiner „Kirchengeschichte" das Datum auf das JAHR 305 n. Chr. und damit auf den Tod des heiligen Alban Eine direkte Folge der von Diokletian eingeführten und zwei Jahre zuvor von diesem Tyrannen verfügten Grausamkeiten, da hat der Historiker wahrscheinlich Recht.

Beda starb im Jahr 735 n. CHR. , vierhundertdreißig Jahre nach dem von ihm aufgezeichneten Ereignis. Er und der noch frühere Chronist Gildas , der im Jahr 564 n. CHR. SCHRIEB , erwähnen, dass schon sehr früh an der Stelle des Märtyrertums eine Art Kirche errichtet wurde; Aber alle früheren Gebäude wurden bei der Ankunft der Normannen hinweggefegt, und bereits im Jahr 1077, nur elf Jahre nach der Eroberung, hatte Abt Paul de Caen das Gelände geräumt und mit dem riesigen Bau begonnen, dessen Repräsentant die bestehende Kathedrale ist, die noch heute erhalten bleibt große Teile seiner Arbeit; einschließlich Turm, Querschiff und Chor, neun Joche auf der Nordseite des Kirchenschiffs und drei auf der Südseite.

Zu dieser Zeit gab es keinen Ort, der auch nur annähernd die besondere Heiligkeit dieses Ortes erreichte, und niemand konnte die Tragödie von Canterbury im Jahr 1170 vorhersehen, die in etwas weniger als hundert Jahren St. Alban völlig in den Schatten stellen und den seligen St . Thomas à Becket über ihm.

Das große Gebäude von Abt Paul war imposant, aber nicht schön. Was von seinem ursprünglichen Werk übrig geblieben ist, ist im Laufe der Zeit ehrwürdig geworden, aber es besteht kein Zweifel daran, dass wir es, wenn wir es in seiner ganzen Frische sehen würden, so wie es gebaut wurde, in der Tat für sehr dürr und hässlich halten würden. In seinem Wunsch, „die Schöpfung zu lecken", ging er dem typischen Amerikaner voraus und dachte eher in Fuß und Yard als in Begriffen der Schönheit. Es gab vieles, was ihn dazu provozierte. Er hatte die Reliquien des damals heiligsten einheimischen Märtyrers und die des kaum weniger heiligen St. Amphibalus in seiner Obhut, und riesige Stapel von Baumaterialien, Ziegeln, Dachziegeln und Steinen der zerstörten römischen Stadt lagen für ihn bereit von *Verulamium*, das im Tal gestanden hatte. Der Großteil dieser Materialien bestand aus Ziegeln, und mit diesen errichtete der Abt seine Mauern und Pfeiler sowie den zentralen Turm und bettete die Ziegel in Mörtel, der so dick war wie sie selbst: so dass es modernen Beobachtern bei einem solchen Pudding bemerkenswert erscheint So eine riesengroße Masse es auch gewesen sein muss, bevor sie austrocknete, die Wände hielten sich immer bereit, aufrecht zu stehen. Einige wenige Zierelemente wurden aus der sächsischen Kirche übernommen, die

793 n. CHR. von Offa, dem König der Mercier, erbaut wurde. Dabei handelt es sich um die berühmten Baluster mit zweifellos sächsischem Charakter, die mit normannischen Kapitellen und Basen ausgestattet als Säulen in den Triforien von dienen die Querschiffe.

Das Gebäude von Abt Paul hatte den schlichtesten und nacktesten frühnormannischen Charakter. Er verzichtete bereitwillig auf Ornamente, wenn er dadurch die Länge seiner Abteikirche um ein weiteres Joch erweitern könnte, und er und die Baumeister der Mitte des 19. Jahrhunderts schließen sich im Geiste zusammen, um die gewaltige Lücke von siebeneinhalb Jahrhunderten zu überwinden. Beide liebten Gips und beide hassten es, die wahren Materialien zu zeigen, aus denen sie bauten. Abt Paul bedeckte das gesamte Äußere seiner Abtei sowie das Innere von Ost nach West und bis zu den obersten Zinnen seines zentralen Turms mit dickem und plattenförmigem Gips und fand das Ergebnis wunderschön. Und das taten auch seine Zeitgenossen. Wir können uns erlauben, ihren Geschmack mit einem beträchtlichen Maß an Verachtung zu betrachten. Tatsächlich blieben Spuren der Putzverkleidung des Turms bis 1870 erhalten, als er im Zuge von Restaurierungsarbeiten entfernt wurde, wodurch der schöne dunkelrote Farbton der römischen Ziegel, aus denen er gebaut war, zum Vorschein kam.

EIN KOSTENLOSES UNTERNEHMEN

Das Sprichwort, dass „die alte Ordnung sich verändert und der neuen Platz macht", kommt im Erscheinungsbild und in der Geschichte jeder großen Kathedrale am deutlichsten zum Ausdruck . Jeder nachfolgende Abt scheint hier wie auch anderswo den Wunsch gehabt zu haben, etwas viel Besseres zu tun als seine Vorgänger; und so beginnt Abt John de Cella im Jahr 1195 mit der besonders unzureichenden Summe von einhundert Mark, die der letzte Abt für diesen Zweck hinterlassen hatte, mit dem Wiederaufbau der gigantischen Kirche von Abt Paul. De Cella war ein herausragender Künstler, aber unglücklicherweise ein Idealist, der die Kosten seiner Arbeit nicht berücksichtigte. Er riss die Westfront nieder und begann mit dem Wiederaufbau im frühen englischen Stil. Bevor er mehr getan hatte, als sich mit den Grundlagen seines neuen Werkes zu befassen, gingen die hundert Mark zusammen mit noch viel mehr: ein Umstand, der den Historiker Matthew de Paris dazu veranlasste, ihn grausam zu verspotten; Er sagte sehr bissig und wunderte sich, dass der Abt sich nicht an das alte Sprichwort erinnert hatte : „Wer bauen will, solle die Kosten berechnen, damit nicht alle anfangen, ihn zu verspotten und zu sagen: ‚Dieser Mann *begann* zu bauen und konnte es nicht." um es zu Ende zu bringen."'

Wie de Cella in allen Richtungen versuchte, Geld für seine Werke zu sammeln, ist eine erbärmliche Geschichte: wie er zuerst eine Person und dann eine andere besuchte, reiste, Petitionen abgab und bettelte; wie er

„eiskalt angesehen" und brüskiert wurde. Schließlich starb de Cella nach vielen Jahren, in denen die Arbeiten nur sporadisch voranschritten, im Jahr 1214, als die Veranden seiner Westfassade erst zur Hälfte fertiggestellt waren.

Die frühe englische Architektur von de Cella blieb ein schönes Beispiel des künstlerischen Gefühls dieser Zeit, bis Lord Grimthorpe sie 1882 mit der Ausrede zerstörte, sie sei verfallen und könne von modernen Handwerkern nicht wiederhergestellt werden: der Bau einer Westfront seines eigenen Stils, der zu Recht als „Dissenting Gothic" bezeichnet wird.

William de Trumpington trat die Nachfolge von de Cella als Abt an und baute in seinen einundzwanzig Jahren vier Joche auf der Nordseite des Kirchenschiffs und fünf auf der Südseite im frühen englischen Stil wieder auf. Fünf weitere auf der Südseite stammen aus der dekorierten Zeit und sind das Werk von Abt Eversden aus dem 14. Jahrhundert. Der Rest des Kirchenschiffs ist das ursprüngliche, dürre frühnormannische Kirchenschiff.

Es wäre eine ausführliche Abhandlung, die die architektonische und sonstige Geschichte der St. Albans-Kathedrale gebührend erzählen sollte: und dies ist nicht der Ort für eine so ausführliche Übung. Es genügt also, etwas von den Dingen zu erzählen, die in der Neuzeit im Namen der „Restaurierung" an der Substanz vorgenommen wurden.

Celia Fiennes schrieb vor über zweihundert Jahren, dass „die große Kirche, die St. Albans geweiht ist, ^{völlig} außer Stande ist . " Ich sehe, dass die Stellen im Bürgersteig von den Gläubigen der Religion und seinen Wählern wie Löcher zum Knien abgenutzt wurden, ^{wie} sie euch sagen, aber die ganze Kirche ist so abgenutzt, dass sie um eine wohltätige Person trauert, die bei der Reparatur hilft ." Diese Person war im Laufe der Zeit entgegenkommend, in diesem wilden Kontroversisten und Amateurarchitekten, Lord Grimthorpe , der die Kathedrale auf eigene Kosten „restaurierte". Infolgedessen trauert es, und andere trauern um es, mehr denn je. Für das riesige Gebäude wurden enorme Summen ausgegeben, die sich auf über 160.000 Pfund belaufen. Davon flossen 40.000 £, die durch öffentliche Spenden aufgebracht wurden, in die zwischen 1870 und 1879 ausgeführten Arbeiten. Die restlichen 120.000 £ oder mehr gab Lord Grimthorpe für seine Ausbildung als Architekt aus.

NEUE WEGE MIT EINER ALTEN ABTEI

Tatsächlich war die Abtei über viele Jahre hinweg allmählich dem Verfall preisgegeben und etwa in der Mitte des 19. Jahrhunderts schließlich völlig verfallen. Im Jahr 1833 wurden einige Reparaturen am Turm vorgenommen, diese waren jedoch gering, und mit den Arbeiten wurde erst 1856 ernsthaft begonnen, nachdem einem Komitee die Befugnis erteilt worden war, das sich selbst als „national" bezeichnete und dennoch nicht in der Lage war, mehr als 30.000 Pfund aufzubringen . Aufgrund des zusätzlichen Interesses an der Umwandlung der Abtei in die Domkirche einer neuen Diözese im Jahr 1875 wurden in diesem Fonds einige geringfügige Zuwächse vorgenommen; aber diese waren bald mit der bloßen Arbeit beschäftigt, die sinkenden Fundamente zu sichern. Dann wurde Sir Gilbert Scott mit der Durchführung der Arbeiten beauftragt und stützte sofort den großen Turm ab, der kurz vor dem Einsturz stand. Bis 1833 war es mit einem Zwergbalken und einem bleiernen Turm bekrönt, dieser wurde jedoch entfernt, und das Läuten der acht Glocken war drei Jahre zuvor zum Schweigen gebracht worden, aus Angst, die schwere Masse zum Einsturz zu bringen. In den Wänden der Querschiffe waren große Risse entstanden, die durch das Absinken des Turms langsam zu Pulver zermahlen wurden, und das Innere des Gebäudes war aus derselben Ursache immer mit einem unfühlbaren Staub gefüllt. Dennoch sank der Turm langsam, und es zeigte sich, dass die vier großen Pfeiler an der Kreuzung, die ihn bisher gestützt hatten, endlich versagten. Das eigentliche Wunder war, dass sie vorher nicht gescheitert waren, denn zu dieser Zeit wurde am Fuße des südwestlichen Piers eine einzigartige Entdeckung gemacht, durch die bewiesen wurde, dass dies in einer fernen Zeit – wahrscheinlich um die Zeit der Auflösung der … – geschehen war Klöster unter Heinrich VIII. – es wurde versucht, den Ort zu zerstören. Eine Art Höhle mit einer Breite von etwa zwei Metern war in das Fundament gegraben und mit Holzbalken abgestützt worden, die offensichtlich zu dem doppelten Zweck angebracht worden waren, die Bagger zu schützen und sie nach Abschluss des Untergrabungsvorgangs zu befeuern. Warum diese brutale Idee aufgegeben wurde, als sie so kurz vor der Vollendung stand, muss der Vermutung überlassen werden; Aber es ist deutlich zu sehen, dass die Gemeinden und Besucher der Abtei in all den Jahrhunderten jederzeit in der Gefahr gewesen waren, durch einen möglichen plötzlichen Einsturz des Turms erdrückt zu werden.

Dieser Schaden wurde behoben, neue Fundamente wurden bis auf die feste Kreide gelegt und die oberen Teile des Turms wurden gesichert. Die damaligen Mittel ließen kaum etwas anderes zu. Im Jahr 1871 wurde ein Aufruf über 50.000 £ eingereicht, was zu einer Zeichnung von etwa 21.000 £ führte; und 1875 ein weiterer Aufruf über 30.000 Pfund. Dann begann der Obergaden zu fallen. Eine neue Fakultät wurde bewilligt und es gingen mehr Abonnements ein, aber 1879 waren alle diese Mittel erneut erschöpft und das Restaurierungskomitee trat zurück. Dann bot sich die große Gelegenheit, die sich Lord Grimthorpe schon lange gewünscht hatte, nämlich die Restaurierung vollständig in seine eigenen Hände zu nehmen. Er war ein unglaublich wohlhabender Mann, [2] mit einer Leidenschaft für die Ausübung der Rolle des Amateurarchitekten und einer ebenso großen Leidenschaft für Kontroversen. Er verschaffte sich eine neue Befugnis und gewährte ihm auf eigene Kosten unbegrenzte Befugnisse, „die Kirche wiederherzustellen, zu reparieren und umzugestalten". So wurde ihm das alte Gebäude ohne Erlaubnis oder Behinderung überlassen, damit er tun konnte, was er wollte, was für die Antike eine Katastrophe war.

LORD GRIMTHORPE

Das Werk von Lord Grimthorpe ist überall im Gebäude groß geschrieben. Er hat die außergewöhnlichsten Dinge getan. Bei der Restaurierung der Querschiffe setzte er sogenannte „frühe englische Lanzetten" ein, mit falschen Köpfen, die von außen wie echte Köpfe aussehen, von innen aber quadratisch abgeschnitten zu sein scheinen; und war von den roten römischen Ziegeln, die dem Äußeren ein so edles Aussehen verleihen, so begeistert, dass er beim Wiederaufbau der Mauern den Mangel an echten Ziegeln für das neue Werk ausgleichen konnte, indem er eigens „römische" Ziegel anfertigte, um die Mauern zu formen Wände des südlichen Querschiffs; im sehr passenden Stil der „Bahnhofsgotik" gestaltet.

LORD GRIMTHORPE.

Es wäre ermüdend, Lord Grimthorpe in seiner neuen Art und Weise mit einer alten Abtei im Detail zu verfolgen. Mit außergewöhnlicher Leidenschaft und bösartiger Missachtung der öffentlichen Meinung fegte er echte normannische Werke hinweg und gab vielen Orten ein völlig neues Aussehen, wo zuvor die Blüte der Antike geherrscht hatte. Während des Fortgangs dieser Arbeiten folgten Kontroversen auf Kontroversen, und Lord Grimthorpe ging grimmig weiter und antwortete auf Auseinandersetzungen mit persönlichen Beschimpfungen, die er besser beherrschte als die Architektur. Seine Kritiker waren „die üblichen Heuler"; Street war für ihn „der unsterbliche Autor des schlimmsten großen gotischen Bauwerks der Welt", womit er natürlich das Gerichtsgebäude meinte; Die führenden Architekten und Antiquare redeten „ignoranten Unsinn" und waren Personen, die „alles als Zerstörung bezeichnen würden, wovon sie keinen Anteil haben". Hier gibt es tatsächlich „Worte, die stechen, und Gedanken, die brennen". Sie sind vehement und sie tun weh, was ihr Ziel war. Wie Alan Breck war er ein „Bonnie Fighter", auch wenn er als Architekt noch gar nicht existierte. Eine seiner schlimmsten Gräueltaten war der abscheuliche Waschzuber aus Stein, der im Kirchenschiff als Kanzel dient.

Sein Werk ist in der Tat überall im Gebäude nur allzu deutlich zu erkennen, und er selbst ist in einem Zwickel über einer der westlichen Vorhallen in Stein gemeißelt dargestellt; und wird in der Gestalt eines aufzeichnenden Engels dargestellt, mit einem Stift und einer Schriftrolle, auf der er wahrscheinlich die Sünden der Architekten aufschreibt oder ein neues Evangelium über Architekturthemen schreibt. Aber obwohl das Porträt ausgezeichnet ist, hat der Bildhauer einen Fehler gemacht, als er ihn scheinbar sprachlos darstellte. Ganz gleich, ob er vor Gericht einen Fall vertrat oder seine Mitkontroversisten beschimpfte, seine Beredsamkeit litt unter keiner solchen Beeinträchtigung.

ST. ALBANS SCHREIN

Aber genug von Lord Grimthorpe und seinen Taten. Sehen wir uns das „Allerheiligste" dieser Kathedrale an: das Heiligtum des Heiligen Alban in seiner wunderschönen Kapelle direkt östlich des großen Altarschirms. Nach der Zerstörung des Heiligtums und in den Unruhen , die die Reformation mit sich brachte, rechnete niemand damit, dass man es jemals wieder sehen würde. Es verschwand vollständig und nur das abgenutzte Pflaster, auf dem die Pilger gekniet hatten, zeigte, wo es gestanden hatte. Überall waren Anzeichen dafür zu erkennen, dass es sich hierbei nicht um ein geringgeschätztes Heiligtum handelte; und bis zum heutigen Tag ist der Wachboden aus der Mitte des 15. Jahrhunderts erhalten geblieben, in dem der Feretrarius , oder Reliquienbewahrer, und seine Mönchsbrüder Tag und Nacht Wache hielten.

Im Jahr 1866 wurden bei einigen Umbauarbeiten an der Marienkapelle viele Stücke geschnitzten Purbeck-Marmors gefunden, die mit Ziegeln und Schutt zu einem Werk aus dem 16. Jahrhundert zusammengebaut worden waren. Man vermutete leicht, dass es sich um Teile des verschwundenen Schreins handelte, und als Sir Gilbert Scott 1872 im südlichen Chorschiff arbeitete, wurde eine riesige Menge geschnitzter Fragmente entdeckt . Eine weitere Suche führte zur Wiederherstellung fast des gesamten Marmorschreins; und es steht jetzt, zusammengesetzt, an seinem alten Platz.

Die geschnitzten Arbeiten dieser seltsam gefundenen Reliquie sind besonders schön und umfassen Gruppen, die die Enthauptung des Heiligen

Alban und die Geißelung des Heiligen Amphibalus darstellen . Die Bekrönung der Struktur ist äußerst kunstvoll.

Bei all dieser aufwändigen Arbeit handelte es sich jedoch nur um den Träger für das eigentliche Reliquiar, den Sarg mit den Reliquien des Heiligen, der in Silber und Gold prachtvoll war und vor Juwelen glänzte. Dies war ein zu kostbarer Anblick, um jeden Tag zu sehen zu sein, und war meistens mit einem „Operculum" bedeckt, das mit Schnüren oder Flaschenzügen nach Belieben angehoben oder abgesenkt werden konnte. An besonderen Hoch- und Feiertagen wurde es zur Besichtigung ausgestellt. Der verdrehte Schaft, der außerhalb des Schreins zu sehen ist, ist ein Fragment der sechs, die einst die sechs Wachslichter trugen, die an diesen besonderen Tagen brannten.

SCHREIN DES ST. ALBAN UND DAS GRAB VON HERZOG HUMPHREY.

ST. AMPHIBALUS

Das Heiligtum des Heiligen Amphibalus wurde auf ähnliche Weise entdeckt und auch auf die gleiche Weise zusammengesetzt. Es steht jetzt in einer dunklen Ecke des Nordchors. Es gab skeptische Altertumsforscher, die den Mut hatten, zu behaupten, Amphibalus , der verfolgte Christ, der von Alban versteckt wurde, was zur Folge hatte, dass beide den Märtyrertod erlitten, sei ein Mythos. Sie behaupten, es habe nie eine solche Person gegeben. „ Amphibalus “ war offenbar in Wirklichkeit der Name einer Art langer Umhang, der zu dieser Zeit getragen wurde; und einen solchen Umhang trug Alban, als er zur Hinrichtung gebracht wurde. Mönchslegenden personifizierten es, und es wurde auf wunderbare Weise von einem Kleidungsstück in ein menschliches Wesen verwandelt und schließlich heiliggesprochen. Es ist ein wenig schockierend, alte Kleidung in die Hierarchie der Heiligen aufzunehmen, und schmälert den geringen Respekt, den man vielleicht vor klösterlichen Überlieferungen hegt, erheblich.

XIV

WENN die folgende Geschichte, die John Wesley in seinem Tagebuch von 1769 erzählt hat, richtig ist, müssen manche Menschen einen seltsamen Geschmack und einen seltsamen Magen haben:

„ *2. August* – Einige Freunde aus London trafen uns in St. Albans. Vor dem Abendessen machten wir einen Spaziergang in der Abtei, einem der ältesten Gebäude des Königreichs, fast tausend Jahre alt. und einer der größten, mit einer Länge von 560 Fuß [3] (beträchtlich mehr als die Westminster Abbey) und breit und hoch im Verhältnis. Am östlichen Ende befinden sich das Grab und die Gruft des guten Herzogs Humphrey. Einige, die jetzt leben, erinnern sich daran, dass sein Körper ganz war; Aber nachdem der Sarg geöffnet worden war, wollten so viele den Likör probieren, in dem er aufbewahrt wurde, dass der Leichnam nach kurzer Zeit nackt zurückblieb und bald vermoderte . Jetzt sind nur noch ein paar Knochen übrig.“

„Guter“ Herzog HUMPHREY

Der Herzog Humphrey, von dem die Rede war, war Humphrey Plantagenet, Herzog von Gloucester, Onkel Heinrichs des Sechsten, der für seine Gastfreundschaft bekannt war und allgemein als „der gute Herzog Humphrey“ bezeichnet wurde.

Die „Güte“ von Herzog Humphrey muss zumindest ein historischer Zweifel sein. Er wurde 1391 als jüngster Sohn Heinrichs des Vierten geboren. Er war ein Mann mit umgänglichen und lockeren Manieren, kultiviert und ein Förderer der Literatur, und das Volk betrachtete ihn als Patrioten. Das waren die Zeiten, in denen ein „Patriot“ einer Partei gegenüber ein „Verräter“ einer anderen Partei war, und die Eifersucht von Königin Margaret, der Gemahlin seines Neffen Heinrich VI., führte zu seiner Verhaftung in Bury St. Edmunds im Jahr 1447. Am Tag nach seiner Verhaftung starb der Herzog , nicht ohne den Verdacht eines Verbrechens; Die Zeiten sind so, dass der plötzliche Tod einer prominenten Person niemals auf natürliche Ursachen zurückgeführt werden kann; was die Unbequemlichkeit dieser Zeit hinreichend zeigt. Es scheint jedoch klar, dass er an einer Lähmung starb, verursacht durch ein ausschweifendes Leben und beschleunigt durch den Schock seiner Verhaftung; aber wenn wir nach der Stimmung der Zeit urteilen dürfen, geschah sein Tod rechtzeitig, um den politischen Mord zu verhindern, der sicherlich begangen worden wäre.

BETRUG

So viel zur „Güte" des „guten Herzogs", der, was auch immer seine Moral war, wenn wir der Geschichte glauben dürfen, die Sir Thomas More über ihn erzählt hat, um einiges geistreicher war als die meisten Menschen. Es scheint, dass er einen Betrüger, der behauptete, blind geboren worden zu sein, aber sein Augenlicht wiedererlangt zu haben, im Heiligtum von St. Alban vollständig entlarvt hat. Der Herzog fragte ihn nach den Farben der Kleidung, die er und seine Suite trugen, und sie wurden ihm bereitwillig von dem Mann gegeben, der nicht wusste, dass er die Namen der Farben unmöglich kennen könnte, wenn er blind geboren worden wäre . Die Antwort entlarvte ihn und er wurde in die Schranken gewiesen. Die Geschichte erfreute sich in St. Albans lange Zeit großer Beliebtheit und bildet eine Szene im zweiten Teil von „ *König Heinrich der Sechste* " . und bestärkt gleichzeitig viele in der Überzeugung, dass Bacon und nicht Shakespeare dieses Stück geschrieben hat.

WUNDER, WÄHREND SIE WARTEN

Ein Bürger *von St. Albans tritt auf und ruft* : „Ein Wunder!"

Gloucester. Was bedeutet dieses Geräusch?
Freund, welches Wunder verkündest du?

Städte. Ein Wunder! Ein Wunder!

Suffolk. Komm zum König und erzähle ihm, was für ein Wunder.

Städte. Wahrlich, ein Blinder am Heiligtum von St. Alban
hat innerhalb dieser halben Stunde sein Augenlicht erhalten; ein Mann, den er noch nie zuvor in seinem Leben gesehen hat.

K. Henry. Nun sei Gott gepriesen, der den gläubigen Seelen
Licht in der Dunkelheit und Trost in der Verzweiflung schenkt!

> *Betreten Sie den* Bürgermeister von St. Albans *und seine Brüder* , *die* Simpcox tragen , *zwischen zwei auf einem Stuhl* ; SIMPCOX' Frau *folgt* .

Kardinal. Hier kommen die Bürger in einer Prozession,
um Eure Hoheit mit dem Mann zu präsentieren.

K. Hen. Groß ist sein Trost in diesem irdischen Tal,
obwohl durch seinen Anblick seine Sünden vervielfacht werden.

Glo. Steht bereit, meine Herren. Bringt ihn in die Nähe des Königs.
Seiner Hoheit ist es ein Vergnügen, mit ihm zu sprechen.

K. Hen. Guter Kerl, erzähl uns hier den Umstand,
damit wir für dich den Herrn verherrlichen können. Was, warst du lange blind und jetzt wiederhergestellt?

Simpcox. Blind geboren, bitte nicht deiner Gnade.

Gattin. Ja, tatsächlich, das war er.

Suf. Welche Frau ist das?

Gattin. Seine Frau, nicht wie deine Anbetung.

Glo. Wärst du seine Mutter gewesen, hättest du es besser sagen können.

K. Hen. Wo wurdest du geboren?

Einfach. In Berwick im Norden, nicht wie deine Gnade.

K. Hen. Arme Seele, Gottes Güte ist dir groß gewesen:

Lass niemals Tag und Nacht unheilig vergehen,
sondern denke immer noch daran, was der Herr getan hat.

F. Margaret. Sag mir, guter Kerl, du bist zufällig hierher gekommen,

Oder aus Hingabe an diesen heiligen Schrein?

Einfach. Gott weiß, aus reiner Hingabe; Hundertmal und noch öfter wurde
ich im Schlaf vom guten Heiligen Alban gerufen, der sagte: „
Simpcox, komm,
komm, opfere an meinem Schrein, und ich werde dir helfen."

Gattin. Ganz wahr, wahrlich; und oft und oft
habe Ich selbst eine Stimme gehört, die ihn so rief.

Auto. Was, bist du lahm?

Einfach. Ja, Gott, der Allmächtige, hilf mir!

Suf. Wie kam es dazu?

Einfach. Ein Sturz von einem Baum.

Gattin. Ein Pflaumenbaum, Meister.

Glo. Wie lange bist du schon blind?

Einfach. O, so geboren, Meister.

Glo. Was, und würdest du auf einen Baum klettern?

Einfach. Aber das in meinem ganzen Leben, als ich ein Jugendlicher war.

Gattin. Zu wahr; und kaufte sein Klettern sehr teuer.

Glo. Masse, du hast Pflaumen sehr geliebt, das würdest du wagen.

Einfach. Ach, guter Herr, meine Frau wünschte sich ein paar Zwetschgen,

Und ließ mich unter Lebensgefahr klettern.

Glo. Ein subtiler Schurke! aber dennoch wird es nicht dienen.

Lass mich deine Augen sehen: zwinkere jetzt: öffne sie jetzt:
Meiner Meinung nach siehst du noch nicht gut.

Einfach. Ja, Meister, klar wie der Tag, ich danke Gott und St. Alban.

Glo. Sagst du mir das? Welche Farbe hat dieser Umhang?

Einfach. Rot, Meister; rot wie Blut.

Glo. Das ist gut gesagt. Welche Farbe hat mein Kleid?

Einfach. Schwarz, wahrlich; kohlschwarz wie Jet.

K. Hen. Warum weißt du dann, woraus die Farbe Jet besteht?

Suf. Und doch, glaube ich, hat er das nie gesehen.

Glo. Aber Mäntel und Gewänder gab es vor diesem Tag viele.

Gattin. Noch nie, vor diesem Tag, in seinem ganzen Leben.

Glo. Sag mir, Sirrah, wie ist mein Name?

Einfach. Leider, Meister, ich weiß es nicht.

Glo. Wie heißt er?

Einfach. Ich weiß nicht.

Glo. Und seins auch nicht?

Einfach. Nein, in der Tat, Meister.

Glo. Wie ist dein eigener Name?

Einfach. Saunder Simpcox , und wenn es Ihnen gefällt, Meister.

Glo. Dann, Saunder , setz dich da, der verlogenste Schurke der Christenheit.
Wenn du blind geboren wärst , hättest du genauso gut alle unsere Namen
kennen können, als die verschiedenen Farben, die wir tragen, auf diese
Weise zu benennen. Das Sehen mag Farben unterscheiden , aber plötzlich
ist es unmöglich, sie alle zu benennen.
Meine Herren, der heilige Alban hat hier ein Wunder vollbracht; Und
würdet ihr seine List nicht für großartig halten, um diesen Krüppel wieder
auf die Beine zu bringen?

Einfach. O, Meister, das könntest du!

Glo. Meine Herren von St. Albans, habt ihr in eurer Stadt nicht Büttel und solche, die man Peitschen nennt?

Bürgermeister. Ja, mein Herr, wenn es Euer Gnaden gefällt.

Glo. Dann lassen Sie sich gleich eins holen.

Mai. Sirrah, geh und hol den Kirchendiener hierher.

[*Eine Telefonzentrale verlassen* .

Glo. Jetzt hol mir nach und nach einen Hocker hierher. Nun, mein Herr, wenn Sie sich vor der Auspeitschung retten wollen, springen Sie über diesen Stuhl und rennen Sie weg.

Einfach. Leider, Meister, kann ich nicht alleine bestehen:
Du wirst mich vergeblich quälen.

Ein Büttel *mit Peitschen tritt auf* .

Glo. Nun, Sir, wir müssen dafür sorgen, dass Sie Ihre Beine finden.
Sirrah Beadle, peitschen Sie ihn, bis er über denselben Stuhl springt .

Korn. Das werde ich, mein Herr. Komm schon, Sirrah; Zieh schnell dein Wams aus.

Einfach. Ach, Meister, was soll ich tun? Ich kann nicht stehen.

> [*Nachdem der* Büttel *ihn einmal geschlagen hat, springt er über den Stuhl und rennt weg; und sie folgen und rufen* :
> „Ein Wunder!"

K. Hen. Oh Gott! Siehst du das und erträgst es so lange?

F. Mar. Es brachte mich zum Lachen, den Bösewicht davonlaufen zu sehen.

Glo. Folge dem Schurken; und nimm diesen Dreck weg.

Gattin. Leider, Sir, wir haben es aus purer Notwendigkeit getan.

Glo. Lasst sie durch jede Marktstadt treiben, bis sie nach Berwick kommen, woher sie kamen.

> [Frau, Kirchendiener, Bürgermeister *usw. scheiden aus* .

Auto. Herzog Humphrey hat heute ein Wunder vollbracht.

Suf. WAHR; ließ die Lahmen springen und davonfliegen.

Glo. Aber du hast mehr Wunder vollbracht als ich;
Ihr habt an einem Tag ganze Städte zum Fliegen gebracht, Mylord.

Auf der 317 Meilen langen Strecke zwischen St. Albans und Berwick gibt es zahlreiche Marktstädte.

Der Herzog wurde am Heiligtum von St. Alban begraben, wo noch immer sein prächtiges, von Abt Wheathampstead erbautes Pfarrgrab erhalten ist, das inmitten seiner zarten Skulpturen die Antilope, sein Abzeichen, trägt. Der bleierne Sarg des Herzogs wurde 1703 geöffnet, als die Leiche „in Essiggurken liegend" gefunden wurde.

Der einst bekannte Ausdruck „Mit Herzog Humphrey speisen" wird unterschiedlich erklärt. Es scheint darauf zurückzuführen zu sein, dass ein Besucher der Abtei im späten 16. Jahrhundert versehentlich die ganze Nacht in der Pfarrkapelle eingesperrt war. Der Humor davon verbreitete sich nach London und fand eine noch ergreifendere Note in seiner Anwendung auf die Bettler und insolventen Schuldner, die, da sie nichts anderes zu tun hatten, durch die Gänge von Old St. Paul's schlenderten. Sie aßen nicht zu Abend, ohne den Willen dazu, und es hieß, sie hätten „mit Herzog Humphrey zu Abend gegessen".

Reisende und Autor von Reisegeschichten aus dem 14. Jahrhundert, Sir John Mandeville, wurde seiner eigenen Aussage zufolge in St. Albans geboren: eine Aussage, die von einem so versierten Lügner wie ihm stammt, mehr als jeder andere zuvor oder seither „ Reisemärchen " zum Schlagwort gemacht hat , trägt nicht unbedingt den Stempel der Wahrheit. In der Tat sind moderne Kommentatoren nicht ganz davon überzeugt, dass es jemals eine Person wie diesen Mandeville gegeben hat, der, wenn diese nörgelnden Kritiker Recht haben, ein so unverbesserlicher Schwindler war, dass er log, als er behauptete, er sei überhaupt jemals geboren worden! Hier beginnen wir in Heldentaten und Unermesslichkeiten zu zappeln; und je weiter wir nachforschen, desto wunderbarer und unerklärlicher wird das Geheimnis. Unabhängig davon, ob man ihn als reale Person oder als Mythos betrachtet, ist es gleichermaßen bemerkenswert, dass ein existierender oder ein nicht existierender Körper an zwei Orten begraben werden sollte, wie es bei Mandeville behauptet wird.

SIR JOHN MANDEVILLE

Was angeblich das Grab des berühmten Reisenden ist , wird in dieser Abtei von St. Alban nahe dem Westende des Kirchenschiffs gezeigt. Auf einer an der Säule darüber angebrachten Tafel stand früher, dass Sir John Mandeville hier geboren und 1372 begraben wurde, nachdem er seine berühmten Reisen im Jahr 1322 begonnen und sie vierunddreißig Jahre lang durch den größten Teil der Welt fortgesetzt hatte. Auf der Säule ist noch immer die seltsame Inschrift in schwarzen Buchstaben zu sehen :

Siehe, in diesem Grab der Reisenden lügen

Einer, der reich an nichts als Erinnerung ist,

Sein Name war Sir John Mandeville, zufrieden,

Viel Fröhlichkeit gesehen, mit geringer Beschränkung;

Zu dem er seit seiner Geburt reiste,

Und schließlich verpfändete er seinen Körper auf der Erde,

Was laut Gesetz eine Hypothek sein muss

Bis ein Erlöser kommt, um es freizulassen.

Dies scheint sehr geradlinig und sachlich und könnte auch Bestand haben, wenn nicht ein ebenso sachliches Grab mit einem langen lateinischen Epitaph für dieselbe Person von Besuchern der Kirche der Frères Guillemins häufig *bemerkt würde* in Lüttich, bis 1798, als die Kirche während der Wirren der Französischen Revolution zerstört wurde.

Solche Wunderwerke stimmen voll und ganz mit diesem Prototyp von Münchhausen überein, dessen wildeste Höhenflüge der anerkannten Fantasie nicht an die großartigen Fiktionen von Mandeville herankommen, der sich die erstaunlichsten Geschichten von Marco Polo und anderen Erzählern über die Dinge angeeignet hat, die nicht waren. und fügte einen hoch aufragenden Aufbau voller kühner eigener Erfindungen hinzu. Moderne Schriftsteller mögen aus Angst vor anderen, die dort waren, Mandeville beneiden, der über Männer schreiben konnte, deren Köpfe unter ihren Armen wuchsen, und die dennoch von seinen Zeitgenossen als wahrhaftig angesehen wurden; oder könnte überzeugend über Äthiopien sprechen, etwa so:

„In Äthiopien gibt es Männer, die nur einen Fuß haben und so schnell gehen, dass es ein großes Wunder ist; und das ist ein großer Fuß, denn sein Schatten bedeckt den Körper vor Sonne oder Regen, wenn sie auf dem Rücken liegen."

Jeder Mann seinen eigenen Regenschirm; Was für ein großartiges Ideal!

XV

DAS Interesse an St. Albans und seiner Umgebung lässt sich nicht einfach auf ein paar Seiten zusammenfassen. Überall sind Erinnerungen und an den meisten Orten sichtbare Überreste, die zur Stärkung der nicht robusten Vorstellungskraft dienen. Südlich und westlich der Abtei sind die Mauern des römischen *Verulamium* noch fragmentarisch erhalten, und in der Nähe davon steht das Dorf St. Michael, in dessen Kirche, die durch den Wiederherstellungseifer des verstorbenen Lord Grimthorpe leider zerstört wurde, die Statue von steht der große Francis Bacon, Lord Verulam und Viscount St. Albans, dessen Genie wahrscheinlich scharf genug war, um ihn in die Lage zu versetzen, Shakespeares Stücke zu schreiben; obwohl er, trotz gegenteiliger Behauptungen von Fanatikern, nichts dergleichen tat. Die Ruinen des Hauses seines Vaters und seines eigenen Hauses in Gorhambury sind noch eine Meile entfernt im Park und in der Nähe des großen, hässlichen klassischen Herrenhauses von Gorhambury aus dem 18. Jahrhundert zu sehen , dem Sitz des heutigen Earl of Verulam.

GORHAMBURY.

GORHAMBURY

Gorhambury an einem Thymianmorgen im Mai aufzusuchen , wenn die rosafarbenen Rosskastanien blühen, wenn die Luft vom jüngsten Regen und unterdrückter Hitze feucht ist und sich ein blauer Dunst über die bewaldete Landschaft legt. Dann ist die Szene des Stolzes des großen Kanzlers und seines verzweifelten Ruhestands wirklich wunderschön. Der „weiseste, geistreichste und gemeinste Mensch" war ausreichend untergebracht, wie die Veranda, der am besten erhaltene Teil des Gebäudes, zeigt. Es ist ein typisches elisabethanisches Renaissancegebäude mit Marmortafeln und Medaillonköpfen römischer Kaiser aus Terrakotta. aber es sieht so klein und wie ein Spielzeug aus. Obwohl es mit Ziegelmauerwerk und Eisenstangen gestützt ist, kann es nicht mehr lange überleben, und der kunstvolle Schild der königlichen Waffen, die verunstalteten Statuen und zerbrochenen Säulen verfallen mit Sicherheit von der malerischen Seite in eine völlige Ruine. Abgesehen von der Hauptgruppe bröckelnder Mauern steht eine arme alte, ramponierte, einbeinige und kopflose Statue, die Heinrich den Achten darstellen soll, aber nicht wiederzuerkennen ist und mit den Taschenmessern und den Initialen von Generationen von Toms, Dicks und Harrys erstaunlich verziert ist. Der Schauplatz vergangener Pracht und Eitelkeiten ist kaum traurig, wie manche es vielleicht finden; Ihr Anblick lässt die Geschichte als menschliche Erfahrung wieder lebendig werden, nicht so, wie wir sie auf den abgestumpften Seiten historischer Übungen lesen.

Ein Feldweg über die angenehmen Auen des Flusses Ver führt von Gorhambury zum Prae Mill House und so weiter zur Straße und von dort nach Redbourne , einem verschlafenen Dorf mit einem verschlafenen Bahnhof, gesäumt von Wiesen, auf denen Esel und Tiere leben Ponys grasen und Enten und Gänse marschieren und kontern ziellos, ihre unvermeidliche spätere Assoziation mit grünen Erbsen und Salbeifüllung bleibt ihnen glücklicherweise verborgen. Redbourne ist einer dieser „ Bourne "-Orte, die scheinbar ohne triftigen Grund das letzte „e" weglassen. Ein nachdrücklicher Einwohner sagte: „Wir buchstabieren es mit einer Henne, ohne einen He an der Henne ." Durch das Dorf und wieder hinaus auf der breiten Straße kommen wir bald nach Friar's Wash, einst ein Wasserspritzer auf der anderen Straßenseite, heute eine winzige Reihe von Hütten und ein Gasthaus am Wegesrand, die „Chequers", am kleinen Fluss Ver wo Die alte Straße aus der Zeit vor Telford zweigt nach rechts ab. Flamstead (*d. h* Die auf dem Hügel gelegene Kirche von Verlamstead blickt mit ihrer charakteristischen Hertfordshire-Spitzspitze, die den Anschein erweckt, der größte Teil sei durch das Dach gesunken, auf die ruhige Szene herab. Dahinter kommt Markyate .

MARKYATE-ZELLE.

ROGER, DER EINSIEDLER

Markyate Street ist, wie es heißt, ein Straßendorf mit einer Reihe mehr oder weniger heruntergekommener Postkutschen und Gasthäuser für Viehtreiber und Fuhrleute in den engen Gassen. Das schöne alte Herrenhaus von Markyate Cell, das dahinter abseits der staubigen Straße in seinem wunderschönen Park steht, verdankt seinen Namen dem Ort, der einst die Einsiedlerzelle eines gewissen Roger, eines Mönchs von St. Albans, war, der von frommen Zeiten zurückkehrte Auf seiner Pilgerreise nach Jerusalem wurde er von drei Engeln konfrontiert, die ihm dort und dann die Berufung zum Einsiedler auferlegten und ihn an diesen Ort führten, wo er für immer lebte: nicht ganz glücklich, denn er litt unter ständiger Verfolgung durch den Teufel, der, Laut Rogers eigenem Bericht versuchte er einmal, ihn zu ertränken, und zündete einmal seine Kapuze an. Hätte er aufgehört zu beten, wäre ihm zweifellos das Schlimmste widerfahren; aber er machte unter diesen höchst besorgniserregenden Umständen ungerührt weiter, und der Feind wurde vereitelt.

Nach einer Weile in dieser Einsamkeit kam eine „heilige Jungfrau", Christina mit Namen, aus Huntingdon und ließ sich in der Nähe des ebenso heiligen Roger nieder, der ihr Religionsunterricht erteilte, bis er aus diesem Jammertal abgerufen wurde, als sein Körper verschwand gelegt in St. Albans Abbey. Christina gründete das Benediktinerkloster Markyate Cell und wurde 1145 dessen erste Priorin. Das Herrenhaus, das heute an dieser Stelle im bewaldeten Park steht, ist ein wahrer Traum von Frieden und Schönheit; aber es gibt darin Verstecke, die, wenn man Beweise brauchte, hinreichend beweisen, dass Frieden und Sicherheit nicht immer vorherrschend waren.

Eine Meile vor Dunstable verlassen wir Hertfordshire und erreichen Bedfordshire. Es war ein ständiger Witz aller Buswärter, ihre Passagiere zu fragen: „Was kommt nach Herts?" und zu antworten, bevor ihre Opfer Zeit hatten zu antworten: „Betten, wenn die Herts es ernst genug meinen." Glücklicherweise wirken selbst die schwächsten Witze, die am Kaminfeuer kraftlos genug wären, an der frischen Luft ziemlich robust; und die Langeweile einer langen Reise war so groß, dass selbst dieses elende Exemplar normalerweise nicht verärgert war.

Die lange und sehr breite Hauptstraße von Dunstable war bis vor Kurzem ein angenehmer Schotterstraßenabschnitt , aber seit schnelle Autos in Scharen auf die Autobahn gefahren sind, sind die Städter in dem Versuch, sich vor dem Staub zu schützen, den sie aufwirbeln, verpflichtet auf das Mittel zurückzugreifen, die Durchgangsstraße mit einem teerhaltigen Präparat zu behandeln; mit der Folge, dass die Staubbelästigung nicht vollständig beseitigt ist und statt der alten, sauber aussehenden Oberfläche ein hässlicher, kohlig aussehender Weg entsteht, der abscheulich stinkt.

Über Dunstable oder „ Dunstaple ", wie es früher geschrieben wurde, können Sie ausführlicher in der HOLYHEAD ROAD LESEN ; Aber die Aufmerksamkeit sei hier auf das alte Siegel der Stadt gelenkt , in dem sich eine der einst beliebten Wortspielanspielungen findet: hier in doppelläufiger Form die Darstellung eines Hufeisens, das sowohl für den mythischen Stall des legendären Räubers steht, als auch Dun und für eine Heftklammer oder Haspe.

HOCKLIFFE

Und so gelangen wir schließlich durch die Stadt Dunstable und durch den tiefen Einschnitt, der die Straße ebenerdig führt, durch die Kreidehügel nach Hockliffe , wo die Holyhead Road von selbst geradeaus abzweigt und die Manchester and Glasgow Road dreht scharf nach rechts und setzt fortan einen eigenständigen Kurs fort.

Um kleine Dinge mit größeren zu vergleichen: Hockliffe war für die Reisebusse von und nach Nordwestengland in etwa das, was Rugby Junction heute ist. Weiter fuhren die Waggons nach Coventry, Birmingham und Holyhead , während der Verkehr nach Manchester, Liverpool und Glasgow nach Woburn abdriftete.

plötzlich von der Holyhead Road ABBIEGT , vermisst man die Telegraphenmasten, die bisher einen so tapferen Auftritt abgeliefert haben, und die Manchester Road scheint mangels solcher nicht die erstklassige Bedeutung zu haben, die sie wirklich besitzt . Einsam verläuft die Straße mehrere Meilen lang, die Abfolge von Bäumen und gepflegten Hecken dieses gepflegten Viertels unterscheidet sich nur durch die geselligen Wegweiser, die auf beiden Seiten die malerischen oder klangvollen Namen von Orten tragen: Orte, zu denen Sie gelangen nicht gehen wollen und von denen Sie wahrscheinlich noch nie etwas gehört haben: Die Informationen gefallen Ihnen aber trotzdem. Zum einen meinen sie es ernst mit der Tatsache, dass das Land wirklich bewohnt ist; die Leere der Straße lässt einen daran zweifeln. Sie spekulieren müßig darüber, was für ein Ort „Simpson" sein könnte: „Eaton Bray" ist verlockend, „ Ellesborough " attraktiv; Aber bis nach Glasgow sind es immer noch über 360 Meilen, und der Einladung in die Nebenstraßen wird widerstanden.

Es gibt einen Grund für diese scheinbare – und in gewissem Sinne tatsächliche – Entvölkerung. Wir befinden uns hier im Wirkungsradius des schädlichen Einflusses der Herzöge von Bedford, deren riesiger Sitz Woburn Abbey wir uns nähern. Und selbst dort, wo die Russell-Tentakel nicht hinreichen, gibt es zahlreiche andere tolle Parks. Etwas weiter rechts liegt zum Beispiel Wrest Park, eines der schönsten Anwesen in Bedfordshire. Wäre an diesem Namen etwas dran, wäre Wrest in Beds ein idealer Ort für geborene Müde.

DIE ERDE IST DIE HERREN

Dank dieser großen Grundbesitzer ist der Bezirk, durch den die Straße etwa zehn Meilen lang verläuft, völlig parkähnlich, und die Dörfer auf beiden Seiten sind nur unbedeutende Nebensächlichkeiten. In Milton Bryant, auf der rechten Straßenseite, gibt es ein äußerst lehrreiches Beispiel dafür, wie diese Einflüsse wirken. Die örtliche Wesleyan-Kapelle, die stark einer kleinen Scheune ähnelt, steht neben dem Dorfteich und stand tatsächlich bis vor Kurzem darin, auf Pfosten über dem Wasser gestützt. Auf diese Weise wurde die kleine Kapelle ursprünglich im Jahr 1861 erbaut, da es für diesen Zweck unmöglich war, anderswo Land zu bekommen.

Jetzt kommt die Parkmauer der Woburn Abbey, die zwei Meilen lang an der Straße entlangführt. Und nicht nur eine Mauer, sondern auch eine Hecke davor. Ihre Gnaden von Bedford haben sich große Mühe gegeben, zusätzliche Abgeschiedenheit in einem Land zu erreichen, in dem man auf einer Meile kaum einen Menschen trifft.

Auf dem Weg zur kleinen Stadt Woburn passiert man den Haupteingang zu diesem großen Park; Die Eisentore, in einem quälenden Blau gestrichen, was für einen Normalbürger schockierend schlechten Geschmack bedeuten würde, befanden sich abseits der Straße am hinteren Ende eines etwa einen halben Hektar großen Rasengrundstücks. Diese Darstellung ist lehrreich, denn sie spiegelt das wahrhaft herzogliche Ausmaß wider, in dem die Dinge in Woburn geschehen.

Die Woburn Abbey war von 1145 bis 1537 die Heimat von Zisterziensermönchen, deren Äbte in der Geschichte keine Rolle spielen. Sie erfüllten ihre religiösen Pflichten, regierten die Brüder und brachten ihr Land aus einem wilden Zustand in einen hervorragenden landwirtschaftlichen Zustand. Nur der letzte Abt dieser langen Linie lebt in der Geschichte. Dies war Robert Hobbs, der, von einem zarten Gewissen zerrissen und unsicher, wie er am besten handeln sollte, sich zunächst Heinrich dem Achten unterwarf und sich dann mit den Aufständischen der Pilgrimage of Grace verbündete, einer Bewegung zur Wiederbelebung. die Klöster zu errichten und die vertriebenen Mönche zu ersetzen. Der unglückliche Abt wurde mit Waffengewalt hingerichtet und mit dramatischer Vollständigkeit an einer Eiche vor seiner eigenen Abtei gehängt.

Zehn Jahre später erhielt der glücklichste von Russells , John Russell von Kingston Russell in Dorsetshire, der durch glückliche Umstände und höfische Ansprache aus dem Status eines obskuren Landjunkers zum Earl of Bedford aufstieg, diese Ländereien von Woburn und die Struktur des Abtei, zusammen mit vielen anderen klösterlichen Besitztümern in verschiedenen Teilen des Landes. Andere Familien erhielten viele große Hektar Land, aber die Russells waren bis zur Sättigung gesättigt. Burke erklärte 1796 wahrhaftig, dass „die Zuwendungen an das Haus Russell so enorm waren, dass sie nicht nur die Wirtschaft empörten, sondern sogar die Glaubwürdigkeit erschütterten"; und die Ergebnisse dieser Gefälligkeiten sind bis heute in den riesigen und vielfältigen Besitztümern sichtbar, deren Grundbesitzer die Herzöge von Bedford sind. Die großen Londoner Anwesen Bloomsbury und Covent Garden, die Ländereien der Tavistock Abbey, weite Bezirke im Fens, einst Eigentum der Thorney Abbey; und andere Herrenhäuser hier, dort und überall machen sie wirklich „reich, jenseits aller Gier-Träume."

DIE RUSSELLS

Die abergläubischsten unter den Katholiken haben jemals über die Katastrophen nachgedacht, die dem Haus Russell als Nutznießer eines so enormen Ausmaßes der Plünderung der Kirche prophezeit wurden; Aber lassen Sie uns die weitere Geschichte der Familie untersuchen.

Der erste Earl of Bedford starb im Laufe der Zeit in seinem Bett, ohne dass irgendetwas Übernatürliches ihn berührte. Ihm folgte sein Sohn nach, der nicht so viel Glück hatte, denn drei seiner vier Söhne starben vor ihm, der dritte wurde von den Schotten an der Grenze getötet. Sein vierter Sohn, Edward, folgte ihm als dritter Earl nach. Dieser wiederum starb 1627 kinderlos und Titel und Besitz fielen an seinen Cousin Francis. Zu dieser Zeit begannen sich die Anhänger des Urteils, das auf ein Sakrileg wartete, an die diskreditierten alten Legenden zu erinnern, die besagten, dass kein Earl of Bedford von seinem ältesten Sohn abgelöst werden dürfe.

Die Familiengeschichte aus dieser Zeit begann deutlich, die Gläubigen des Übernatürlichen zu unterstützen, denn Francis, der vierte Earl, hatte vor seinem Vater zwei Söhne, von denen einer ohne Nachkommen starb. Der zweite Sohn, der der fünfte Träger des Titels wurde, war ein Mann, der von Kummer schwer getroffen wurde. Seine beiden Söhne starben vor ihm; Der Älteste war unverheiratet, der Zweite, Lord William Russell, wurde 1683 wegen Mitschuld an der politischen Bewegung, die zum Rye House Plot führte, enthauptet.

Ehre gewesen sein , die dem Hinterbliebenen im Jahr 1694 zuteil wurde, als Wilhelm der Dritte ihn zum Herzog ernannte, „um seinen ausgezeichneten Vater für einen so großen Verlust zu trösten, um die Erinnerung an einen so edlen Sohn zu feiern, und um seinen würdigen Enkel, den Erben so großer Hoffnungen, dazu zu bewegen, fröhlicher dem Beispiel seines berühmten Vaters nachzueifern und ihm zu folgen.“ Dem fünften Grafen und ersten Herzog war schon oft ein Herzogtum angeboten worden, aber er hatte abgelehnt; Es scheint also , dass der „Trost“ für ihn kaum ein Trost gewesen sein könnte. Er starb in seinem siebenundachtzigsten Lebensjahr im Jahr 1700, und sein Enkel Wriothesley wurde zweiter Herzog, der elf Jahre später starb, ihm folgte sein Sohn Wriothesley , dritter Herzog, der 1732 kinderlos starb. Sein Bruder trat ein an seine Stelle und überlebte bis 1771. Er war zweimal verheiratet, aber sein ältester Sohn starb am Tag seiner Geburt, der zweite im Säuglingsalter und der dritte, der Marquis von Tavistock, kam bei einem Sturz auf dem Jagdfeld ums Leben 1767; und ihm folgte daher sein Enkel, Francis, der fünfte Herzog, der 1802 durch einen Schlag eines Tennisballs getötet wurde. Der sechste Herzog war der Bruder des letzten. Er starb 1839 und sein Sohn Francis, der siebte Herzog, regierte an seiner Stelle bis 1861. Sein Sohn William genoss den Titel bis 1872, als er an seinen Cousin Francis, den neunten Herzog, fiel, der 1891 in seinem Besitz war Im zweiundsiebzigsten Jahr beging er unter etwas mysteriösen Umständen Selbstmord, indem er sich selbst erschoss. Es wurde ein erfolgloser Versuch unternommen, die Angelegenheit zu vertuschen: In den ersten Zeitungsberichten hieß es, er sei an einer Lungenentzündung gestorben.

WOBURN ABTEI.

Ein herzoglicher Selbstmord

Der zehnte Herzog war ein Mann von aufgedunsenen und unhandlichen Ausmaßen, der 1893 plötzlich verstarb und dem sein Bruder folgte. Zusammenfassend lässt sich daher sagen, dass von den vierzehn aufeinanderfolgenden Inhabern der Titel Earl und Duke of Bedford nur fünf von ihren ältesten Söhnen abgelöst wurden. Insgesamt gab es sechs Todesfälle durch verschiedene Formen der Gewalt, darunter die des betagten Lord William Russell, der 1840 von seinem Kammerdiener Courvoisier in Park Lane ermordet wurde, und des Lord Henry Russell, der 1842 an Bord eines Schiffes getötet wurde ein Block fiel ihm auf den Kopf.

Die Russells sind traditionell Liberale in der Politik, aber in Wirklichkeit handelt es sich nur um einen scharfsinnigen abstrakten Liberalismus, der darauf ausgelegt ist, die Gedankenlosen zu beeindrucken, auf die sie einwirken. Ich stelle sie mir vor, wie sie hinter ihren Parkmauern leben, in ihrem riesigen, abscheulichen Haus, als eine Aneinanderreihung aufgeblähter Spinnen, vollgestopft, aber immer noch unbefriedigt, unglaublich reich, unglaublich wohlhabend, schamlos gemein: Sie beziehen aus ihren Londoner Grundrenten ein Einkommen, das Kaisern gebührt beneiden könnte, und dennoch keine Lasten teilen und keine Arbeit für den Staat leisten.

Das große Herrenhaus der Woburn Abbey steht mitten in einem Park mit einem Umfang von zwölf Meilen, das heißt, um einen besseren Vergleich zu ermöglichen, ein Viertel größer als Richmond Park. Von der Abtei selbst ist nichts mehr übrig, und an ihrer Stelle steht das riesige, düstere Gebäude, das

Flitcroft 1744 für den vierten Herzog begonnen hat und das eher wie eine öffentliche Anstalt einer Art Asyl als wie eine Residenz aussieht. Es ist eine wahre Schatzkammer der Kunst, die eifersüchtig vor Besuchern verschlossen ist, außer widerwillig, einmal im Jahr, am Feiertag im August; Aber öffentliche Wege verlaufen durch einen großen Teil des Parks, der mit seinen bewaldeten Lichtungen, stillen Seen und kuschelnden Rehkitzen reizend ist.

WOBURN.

WOBURN

Selbst für den eiligsten Wanderer besteht kein Zweifel daran, wem das kleine Städtchen Woburn gleich außerhalb des Parks gehört. Das große alte Gasthaus „Bedford Arms" verkündet es, sowohl in seinem Namen als auch auf dem Wappenschild, auf dem das Wappen der Russells und ihr Motto „*Che sara sara*" *zu sehen sind – also* „Was sein wird, wird sein." Und dem Verhalten der wenigen Menschen, die man sah, nach zu urteilen, gehören sie auch den Herzögen von Bedford. Den Herzögen reicht es nicht, dass sie zurückgezogen inmitten ihres weitläufigen Parks residieren. Sie blicken mit Missfallen auf eine Stadt vor ihren Toren, obwohl diese Stadt in Wirklichkeit nur ein Dorf ist; und infolgedessen gibt es an diesem Ort kein neues Gebäude. Wenn Russells vorherrschende Charakteristik nicht Sparsamkeit gewesen wäre, kann es kaum einen Zweifel daran geben, dass sie Woburn dem Erdboden gleichgemacht hätten; aber das würde etwas kosten, ein quälender Gedanke für diese sparsame Rasse. Deshalb ist Woburn noch immer das, was es vor hundert Jahren war. Pflastersteine vom Typ „versteinerte Niere" pflastern die Straße und die Fußwege, und die Geschäfte sind von der Art, in der Jane Austen ihre Wäsche und ihre Lebensmittel hätte kaufen können. Es sind urige Ladenfronten, deren Fenster gemustert sind wie die verglasten Türen antiker Kommoden. Kurz gesagt, Woburn ist ein seltenes und interessantes Relikt vergangener Zeiten.

Eine Ausweitung des Geschäfts ist hier undenkbar, und einige Geschäfte und einige der einstmals vielen Gasthöfe haben aus Verzweiflung aufgegeben. Die einzigen neuen oder vergleichsweise neuen Dinge in Woburn sind die Pfarrkirche und das Rathaus : Letzteres wurde 1830 erbaut, die Kirche 1868, mit Umbauten im Jahr 1890.

Es ist etwas schwierig, die neue Kirche zu charakterisieren . Wenn Sie es „Early English" nennen, denken Sie für einen Moment, Sie hätten den Stil, aber nein: Es liegt eine blumige, fremdartige, bösartige Art darin, die sich keiner Klassifizierung entzieht. Der eigentümlich kalkweiße Stein, aus dem es gebaut ist, gefällt nicht. Auf jeden Fall war es herzoglich teuer: Den achten Herzog hatte es 30.000 Pfund gekostet. Die Hauptidee war die stärkere Verherrlichung der zukünftigen Russells , deren Gräber hier platziert werden sollten; Aber die ständige Erinnerung außerhalb ihres eigenen Parks, dass sogar die Herzöge von Bedford sterben müssen, empfahl sich nicht für andere Mitglieder des Clans, und so bleibt ihre historische Grabstätte in Chenies in Buckinghamshire, viele Meilen entfernt, erhalten. Die Ecken des Kirchturms werden gegen die Himmelslinie durch vier Teufel abgerundet, deren seltsames Aussehen, Pferdeköpfe und gekräuselte Mähnen mich mehr als alles andere beeindrucken, es sei denn, es wäre die Perfektion des herrlichen Rasens, der steil abfällt zur Straße.

Vom verschlafenen alten Woburn bis zur modernen, sehr modernen und geschäftigen Stadt Woburn Sands führt die Straße durch wunderschöne Wälder, in denen die Stimmen der Fasane widerhallen und die von Kiefern, Buchen und Lorbeer duften . Inmitten dieser Landschaft ist die Fachwerkhütte „Henry the Eighth's Lodge" mit beschnittenen Eiben in der Form so vieler Stilton-Käsesorten sehr auffällig. Nach diesen Einsamkeiten ist Woburn Sands eine große Überraschung und für manche vielleicht nicht gerade eine willkommene Überraschung.

EX-HOGSTYE ENDE

Woburn Sands ist ein völlig moderner Name. Auf den Seiten von Cary oder Paterson werden Sie vergeblich danach suchen, denn in den alten Tagen der Straße war der Ort lediglich ein unbedeutender Weiler, der unter dem unschönen Namen Hogstye End bekannt war . Aber seitdem ist einiges passiert. Es wurde eine Nebenstrecke der London and North-Western Railway gebaut, die an dieser Stelle die Straße kreuzte und am Straßenrand einen Bahnhof errichtete. Auf diese Weise mit der Außenwelt in Kontakt gebracht, erhoben sich die einfachen Seelen von Hogstye End wie ein Mann und forderten einen neuen Namen für den Ort: und so wurde der Titel Woburn Sands erfunden. Heute sieht der erstaunte Reisende an der Stelle von Hogstye End ein typisches Township des 20. Jahrhunderts : einen rosigen Ort aus roten Backsteinen, der auf Kosten von Woburn selbst wächst; und aufgrund des sandigen Bodens und der ausgedehnten Tannenwälder wird der Anspruch erhoben, ein Kurort zu sein. Der aufmerksame Reisende wird in dem arroganten Verhalten der Eisenbahngesellschaft zu diesem Zeitpunkt ein einzigartiges Zeugnis für die bis vor Kurzem vorherrschende Überzeugung, dass die Tage der Straße vorbei seien, bemerken, indem sie tatsächlich in die Hauptstraße mit den Nebengebäuden eindrang ihres Bahnhofs und die behindernde Stellung der Schranken ihres Bahnübergangs, die während des Rangierbetriebs oft jeweils zehn Minuten lang geschlossen waren.

Nachdem wir Woburn Sands verlassen haben, verlassen wir ganz nebenbei auch Bedfordshire und erreichen Bucks. Nach sieben Meilen kommen wir an den unauffälligen Dörfern Wavendon und Broughton vorbei in die Stadt Newport Pagnell .

XVII

NEWPORT PAGNELL ist weder ein Hafen noch neu, und die Heiden , die ihm die zweite Hälfte seines Namens gaben, sind so viele Jahrhunderte lang ausgestorben, dass es in der Kirche nicht einmal mehr Denkmäler von ihnen gibt. Das Erscheinungsbild der kleinen Stadt und der Standort der großen normannischen Burg, die von Fulke erbaut wurde, haben in der Tat nichts Feudales an sich Paganel ist unbekannt.

EINE ANDERE KÖNIGIN ANNE

Es ist eine kleine, einseitige Stadt, ruhig und sauber, mit Häusern aus Stein und Ziegeln, hauptsächlich aus Queen- Annean- und georgianischen Datteln, am Fluss Ouse gelegen . Um in die Stadt zu gelangen, überqueren Sie den nicht sehr breiten Fluss auf einer 1810 erbauten Eisenbrücke. und dort haben Sie die schönste Aussicht in ganz Newport. Unmittelbar auf der anderen Seite der Brücke befindet sich „Queen Anne's" oder St. John's Hospital, das sehr neu aussieht, da es kürzlich umgebaut wurde. Einer der vielen Umbauten erfolgte 1615 durch Königin Anna: nicht die Königin Anna, die (wie das Sprichwort sagt) tot ist, sondern eine andere Königin Anna, die, wenn möglich, noch toter ist: die Anna von Dänemark, die Königin war von Jakobus dem Ersten. Sogar die Hospitaliter, die immer noch von ihrer Neugründung des alten Armenhauses profitieren, sind in einem Zustand nächtlicher Unwissenheit über ihre Identität: Entweder halten sie sie für die Anna, die regierende Königin, die wir alle kennen; oder sagen Sie ganz offen: „ Weiß nicht. " Ich weiß nicht , wen sie trägt ", und könnte mit der gleichen Wahrheit hinzufügen, dass es ihnen egal ist.

Von dem alten Gebäude ist fast nur noch eine Tafel übrig, deren Inschrift sehr schwer zu lesen und seltsam falsch geschrieben ist:

Alyov gute christiams , dass hier dooe pas

Indem du etwas gibst thimg zu thes Arme Leute

Das ist im St. Johns Hospital der Fall .

1615.

Newport Pagnell wurde bereits als „einseitig" bezeichnet, ein Phänomen, das durch den Bahnhof am westlichen Ende der Stadt verursacht wurde. Es ist kein großer Bahnhof und nur die Endstation einer kurzen Abzweigung von Wolverton, aber er hat dazu geführt, dass die kleinen Bauarbeiten, die in den letzten sechzig Jahren in Newport stattgefunden haben, fast ausschließlich hier durchgeführt wurden. In der Nähe , in einem Haus namens „The Green", lebte einst ein exzentrischer Mediziner, ein Dr. Patrick Renny , der 1734 geboren wurde und 1805 hier starb; Er wurde gemäß den Bestimmungen seines Testaments im Garten begraben, wo noch immer ein Obelisk über seinem Grab zu sehen ist, der jetzt vollständig mit Efeu bewachsen ist und wie ein alter Baum aussieht.

JOHN WESLEY

Wenn wir Newport Pagnell verlassen, reisen wir möglicherweise in imaginärer Gesellschaft mit John Wesley, der am 21. Mai 1742 auf diesem Weg nach Northampton ritt, als er jemanden überholte, der sich schließlich als Calvinist erwies, „einen ernsthaften Mann, in den ich mich sofort verliebte." ins Gespräch. Er teilte mir sofort mit, was seine Meinung sei, daher sagte ich nichts, was ihm widersprechen könnte. Es war ihm ziemlich unangenehm zu wissen, „ob ich die Lehren der Dekrete so vertrat wie er"; aber ich sagte ihm immer wieder: „Wir sollten uns besser an praktische Dinge halten, damit wir nicht wütend aufeinander werden." Und so taten wir es zwei Meilen lang, bis er mich überraschte und in den Streit hineinzog, bevor ich wusste, wo ich war. Dann wurde es ihm immer wärmer; sagte mir, ich sei im Herzen faul und vermutete, ich sei einer von John Wesleys Anhängern. Ich sagte ihm: „Nein, ich bin John Wesley selbst." Daraufhin wäre er am liebsten direkt weggelaufen. Aber da ich der Bessere von beiden war, blieb ich dicht an seiner Seite und bemühte mich , ihm sein Herz zu zeigen, bis wir auf die Straße von Northampton kamen."

Hoffen wir, dass der Calvinist gebührend vom Irrtum überzeugt war.

Im Norden, auf unserer Straße nach Northampton, ist Newport überhaupt nicht gewachsen: aus Gründen, die für die Beobachtung aller, die diesen Weg passieren, ausreichend sind: der Fluss Ouse und seine angrenzenden Feuchtwiesen, über die die Straße auf einer Brücke führt und a Damm, verboten, auch wenn die Gemeindegrenze dies nicht tat.

Hier liegt Lathbury, dessen Kirche und einige Häuser abseits der Straße zu finden sind, indem man an einer Stelle, an der ein formelles Herrenhaus aus rotem Backstein, früher „Lathbury Inn", steht, nach links abbiegt. Im Jahr 1745 gab es hier einige kleine Probleme, als Mrs. Symes aus Lathbury Park, eine leidenschaftliche Jakobitin, dem Herzog von Cumberland und seiner Armee den Durchgang durch ihr Anwesen verweigerte: mit dem Ergebnis (da sie keine eigene Armee besaß).), durch die sie aufrührerisch und zerstörerisch statt anständig und in guter Ordnung gingen.

Die kleine Kirche von Lathbury ist eine einzigartig schöne Dorfkirche mit seltsam schmaler werdenden Turmmauern. Im normannischen und frühenglischen Innenraum sind noch reichlich Spuren von Fresken im Renaissance-Stil mit Texten und dem wunderschönen Vaterunser erhalten. Der Inschrift zufolge ist hier ein kleines Messingstück aus dem Jahr 1661 angebracht, das einem gewissen Davies, dem Sohn eines ehemaligen Rektors, gewidmet ist, damit andere „Cambria- Brittaines ", die vorbeikommen, es sehen können. „Cambria- Brittaine " scheint die Pedantensprache des 17. Jahrhunderts für „Waliser" zu sein.

LATHBURY-KIRCHE.

Ein Schießpulverplotter

Die Stalluhren von Gayhurst und Tyringham , die auf beiden Seiten der Straße läuten, verkünden die Lage dieser Orte, obwohl sie im Sommer praktisch verborgen im Laubwerk am Wegesrand liegen, abgesehen von einem kurzen Blick hier und da. Das historische Herrenhaus von Gayhurst könnte leicht übersehen werden, wenn es nicht die Tore der Hütte gäbe; und das wäre in der Tat ein Verlust, denn der Ort ist auf sehr dramatische Weise historisch. Das heutige Haus stammt in seinen ältesten Teilen aus dem Jahr 1500, als die Familie Nevill ein Herrenhaus aus der Frührenaissance errichtete , das eine Erbin bekam, deren Heirat das Anwesen in den Besitz der Familie Mulso brachte . Es war Thomas Mulso , der zur Zeit Königin Elisabeths das Haus umgestaltete und ihm, wie viele andere treue Herren dieser Zeit, als Kompliment an seinen Herrscher einen Grundriss gab, der den Buchstaben E darstellte: die Endglieder des E-Wesens dargestellt durch die Flügel und der mittlere Schenkel durch die vorspringende Veranda. Aufgrund des Mangels an männlichen Erben wechselte Gayhurst jedoch bald wieder den Besitzer, als Mary Mulso 1596 den hübschen jungen katholischen Herrn Sir Everard Digby heiratete. Die alten Verstecke, Geheimkammern und unbequemen Quartiere in den Schornsteinen, mit denen das Haus sorgfältig ausgestattet worden war, erwiesen sich zur Zeit des unbesonnenen jungen Sir Everard als sehr nützlich, denn er war einer der Teilnehmer am Schießpulver-Komplott und unterhielt hier seine Mitverschwörer. Er erkannte die Risiken, die er einging, und übergab Gayhurst durch eine Schenkungsurkunde an seinen damals erst zwölf Monate alten Sohn Kenelm. So bewahrte er durch die frühzeitige Anwendung des vom Himmel gesandten Prinzips der beschränkten Haftung den Nachlass vor der andernfalls unvermeidlichen Beschlagnahmung, die auf einen erfolglosen Verrat wartete; und ging im Januar 1606 kopfschonend auf das Schafott. Und so kam Sir Kenelm zu gegebener Zeit zu seinem Recht, und obwohl er unter dem Commonwealth Verfolgungen, Auspeitschungen und Verachtungen ertragen musste, war er nicht ganz unglücklich.

Die großen essbaren Schnecken, die er aus Südfrankreich einführte, in der Hoffnung, seine schwindsüchtige Frau Venetia zu heilen, haben noch immer ihre Nachkommen in den Wäldern hier: den Wäldern, die jene frühen Boskages darstellen, von denen Gayhurst seinen ursprünglichen Namen Goddeshurst erhielt , der nach und nach , durch „ Gotehurst ", *also* „God's Wood", und „ Gothurst ", ist zu dem geworden, was es jetzt ist.

GAYHURST.

Die Digbys endeten mit zwei unverheirateten Schwestern, die 1704 ihr Stammhaus an Sir Nathan Wrighte , den Siegelhüter von Königin Anne, verkauften, dessen monumentales, prächtig gekleidetes Bildnis in der klassischen Kirche direkt neben dem Haus liegt; und die Wrightes selbst trennten sich 1830 davon.

Neben historischen Assoziationen hat Gayhurst auch literarische Erinnerungen, denn dies ist das Land des Dichters Cowper, und er besuchte den Mr. Wrighte seiner Zeit oft, als er aus dem kaum mehr als vier Meilen entfernten Olney reiste, um die Gärten, die Treibhäuser, und „die Orangenbäume, die faszinierendsten Kreaturen dieser Art, die ich je gesehen habe." Aber er geht nicht weiter auf die interessante Frührenaissance-Architektur des älteren Teils des Hauses ein, die heutzutage zu Recht Bewunderung genießt. Die Queen-Anne-Ergänzungen waren, obwohl sie zu seiner Zeit vergleichsweise neu waren, besser durchdacht und die klassische Kirche galt als exquisit. Es handelte sich um einen der letzten Entwürfe von Sir Christopher Wren, aber der große Architekt erlebte den Bau nie, denn er starb 1723 im Alter von zweiundneunzig Jahren, und mit dem Bau wurde erst im darauffolgenden Jahr begonnen.

„GEORGE UND DER DRACHE", EAKLEY LANE.

EAKLEY LANE

Die Ouse , die stahlblau inmitten der grünen Wiesen schimmert, ist rechts von der Straße zu sehen, auf dem Weg zur Eakley Lane, die sich ruhig und träge dahinschlängelt. Es ist natürlich Cowper's Ouse :

Ouse , langsam schlängelnd durch eine ebene Ebene.

Durch das Dorf Stoke Goldington , wo der goldbraune Stein von Northamptonshire – der „Zuckerstein", wie er vor Ort genannt wird – zum ersten Mal in den Gebäuden auffällt, erreicht man Inckley oder Eakley Lane. „ Eakley ", das sich von „ Ea " = Wasser und „lea" = Wiese abzuleiten scheint und sich auf die benachbarten Wasserwiesen der Ouse bezieht , ist der richtige Name, aber der Ort war in der Schule in beiden Schreibweisen gleichgültig bekannt Damals gab es zwei Gasthöfe, das „Bull's Head" und das „George and Dragon". Beide Häuser existieren noch, sind aber längst keine Gasthöfe mehr.

Auf den nächsten Kilometern gibt es in der Tat bemerkenswert viele alte Häuser, die einst Gasthöfe waren. In Horton steht das ehemalige „Horton Inn", heute ein hübscher Landsitz. Offensichtlich wurde es in zwei getrennten Perioden erbaut; Das Unternehmen begann in bescheidenem Umfang und vergrößerte sich dann auf das Doppelte seiner ursprünglichen Größe. Zweifellos wurden weitere Erweiterungen und Verbesserungen in Betracht gezogen, als das Zeitalter der Eisenbahnen anbrach, und alle diese Hoffnungen waren zum Scheitern verurteilt. Einst führte eine großzügige

Auffahrt zum Haus hinauf, die jedoch schon vor langer Zeit zugemauert und in einen Garten umgewandelt wurde.

Hier kommen wir bergauf nach Northamptonshire , in die Region, die einst als Salcey Forest bekannt war und zusammen mit dem Forest of Rockingham im Osten und dem von Whittlebury im Westen in den Tagen der Plantagenet-Könige Teil eines riesigen Waldes war Verfolgungsjagd, bei der die Rothirsche eine weitaus größere Rolle spielten als die Menschen.

HORTON INN.

„ ZUCKERSTEIN “

Northamptonshire , das seinen Namen von der Kreisstadt Northampton hat (ursprünglich nur „Hampton" genannt und später „North Hampton" genannt, um es ausdrücklich von Southampton zu unterscheiden), ist eine hügelige Grafschaft, die Horace Walpole gerne gestaltete , ziemlich treffend: „Knödelhügel". Es ist reich an Bausteinen verschiedener Art, größtenteils aus dem wunderschönen goldbraunen eisenhaltigen Sandstein, der bereits als „Zuckerstein" bezeichnet wird; daher der schöne, substanzielle Charakter der örtlichen Gebäude. Ziegel wird in der Architektur seiner Städte und Dörfer kaum verwendet.

Fuller, der aus dieser Grafschaft stammte, schrieb vor zweihundertfünfzig Jahren darüber, dass es hier so wenig Brachland gebe wie in jeder anderen Grafschaft Englands, und verglich Northamptonshire mit „einem Apfel ohne Kerngehäuse, der herausgeschnitten werden muss, oder . " Rinde muss abgeschält werden." Sein Lob war nicht übertrieben, denn das Land hat kaum oder gar nichts an kahler Heide oder kargem Moor zu bieten.

Dieses „Land der Knappen und Türme" ist in alten Volksreimen auch das der „Jungfrauen und Quellen" und des „Stolzes, der Armut und der Puddings", Zuschreibungen, die nicht leicht zu verstehen sind, es sei denn, sie sind lediglich Beispiele einer ländlichen Leidenschaft denn Alliteration ad absurdum geführt; denn Jungfern gibt es in anderen Grafschaften in Hülle und Fülle, und niemand würde ernsthaft behaupten, dass Northamptonshire in Bezug auf Quellen, Eitelkeit, Armut und Pudding den anderen vorgezogen wurde . Aber die Türme sind auf jeden Fall eine unbestreitbare und schöne architektonische Tatsache.

Auf der Durchreise durch Horton machen wir eine erste Bekanntschaft mit ihnen in Piddington , einem Dorf von kleinster Größe mit einer Kirche von größter Größe. Beide liegen ein paar hundert Meter von der Straße entfernt. Der Turm der frühen englischen Kirche ragt prächtig zwischen den Bäumen empor und weist eine besondere Fülle an Umrissen auf. Die kürzlich laufende Restaurierung mit dem besonders leuchtenden gelbbraunen Stein aus den Duston-Steinbrüchen, zwei Meilen von Northampton entfernt, lässt die restaurierten Flecken durch grelle Anstößigkeit hervorstechen; aber die Zeit wird das beheben – wie alle anderen Übel auch.

PIDDINGTON-KIRCHE.

HACKLETON

Hackleton , ein großer, aber eher charakterloser Ort, schließt sich schnell an Horton und Piddington an und ist das letzte Dorf vor dem fünf Meilen entfernten Northampton. Seine Lage als nächster Ort außerhalb der Stadt auf dem Weg nach London machte es in den Tagen vor der Eisenbahn zu einem ganz besonderen Rastplatz für Viehtreiber und bescheidene Wanderer, und es gab viele Gasthäuser. Den anderen überlegen war das „New Inn", heute ein Privathaus, das aber noch lange Jahre, nachdem es sich aus dem Handel zurückgezogen hatte, die Legende „Weine und Spirituosen: Unterhaltung für Mensch und Tier" trug; mit der nicht unnatürlichen Folge, dass die Privatsphäre der Bewohner häufig von Unterhaltungssuchenden verletzt wurde.

Etwas mehr als eine Meile von der Stadt Northampton entfernt, nahe der Kreuzung der Straße nach Stony Stratford, wo die Autobahn eine herrliche

Breite annimmt, steht auf einem grasbewachsenen Ufer das schönste der berühmten Eleanor-Kreuze, das von Edward dem Ersten zum Andenken errichtet wurde seine Königin, Eleanor von Kastilien, die am 28. November 1290 in Harby in Nottinghamshire an einem anhaltenden Fieber starb. Es befindet sich in einer einsamen Position auf einem grasbewachsenen Straßenrand an einer Stelle in der Gemeinde Hardingstone , ganz in der Nähe auf dem Gelände der ehemaligen Abtei von Delapré oder De Pratis , der Abtei der Wiesen, die in der späten normannischen Zeit von Simon von Senlis , dem kreuzziehenden Earl of Northampton, für eine Niederlassung cluniazensischer Nonnen gegründet wurde.

Die innig geliebte Königin von Eduard dem Ersten starb im damals abgelegenen Bezirk Sherwood Forest, aber der König beschloss, dass ihre Leiche in der Westminster Abbey ruhen sollte, und so wurde mit beeindruckender Überlegung die lange Reise angetreten.

KÖNIGIN ELEANOR

Obwohl das Reisen damals ein langsamer und mühsamer Prozess war, verlief es nicht unbedingt so langsam wie dieser lange Trauerzug. Am 4. Dezember, nachdem der Leichnam der Königin zuvor von Harby in die Kathedrale von Lincoln überführt worden war, machte sich der feierliche Festzug auf den Weg nach Westminster, erreichte London jedoch erst elf Tage später, und die Beisetzung fand in der Abtei erst am 17. statt des Monats. Die dafür benötigte Zeit hat zwei Gründe: Sie liegt in den pompösen Umständen, unter denen die Reise unternommen wurde, und in der gewählten Umwegroute. Die übliche Route führte über Stamford und Huntingdon und so über Royston und Cheshunt, aber die Prozession sollte durch eine stärker frequentierte Reihe von Ländern und Bezirken führen, in denen die Königin besser bekannt war. Ein weiteres Ziel bestand darin, einige der größeren religiösen Häuser auf dem Weg zu besuchen und so angemessen würdige Orte zu haben, an denen man sich am Ende eines jeden Tages ausruhen konnte. Die gewählte Route war daher Grantham, Stamford, Geddington , Northampton, Stony Stratford, Woburn, Dunstable, St. Albans, Waltham, West Cheap und Charing.

Der Anlass war mit größter Pracht verbunden, und anschließend wurden an den Stellen, an denen die Bahre geruht hatte, zwölf Gedenkkreuze unterschiedlicher Gestaltung errichtet. Es wurden Almosen gespendet und Messen bezahlt, und hier in Hardingstone , in der Nähe der Abtei von Delapré , in deren Kapelle der Leichnam der Königin über Nacht ruhte, wurde dieses schönste der drei verbliebenen Kreuze errichtet. „Als ich lebte, liebte ich sie sehr", schrieb der König an den Abt von Cluny, „und tot werde ich niemals aufhören, sie zu lieben"; und so wurden die hohen Staatsbeamten, die die Prozession begleiteten, mit aller Sorgfalt angewiesen, die Ruhestätten, die der König für heilig hielt, mit besonderer Sorgfalt zu kennzeichnen, damit kein Zweifel an der genauen Stelle entstehen konnte, an der diese Denkmäler errichtet werden sollten.

Die detaillierten Berichte über die Kosten dieser Kreuze liegen bis heute im Archivamt vor, wo sie, in krabbeligem Latein auf Pergamentrollen eingraviert, leicht zu sehen, wenn auch nicht so leicht zu entziffern sind. Aus ihnen können die Namen der Maurer und Bildhauer entnommen werden, die beauftragt wurden: John de Bello, der Hauptarchitekt der Kreuze in Hardingstone , Stony Stratford, Woburn, Dunstable und St. Albans; und „Alexander le Imaginator“, ansonsten Alexander von Abingdon und Wilhelm von Irland, die Hauptbildhauer der Statuen. Meister Richard de Crundale war der wichtigste „ cementarius “ oder Maurermeister.

Eine ganz besondere Sorge, dass das Kreuz besucht werden sollte, ist in den Überresten des steingepflasterten Weges von Northampton zu beachten, der zur Zeit des Kreuzbaus angelegt wurde, um eine einfache Anreise zu der Stelle zu gewährleisten, an der das Kreuz errichtet wurde Gläubige könnten für die Seele der verstorbenen Königin beten. Die Kosten hierfür werden in Raten von vierzig und sechzig Mark in der Buchhaltung ausgewiesen.

KÖNIGIN-ELEANOR-KREUZ.
Von einem Foto, das vor der Restaurierung von 1881 aufgenommen wurde.

Trotz der Verwitterung von über sechshundert Jahren und dem Unheil, das gedankenlose Menschen angerichtet haben, ist das Kreuz immer noch ein hervorragend erhaltenes Werk, und die anmutigen Statuen der Königin unter ihren schützenden Baldachinen im Obergeschoss sind immer noch wunderschön. Aber mehr als schulterhoch zeugen die zahlreich in den Stein gemeißelten Initialen des Obskuren von jener Erinnerungsleidenschaft, die allen Klassen eigen ist und sich tief in ehrwürdige Denkmäler wie dieses, in Baumstämme, eingeschrieben hat die Ränder von Büchern, an Wänden und an Fensterscheiben zahllos.

WIE MAN ES NICHT TUN KANN

Viele restaurierende Hände und andere, die kaum als solche beschrieben werden können, wurden auf das „Queen's Cross", wie es in der Region genannt wird, gelegt. Unter der Herrschaft von Königin Anne wurde viel getan und in einer langen lateinischen Inschrift auf einer riesigen Tafel, die zusammen mit dem königlichen Wappen tatsächlich am Kreuz angebracht war, und auf jeder davon eine Sonnenuhr angebracht, wurde dies selbstgefällig angedeutet die acht Seiten. Wir können den autarken Geist dieser „Restauratoren" in dieser englischen Version der Inschrift beurteilen: „Zur ewigen Erinnerung an die eheliche Zuneigung hat die ehrenwerte Versammlung der Richter der Grafschaft Northampton beschlossen, diese wiederherzustellen." Denkmal für Königin Eleanor, das aufgrund seines Alters fast in Trümmer fiel, in jenem glückverheißenden Jahr 1713, in dem Anne, die Herrin ihres mächtigen Großbritanniens, die mächtigste Rächerin der Unterdrückten, die Schiedsrichterin über Frieden und Krieg, nach Deutschland war befreit, Belgien durch Garnisonen gesichert, die Franzosen in mehr als zehn Schlachten durch ihre eigenen und durch die Waffen ihrer Verbündeten besiegt, der Eroberung ein Ende gesetzt und den Frieden für Europa wiederhergestellt, nachdem es ihm die Freiheit gegeben hatte ."

Liebe mich!

Ein reizvoller nachträglicher Einfall, der zeigte, dass die Richter von kaiserlichen Höhen auf häusliche Ebenen herabsteigen konnten, war die Platzierung eines Paars Stocks an der Basis.

Im Jahr 1762 hielt man es für notwendig, die ehrwürdige Reliquie noch einmal anzuschauen, und ein Beweis davon blieb lange Zeit auf einer anderen Tafel mit den Worten erhalten: „Erneut repariert und restauriert im zweiten Jahr von König Georg dem Dritten und unserem Herrn 1762." ." Die Kombination aus Loyalität und Frömmigkeit ist in der Tat reichhaltig.

Im Jahr 1832 wurde erneut eine Restaurierung durchgeführt , die 300 Pfund kostete. Erfreulicherweise wurden keine Tafeln mehr angebracht, und noch erfreulicher war, dass die vorhandenen entfernt wurden. Darüber hinaus wurden im Jahr 1884 die Restaurierungen früherer Jahre für 320 £ wiederhergestellt. Das zerbrochene Kreuz, das das Bauwerk krönte und irgendwann zerstört wurde, wurde nie ersetzt.

XVIII

WAS AUCH IMMER die Wahrheit des alten Sprichworts sein mag, das der Reisende am Geruch des Leders und am Geräusch der Schoßsteine erkennen konnte, als er sich nur noch eine Meile von Northampton entfernt befand, es ist heute kaum noch gültig, denn obwohl die Schuhmacherei ein altes und unverwechselbares Handwerk ist Die Stadt ist nach wie vor ihr großes Grundnahrungsmittel und ist, wie jeder weiß, unendlich größer und wichtiger als je zuvor, so dass sie aus dieser Entfernung kaum zu erkennen ist.

NORTHAMPTON

Natürlich ist die Fernsicht auf die Stadt heutzutage, wie überall, größtenteils auf Gasometer zurückzuführen, und wenn der Reisende nicht bereits von Northamptons Schuhmacherhandwerk wusste , könnte er, wenn er über die London Road und Cotton End einreist, durchaus glauben, in eine Stadt gekommen zu sein von Brauereien, ein weiteres Burton-on-Trent: Denn dort, neben dem Bahnübergang und dem Fluss Nene, steht die große Brauerei von Phipps & Co.

„Northampton on the Nene": Das ist ein Stück Schulgeographie, das man nicht so schnell vergisst, aber egal, wie sehr diese Informationen das Gedächtnis belasten, sowohl wegen der Alliteration als auch weil man schon so früh darauf besteht, der Fluss Nene ist es nicht, die Wahrheit zu erzählen, so sehr deutlich. Der Laie könnte annehmen, dass es sich um einen Kanal handelte, und zwar um einen schmutzigen.

Es ist kein beeindruckender Eingang, diese schmale Straße mit alten und schmutzigen, aber nicht antiken Häusern und drittklassigen Geschäften, die in die Stadt führt, aber viele Überraschungen warten auf den Entdecker, der sich mit Sesselkenntnissen auf den Weg macht Weg, seine Lesart durch eigene Beobachtung zu korrigieren. Ein solcher würde feststellen, dass nur Fremde von „Northampton" in der Schreibweise sprechen, die dem „Norden" den vollen Wert beimisst. Für die Stadtbewohner ist es „ N'Thampton ". Jeder Stil erscheint denen, die den anderen bevorzugen, urig .

Der Fremde würde erwarten, Northampton als Fabrikstadt vorzufinden, einen Ort voller Elend und Schmutz; Aber als er hierher kam und durch den nicht gerade erfreulichen Eingang auf den Marktplatz trat, wurden seine Erwartungen völlig zerstört. Es gibt nur wenige Städte von der Größe Northamptons – deren Bevölkerung mittlerweile deutlich über 89.000 Einwohner beträgt –, die so hell und sauber sind und so wohlhabend aussehen wie diese; und der Fremde, dem seine radikale Politik vertraut ist und für den die jahrelange Wahl von parlamentarischen Vertretern wie Henry

Labouchere und Bradlaugh (mit oder ohne Vernunft, das will ich nicht sagen) Brutalität und Atheismus vertrat, ist angenehm überrascht, dass dies nicht der Fall ist Die alten und schönen Kirchen der Stadt werden zu „Tempeln der Vernunft", zu Hörsälen oder zu anderen weltlichen Zwecken. Er nimmt auch nicht, wie er halb erwartet hatte, finster dreinblickende radikale Atheisten wahr, die Gewalt anwenden, oder Beleidigungen hinter dem Klerus und jedem Menschen mit einem guten Mantel auf dem Rücken herzuschreien. Das so gezeichnete Bild scheint eine Farce zu sein, aber es täuscht keineswegs die Vorstellungen einer großen Zahl von Menschen wider, die noch nie in Northampton waren und sich instinktiv ein Bild davon machen, indem sie Geschichten über die alten Wahlturbulenzen und die Wahl seiner Abgeordneten in der Neuzeit erzählen . Northampton ist nichts dergleichen: Würde und Schönheit prägen seine Hauptstraßen, und bereits 1864 bemühte sich die Gemeinde darum, die Stadt mit einem prächtigen Rathaus zu verschönern. Poesie entspringt – wenn auch unbewusst – sogar in den Brüsten ihrer Stadträte und armen Gesetzeshüter: wo niemand danach suchen würde. Sir William Gilbert lässt Bunthorne in *Patience* das vermuten

Natur, in all deinen Werken

Etwas Poetisches lauert,

Sogar in Kolozynthe und Kalomel

POESIE

Wie wahr das ist! Sogar in der prosaischen Person eines armen Gesetzeshüters kann die Quelle wahrer Poesie sprudeln, alles unbekannt; wie im Fall eines Mitglieds des Board of Guardians in Northampton, das im Januar 1907 die Ausgaben des Arbeitshausmeisters in Höhe von 6 10 Pfund Sterling angefochten hatte. auf Markierungstinte. Er (er trug den großen Namen Dickens) sagte zahlreich lispelnd:

Ich möchte ganz klar zu Ihnen und dem Vorstand sprechen;

Ich vertraue darauf, dass mein Appell nicht umsonst sein wird;

Ich hoffe, dass Sie innehalten und ernsthaft nachdenken

Bevor Sie weitere Markierungstinte bestellen.

Es ist zwar nicht ganz verständlich, aber für einen Mann, der unversehens Gedichte ausspricht und sich dabei von so einem häuslichen Detail wie Markierungstinte inspirieren lässt, sollte ein wenig Übung den Meister machen. Zu welchen Höhen würde er sich nicht etwa beim Thema Badewannen oder Abflüsse erheben!

Das bereits erwähnte Guildhall ist ein von Godwin entworfenes, äußerst reich verziertes Gebäude mit einer üppigen Fassade mit vielen Nischen und einem Baldachin, das mit Statuen der wichtigsten Gestalter der Geschichte Northamptons geschmückt ist, und sogar mit den Kapitellen seines Säulenvorraums nach mittelalterlicher Art geschnitzt mit Gruppen winziger Figuren. Aber im Jahr 1864 hatten Architekturbildhauer erst begonnen, die vergessenen Künste des mittelalterlichen Handwerks wiederzuerlangen, und die Ausführung der Entwürfe ist zugleich grob und dürftig. Das Innere ist, abgesehen von der hellen und sehr schönen, aber barbarisch gefärbten großen Halle, von wahrhaft gotischer Düsternis.

Wir finden die erste Erwähnung von „ Hamtune ", wie es ursprünglich genannt wurde, in der Sächsischen Chronik, als die Mittelangeln diesen Bezirk des Königreichs Mercia besetzten. Dann ließen sich die Dänen, die als erste kamen, um zu verwüsten, in diesem Teil des Landes nieder, und die Geschichte der Stadt, die schon damals ein bedeutender Ort war, blieb viele Jahre lang geprägt von Kämpfen und den Siegen des einen und des anderen ein anderer. So oft es niedergebrannt war, wurde es wieder aufgebaut: keine schwierige Sache damals, als die Häuser hauptsächlich aus Holz bestanden. Im Jahr 1065, im Jahr vor der Ankunft des Eroberers, wurde es in den eifersüchtigen Kämpfen zwischen den sächsischen Herrschern erneut niedergebrannt; und es besteht kaum ein Zweifel daran, dass die Menschen von Hampton, da sie es satt hatten, zwischen den oberen und unteren Mühlsteinen dieser Ambitionen zu Pulver zermahlen zu werden, nicht gänzlich abgeneigt waren, von einer stärkeren Hand regiert zu werden, in deren Zeit ein wenig Frieden gesichert sein könnte .

Es ist sicher, dass Northampton unter normannischer Herrschaft vielleicht mehr blühte als jede andere Provinzstadt. Die damals erbaute große Burg ist völlig verschwunden, aber in den alten normannischen Kirchen sind noch andere Zeichen einer großen Expansion vorhanden; Und die Geschichte erzählt uns, wie beliebt dieser Ort bei den Herrschern der Normannen und Plantagenets war, die in den weiten umliegenden Wäldern jagten und im großen Saal des Schlosses Rat hielten. Das berühmteste dieser Konzile war das von 1164, als Beckets endgültiges Schicksal vorhergesagt wurde. Der heftige Kampf um die Vorherrschaft der Kirche oder um ihre Unterordnung unter den Staat in der Person des Monarchen war schon seit einiger Zeit im Gange. Gegen den Erzbischof waren mehrere Anklagen erhoben worden , und er wurde nach Northampton gerufen, um sich mit ihnen zu befassen. Als er ankam, verweigerte ihm der König den zeremoniellen Friedenskuss: Seine Bischöfe verzichteten auf seine Autorität, und als er mit seinem eigenen erzbischöflichen Kreuz in die Halle des Schlosses marschierte, zogen sich der König und der Hof zurück und ließen ihn und einige treue Diener zurück allein. Verweilen Sie einen Moment bei der Szene und stellen Sie sich die bedrohliche und dramatische Größe vor. Becket, dem bereits die Verbannung oder der Tod drohte, floh an die Küste und lebte sechs Jahre lang im Ausland; kehrte schließlich zu seinem Martyrium in Canterbury zurück.

GESCHICHTE

Die Schlachten von Northampton in späteren Jahren setzten die frühen kriegerischen Assoziationen der Stadt fort: die erste im Jahr 1264, als sich die aufständischen Barone hier einschlossen und die Stadt und die Burg von Prinz Edward belagert und eingenommen wurden; die zweite im Jahr 1460, als die Yorkisten die Lancastrians auf den Delapré- Wiesen außerhalb der Stadt mit großem Blutbad besiegten und die Person Heinrichs VI. gefangen nahmen. sich selbst. Nach allen historischen Präzedenzfällen hätte Northampton Schauplatz eines Kampfes im langen Kampf zwischen König Charles und seinem Parlament sein müssen; Aber zum Glück für die Bürger, die Kaufleute waren und kein großes Interesse daran hatten, war die Burg zu stark verfallen, als dass sie für beide Seiten von Nutzen gewesen wäre, und die große Schlacht von Naseby in Northamptonshire wurde zwölf Meilen entfernt ausgetragen.

waren nur die Geschäfte der Stadt von der Sache abgesehen; aber 1648 versorgte die Stadt Cromwells Armee mit fünfzehnhundert Paaren. Die Anfänge dieses uralten Gewerbes reichen tief in die Geschichte zurück. König John kaufte ein Paar Stiefel, die als „Einsohlen" beschrieben wurden. Die Transaktion wird in lateinischer Sprache „ pro 1 pari " aufgezeichnet botarum singularum ", und der Preis betrug zwölf Pence, wahrscheinlich in bar, denn niemand, der es sich leisten konnte, wäre auf die Idee gekommen, einem so schäbigen Kerl wie König John Anerkennung zu zollen.

Und so im Laufe der Jahrhunderte. Es kam kaum zu einem Krieg, aber Northampton profitierte von der gestiegenen Nachfrage nach Schuhleder. Der alte Fuller hat vor langer Zeit erklärt, dass es „hauptsächlich auf den Beinen anderer Männer steht", und in den Köpfen der Stadtbewohner herrscht wahrscheinlich eine tief verwurzelte Überzeugung, dass der Zustand des Stiefel- und Schuhhandels dürftig ist Dies ist ein sichererer Indikator für den Wohlstand der Nation als der der Eisen- und Schiffbaugewerbe, die üblicherweise als Hauptindikatoren für das nationale Wohlergehen angesehen werden.

Diese Überzeugung von der überragenden Bedeutung der Fußbekleidung hat seinerzeit zu einigen seltsamen Taten geführt; insbesondere als Königin Victoria und der Prinzgemahl 1844 durch die Stadt kamen und der Bürgermeister dem Prinzen – der sie nicht wollte – ein Paar Stiefel schenkte. Ich vermute, dass es viele tausend Wanderer in der Stadt gab, die unbedingt ein Paar *wollten* , aber nie das Angebot bekamen.

NORTHAMPTON: MARKTPLATZ UND ALLERHEILIGENKIRCHE.

Tausende Paar Schlammstiefel wurden von dort an die Armee auf der Krim geschickt ; Aber woher kamen die Stiefel aus braunem Papier und Pappe, die unsere armen Kerle von Auftragnehmern in diesem schlecht verwalteten Feldzug erhalten hatten? Ich vertraue darauf, nicht aus Northampton.

„ FRÜH UND OFT ABSTIMMEN "

Von den Parlamentswahlen in Northampton, die vor langer Zeit für die Erbitterung berühmt waren, mit der sie ausgetragen wurden, wird keine mehr gefeiert als die „große Wahl des Verschwenders", die 1761 zwischen den Lords Northampton, Spencer und Halifax um das Privileg der Nominierung ausgetragen wurde ein Mitglied. Die enormen Kosten waren nicht das Bemerkenswerteste an diesem Wettbewerb, obwohl sie beispiellos waren; Auch die vierzehntägige Dauer der Umfrage war keine Seltenheit. Das wirklich Erstaunliche war die Schwere dieser Umfrage. Northampton hatte nicht nur seine volle Stärke von 930 Wählern gewählt, sondern auch 217 darüber. Es folgte eine Petition, die, wie es damals sportlich üblich war, durch einen Wurf entschieden wurde. Lord Spencer gewann und nominierte seinen Mann – der in Indien lebte.

Die alten Kirchen von Northampton sind sehr schön und in vielerlei Hinsicht äußerst interessant. Es gibt vier davon: St. Peter, St. Giles, Heiliges Grab und Allerheiligen. Wenn man bedenkt, wie alt das besondere Handwerk ist, erscheint es seltsam, dass es keine Kirche gibt, die dem Heiligen Crispin, dem Schutzpatron der Schuhmacher und Schuster, gewidmet ist. Von all diesen Kirchen ist die des Heiligen Grabes die archäologisch interessanteste; Aber für die meisten Menschen ist es die große

Allerheiligenkirche am Marktplatz, die für Northampton steht. Und das zu Recht, denn es liegt nicht nur im Zentrum der Stadt, sondern in einer äußerst markanten und eindrucksvollen Lage; Es ist auch die Kirche, die von der Körperschaft für die staatliche Teilnahme an Gottesdiensten ausgewählt wurde, wie der schöne Bürgermeisterstuhl darin mit der Aufschrift „Anno Majoratus 2 do Ricardi White, Anno Dom. 1680" – beweist; und sein merkwürdiges architektonisches Erscheinungsbild verleiht Northampton eine unverwechselbare Persönlichkeit unter den englischen Städten. Dies ist in seiner heutigen Form kein mittelalterliches Gebäude, sondern ein sehr bemerkenswertes Bauwerk aus der Zeit Karls des Zweiten, wie wir leicht an seiner Statue erkennen können, die mit wallender Perücke und römischer Toga bekleidet ist und die säulenbewehrte Westfront überragt.

Entlang des Gebälks über der imposanten ionischen Kolonnade verläuft die Einfügung: „Diese Statue wurde zum Gedenken an König Karl II. errichtet, der tausend Tonnen Holz für den Wiederaufbau dieser Kirche und dieser Stadt spendete." Der Umstand, der den Wiederaufbau notwendig machte und die Schenkung von Holz (das aus dem benachbarten Forest of Whittlebury stammte) veranlasste, war die fast vollständige Zerstörung des alten Gebäudes beim großen Brand von 1675, bei dem auch sechshundert Häuser niederbrannten. Der hohe Turm mit seinem Fachwerk, dem Glockenturm und der Balustrade ist ein Relikt der verbrannten Kirche.

INNENRAUM, KIRCHE DES HEILIGEN GRABES.

DIE KIRCHEN DER TEMPLER

St. Sepulchre's – eigentlich die „Kirche des Heiligen Grabes " – allgemein bekannt als „ Pulker's Church" oder „St. Pulker's ", eine der vier Rundkirchen in England – oder fünf, wenn wir die Rundkapelle in Ludlow Castle mit einbeziehen dürfen – wird dem Einfluss der Templer zugeschrieben, deren Kirchen angeblich nach dem Vorbild des Heiligen Grabes in Jerusalem erbaut wurden . Wie bei der Tempelkirche und anderen ist auch hier der Kirchenschiffteil des Gebäudes kreisförmig; Der Chor und das Presbyterium zweigen nach Osten davon ab. Es ist im massiven und düsteren normannischen Übergangsstil gehalten, die acht riesigen Säulen werden von Spitzbögen gekrönt. Es besticht durch seine Strenge und den warmen goldbraunen Farbton des Steins.

St. Giles, in fast allen Stilrichtungen von normannisch bis senkrecht, und St. Peter, ein schönes spätnormannisches Bauwerk, erbaut um 1160, vervollständigen die alten Kirchen der Stadt, mit Ausnahme des verfallenden alten St. John's Hospital, das heute genutzt wird als französische katholische Kirche.

XIX

DIE elektrischen Straßenbahnen, ohne die sich heutzutage keine Stadt mehr für vollständig ausgestattet hält, verlaufen weit im Norden, durch die ausgedehnten Grenzen des „Greater Northampton" bis zum Dorf Kingsthorpe: Der Wohlstand der Stadt wird jedem Betrachter in den langen Schlangen bescheinigt neu fertiggestellte Straßen, die an die Felder grenzen, und in den neuen Stiefel- und Schuhfabriken, von denen man zwar nicht das Geräusch der Schoßsteine hört – solche Dinge sind in der heutigen Zeit der Maschinen überholt –, sondern das Schnurren und Summen der Räder.

Etwas außerhalb der Bezirksgrenzen befinden sich noch mehr Fabriken, die dort mit dem sparsamen Ziel gebaut wurden, die Bezirksgebühren zu umgehen; Und so wurde Kingsthorpe, das noch vor nicht allzu langer Zeit ein ländliches Dorf mit einem ruhigen Dorfplatz war, auf die eine oder andere Weise vom ruhelosen Zeitgeist heimgesucht. Sogar das Dorfgasthaus wurde von den unvermeidlichen Phipps & Co. umgebaut und könnte nun, wenn man von den Anzeichen absieht, allen Anschein nach ein renoviertes jakobinisches Herrenhaus sein.

EIN RÄTSELHAFTES DENKMAL

Die offensichtliche Verschwendung der Autobahnbehörden von Kingsthorpe in Bezug auf Meilensteine ist für alle Wanderer ein ständiges Wunder, denn dort liegen nebeneinander zwei gusseiserne „Steine", von denen jeder siebenundsechzig Meilen nach London gibt Entfernungen zu anderen Orten. Die Erklärung für diese Einzigartigkeit liegt darin, dass sich hier früher der Kingsthorpe and Welford Trust und der Northampton and Market Harborough Trust trafen. Der vom ersten errichtete „Stein" gibt dreizehn Meilen nach Welford, neunundzwanzig nach Leicester und eine nach Northampton an; der andere zeigt sechzehn Meilen nach Market Harborough und eine nach Northampton an.

Rechts von der Straße nach Brixworth erhebt sich zwischen einer Baumgruppe am Horizont ein hoher Obelisk, der die Neugier weckt. Auf dem Weg über schlammige Gassen zum Fuß des Denkmals stellt der forschende Entdecker zu seinem Ekel fest, dass es keine Inschrift trägt und lokale Nachforschungen nur zu einer vagen, ländlichen Aussage führen, dass es sich um ein Denkmal für den großen Herzog von Wellington handele. Untersuchungen belegen, dass es sich um einen Herzog von Devonshire handelt. aber obwohl sich die Landleute damit als unrecht erwiesen haben, ist die Geisteshaltung, die sie in die Irre führt, zugegebenermaßen völlig in Ordnung. Von Vater zu Sohn wurde die Geschichte weitergegeben, dass es sich um eine Erinnerung an einen Herzog handelt: Welcher andere Herzog sollte also möglich sein als der große Krieger, der in ihrer Vorstellung immer noch so groß ist? Sie können sich zu Recht nicht vorstellen, dass ein Herzog, der lediglich ein Herzogtum erlangt hat und nur in diesem Staat existierte, einen Anspruch auf eine solche Anerkennung hat. Aber die Sache ist nicht ohne ironische Ironie. Gebaut, um die Erinnerung an einen unbekannten verstorbenen Herzog wachzuhalten , ist es im ganzen Land als Denkmal für jemanden bekannt, dessen Ruhm nicht sterben wird und der kein solches Denkmal braucht.

Dieses Denkmal, das sein Ziel verfehlt hat, steht in der Gemeinde Boughton (lokal ausgesprochen „ Bowghton "), die zusammen mit dem angrenzenden Boughton Green für die Heldentaten von „Captain Slash" berühmt ist. In Boughton Green gab es einst eine dem Hl. Johannes des Täufers geweihte Kirche, doch 1785 stürzten der Turm und die Turmspitze ein, und der Bezirk wurde allmählich entvölkert, so dass die Kirche lange Zeit eine Ruine ohne Dach war. Heutzutage ist das Grün, bis auf ein einziges jährliches Ereignis, nur noch eine öde Gemeinde. Früher grenzten jedoch die Hütten mehr oder weniger tugendhafter und zufriedener Bauern an das Dorf, denen es während des alten dreitägigen Pferdemarktes, der hier im Juni stattfand, so gut ging, dass sie den Rest des Jahres bequem lebten Jahr. Zum alten Pferdemarkt strömten pferdeartige Schurken aus vielen Grafschaften, die die Unschuldigen und einander betrogen, kämpften, sich betranken und in den Gräben schliefen, woraufhin die einfachen Bauern, als sie erkannten, dass es Erntezeit war, sofort ihre Ernte durchsuchten Taschen. Aber die guten alten Zeiten sind vorbei. Die Polizei richtete vor Ort ein Gefängnis für Betrunkene und andere Straftäter ein, und dann verfiel der Jahrmarkt nach und nach, bis er heute nur noch ein eintägiger Geist seiner selbst ist. Die als Gefängnis genutzte Backsteinhütte steht noch immer auf dem Grün.

„ KAPITÄN SLASH "

Aber wir dürfen „Captain Slash" nicht vergessen, der mit bürgerlichem Namen George Catherall hieß, ein Desperado vom Typ Straßenräuber, der in den 20er Jahren des 19. Jahrhunderts ein paar Rick-Burning- und allgemeine Landraubzüge verübte und seine gesetzlose Karriere voranbrachte ein dramatisches Ende im Jahr 1826. Er versuchte mit der Bande, die er anführte, die Löwen in der Menagerie auf dem Jahrmarkt loszulassen, in der Hoffnung, in der Verwirrung mit einer reichen Beute davonzukommen; Doch dieser verzweifelte Vorschlag wurde kurz vor seiner Verwirklichung abgelehnt. Sehr alte Oberbeleuchter in Boughton erzählen noch immer die Geschichte der Angst, wie sie sie in ihrer Jugend gehört haben: wie „ Haaron Gardner" es ist auver th ' yed mit einem Pfahl " und führte so zu seiner Gefangennahme, und wie „Slash" zum Tode verurteilt und am 21. Juli ordnungsgemäß im Northampton Gaol hingerichtet wurde und das Land Frieden hatte. Für Gesetzlose war es sicherlich sehr spät am

Tag, für den Aberglauben jedoch noch nicht zu spät, denn in Zeitungsberichten über die Hinrichtung heißt es, dass „eine Reihe von Frauen sofort den Abgrund hinaufstiegen und sich die Wens reiben ließen".

Und so fuhren wir am Standort des alten „Bowden" oder Boughton Inn aus der Trainerzeit vorbei nach Brixworth und trafen unterwegs möglicherweise auf ein anstrengendes Feld der Pytchley Hunt, in deren Land wir uns jetzt befinden . Sie müssen vorsichtig sein, wie Sie „ Pytchley " aussprechen. John Bright erwähnte es einmal im Unterhaus. Er nannte es „ Pitchley " und war entsetzt über das spöttische Geheul , das von den versammelten Fuchsjägern ausging, die sich als Gesetzgeber verkleideten. Damals war es ein Fuchsjagdhaus, und von „ Labour " (*also* gut bezahlten Agitatoren, die die Rolle spielten) hatte man nicht einmal geträumt. Pytchley ist Ihr einziger Weg, obwohl *es* sicherlich Ketzer gibt, die ihn „ Patchley " nennen . Aber sie sind schlimmere Barbaren als Bright, der es nicht besser wusste.

Brixworth ist ein alter, alter Ort, wirklich „old arnshunt ", wie die Bauern sagen; Aber die neuzeitliche Entdeckung, dass es rentabel ist, die hier gelegenen Eisensteinbetten zu bearbeiten, fängt gerade erst an, das graue römische und sächsische Altertum mit seinen roten Backsteinhäusern in den Hintergrund zu drängen. Roter Backstein in einem Land, in dem es am meisten Bausteine gibt!

Viele Beweise für die Anwesenheit der Römer wurden hier entdeckt, und die große, düstere Kirche von Brixworth, die größtenteils aus römischen Ziegeln und Ziegeln erbaut wurde, wurde von Antiquaren tatsächlich für eine römische Basilika gehalten. Auch römische Münzen wurden in relativ großer Zahl gefunden; aber die Geschichte erzählt von keinem Lager oder einer Stadt dieses Volkes hier; und das ist keine Römerstraße. Die Kirche, die vor Ort als die „älteste Englands" gilt, scheint bereits im Jahr 690 n. Chr. von den Sachsen erbaut oder umgebaut worden zu sein, UND daher war „ Briclesworde ", wie es im Domesday Book genannt wird, von uralter Antike selbst als dieser echte Antiquität, Wilhelm der Eroberer, „überkam". Die Kirche war damals eine Dependance des großen Klosters Medehamsted — dem heutigen „Peterborough" — und bis zum Wiederaufbau des Pfarrhauses vor etwa fünfzig Jahren waren in seinen Kellern Überreste eines Klosterhauses sichtbar.

BRIXWORTH-KIRCHE.

BRIXWORTH

Das Äußere und Innere der Kirche sind gleichermaßen sehr beeindruckend, und der merkwürdige Treppenturm, der an der Westseite des ursprünglichen Turms hinzugefügt wurde, ist von besonderem Interesse, da er zu diesem Zweck in späteren und unruhigen Zeiten an den frühen Saxon-Turm angebaut wurde Die Kirche wurde in einen vertretbaren Zustand versetzt, um den Raubzügen der dänischen Rover standzuhalten, und dann wurde das Land verwüstet. Der Eingang erfolgte früher durch eine Tür an der Westseite des Turms, aber dieser halbkreisförmige Anbau machte den Zugang auf diese Weise unmöglich. Die oberen Etagen und der Turm sind natürlich viel später entstanden, da sie tatsächlich im dekorierten Stil des 14. Jahrhunderts erbaut wurden. Rohes Mauerwerk und unregelmäßig angeordnete Fischgrätmuster aus römischen Fliesen bilden die Wände.

Das Innere ist, wie bei den meisten anderen sächsischen Kirchen, eher merkwürdig als schön, so archäologisch selten es auch sein mag. Es besteht heute aus Kirchenschiff, Chor, halbrunder Apsis und Südkapelle; Früher gab es jedoch schmale Nord- und Südschiffe, wie die eingemauerten Langhausarkaden zeigen. Zu welchem Zeitpunkt diese zerstört wurden, ist nicht ersichtlich. Die Apsis ist ein moderner Wiederaufbau des Originals, das um 1460 zerstört wurde, der Chorumgang um sie herum wurde jedoch nicht wieder aufgebaut. Große gotische Fenster ersetzten zu verschiedenen Zeiten die ursprünglichen sächsischen kleinen Rundkopffenster des Kirchenschiffs, wurden jedoch abgeschafft und an ihrer Stelle Nachbildungen der sächsischen Arbeit angebracht. Obwohl dies den Verfechtern der Einheitlichkeit in architektonischen Fragen gefallen mag, handelte es sich archäologisch gesehen um ein Verbrechen, das die Strafe *peine forte et dure* oder etwas besonders Qualvolles erforderte. Ein echtes dekoriertes oder senkrechtes Fenster zu zerstören, um ein modernes „sächsisches" Fenster einzufügen – wahrscheinlich eingerahmt mit speziell angefertigten „römischen" Kacheln – ist eindeutig Grimthorpianisch und bedeutet nicht, das Spiel nach den Regeln zu spielen, die auch die aufgeklärtesten verstehen . Jüngste Ausgrabungen haben die Sockel römischer Säulen auf dem Kirchhof und in der Kirche selbst ans Tageslicht gebracht, und kurz gesagt, seit etwa einem Jahrhundert, als die Neugier der Menschen auf Antiquitäten zunahm, war das Gebäude eine Art archäologische Wundertüte . Sie kratzen den Putz von einem Pier und entdecken einen Stein mit der Skulptur eines römischen Adlers; Ohne auf Spinnen und uralten Staub zu achten, steckst du eine Hand in ein altes Loch in der Wand des Kirchenschiffs, und siehe da, heraus kommt ein Reliquiar mit dem „Adamsapfel", der einst im heiligen Hals von Bischof Bonifatius wackelte. Tatsächlich ist in Brixworth alles möglich:

Mehr zerbrochene Pfannen, mehr Götter, mehr Tassen,

Alte Schnüffelflaschen, Jordans und alte Krüge,

wie Peter Pindar sagen würde; während viele intime anatomische Gegenstände der Heiligen zweifellos noch auf dem Gelände verborgen sind.

WASSER FLIEßT UNERWÜNSCHT

Die Straße in der Mitte der Brixworth Street fällt steil in eine von Bäumen beschattete Mulde ab und ist sehr schmal, mit Steinmauern auf beiden Seiten. In einem davon ist, leicht vertieft, noch die Quelle zu sehen, die „ Bartlet's Well" darstellt, die 1631 von Margaret Bartlet „für Reisende " geöffnet wurde. Aber obwohl die Quelle in Ordnung ist, beobachte ich, dass die Reisenden , die hier vorbeikommen, das Getränk bevorzugen, das im nahegelegenen Gasthaus bereitgehalten wird.

Zweieinhalb Meilen weiter und dann weniger als eine Viertelmeile rechts liegt Lamport , aber so versteckt, dass niemand seine Existenz vermuten würde. Das Schild des Gasthauses „Swan" am Straßenrand gegenüber der Nebenstraße leitet sich vom Schwanenwappen der Ishams ab , den alten Besitzern von Lamport (deren Name übrigens I-sham und nicht Ish -am ausgesprochen wird). Lamport ist ein Dorf, von dem es trotz der Hektik und

Hektik der Zeit glücklicherweise noch immer viele Hunderte in England gibt. Es ist klein, es ist auf sanfte Weise schön, es ist ruhig, und kein berühmter oder nur berüchtigter Mensch hat ihm jemals die Ehre erwiesen , in seinen Grenzen geboren zu werden. Ein bisschen mehr Schönheit, eine leichte Verbindung zur Geschichte, und es würde zu einem Erholungsort werden. Ich vermute, dass dieses Etwas, das weniger als eine Viertelmeile von der Straße entfernt liegt, in diesen letzten Tagen eine tiefe Quelle des Glückwunsches für die Bewohner sein muss, die dadurch leben, „die Welt vergessend und durch die Welt vergessen". oder zumindest von jenen Unerwünschten, die in Autos über die Hauptstraße donnern und andere in Staubwolken einhüllen. So einer kam mir auf der Straße entgegen, ausgestattet mit einer verabscheuungswürdigen neuen Vorrichtung anstelle der üblichen Hupe: ein kreischendes Etwas wie eine gequälte Seele. Als die schreiende Abscheulichkeit verstummte und der Staub sich zu legen begann und die Bäume wieder zu sehen und die Vögel zu hören waren, fragte ich mich, warum die Existenz solcher Dinge zugelassen werden konnte.

Die Lamport- Kirche steht am Wegrand und gegenüber liegt Lamport Park, der Sitz der Ishams . Obwohl die Halle keineswegs wegen ihrer Architektur bemerkenswert ist, ist sie doch aufgrund der an der Außenseite eingravierten Familienmottos und frommen Gefühle merkwürdig, was darauf schließen lässt, dass die Ishams schon immer liebenswürdige Menschen waren und dazu neigten, sich an kleinen Dingen zu erfreuen. Sogar ihr Name scheint ihnen schon immer eine ewige Quelle der Freude bereitet zu haben. Es ließ einige Entlegene auf die Idee kommen, ein wortreiches lateinisches Motto zu verwenden: „*Ostendo non ostento*" ; Englisch: „Ich zeige, dass ich nicht vortäusche." Dies ist ordnungsgemäß an der Vorderseite der Halle dargelegt, zusammen mit „Was das Ewige betrifft , ist das Leben nichtig und sterblich" und „In den vergänglichen Dingen ruht keine Herrlichkeit."

LAMPORT-KIRCHE.

DIE ISHAMS

Der liebenswürdigste dieser liebenswürdigen Rasse war der verstorbene Sir Charles Isham , der Lamport tatsächlich eine Art unbedeutende Berühmtheit verschaffte . Ich denke, er war das sanfteste und höflichste aller Geschöpfe, der die Welt zwar in keiner Hinsicht besser verließ, als er sie vorgefunden hatte, sie aber zumindest nicht schlechter hinterließ und im hohen Alter ein ziemlich zielloses Leben beendete in vielleicht abfälliger Weise als „harmloser alter Herr" bedauert. So lebte und starb der zehnte Baronet und besiegte damit den Aberglauben, dass alle Baronets schlecht seien.

Über vierzig Jahre lang war er damit beschäftigt, an einer Seite der Halle einen Miniatur-Steingarten anzulegen. Inmitten von aufgeschichteten Felsbrocken, die ein Gebirge mit Schluchten, Felstümpeln und Höhlen darstellten, pflanzte er Zwergbäume und seltene Sträucher der verkümmerten Art, die die Japaner so gut zu züchten wissen; und dort platzierte er zwischen den Höhlen und auf den Miniaturklippen Gruppen kleiner Zwerge: Feenbergleute mit Schubkarren und Spitzhacken, mit dem Vers:

Acht Stunden Arbeit,

Acht Stunden Spiel,

Acht Stunden Schlaf,

Und acht Bob pro Tag.

Tag für Tag saß er da und dachte über dieses Lebenswerk nach, mit einem seiner Lieblingsfalken am Handgelenk und seinen zahmen Eulen in den Löchern, die er über ihnen für sie gebaut hatte. Und jetzt sind die Falken und Eulen verschwunden und der Steingarten ist ungepflegt.

In der Lamport- Kirche verrät ein monumentales Messingblech mit einer langen Inschrift seiner Frau, wer er war:

Emily,
Ehefrau des zehnten Baronet, begann im September ihr wahres Leben. 6., 1898, im Alter von 74 Jahren, nach einer 51-jährigen Verbindung mit ihrem dankbaren Ehemann, der durch spirituelles Licht feststellt, dass Freude über Trauer triumphiert. Rücksichtsvoll gegenüber anderen, Güte selbst, von allen geliebt, Auf ihren großen Wunsch hin wurde diese Botschaft hinzugefügt :
„ Tragt einander die Lasten.“

EPITAPH

Die letzten Worte waren: „Ich sterbe“ Nein! Meine Frau, dies ist das Portal des höheren Lebens:

Ich sprach nicht mehr und weinte auch nicht. Am nächsten Morgen um neun Uhr schlief sie im süßesten Schlaf.

Schlaf weiter! Schlaf weiter, mein Liebster; Schlafen Sie gut; Nach solchen Jahren der Müdigkeit ruhe dich jetzt aus.

Oder bist du völlig wach? Es kann so sein; Oder in einem glücklichen Traumland? Wer weiß schon,

Diese selbstgemachte Schatulle aus Ulmenholz, kunstvoll gearbeitet, Betokens Liebe: inspirierte ebenfalls zu diesem Gedanken.

Auch wenn wir manchmal nicht ganz einer Meinung sind, wussten alle , dass ich für dich lebte und du für mich.

Oh! liebe Lamport , jetzt ist sie von hier weg, ich habe dich meiner Cousine Vere übergeben.

Ich habe diese Worte in Wahrheit gesprochen , ICH ZEIGE, DASS ICH NICHT VORTÄUSCHE *, ich bin Isham , und ich bin es doch nicht.*

Das zweite Motto „ IN VERGÄNGLICHEN DINGEN RUHT *“ (und nicht ohne etwas Wahres) „* KEINE HERRLICHKEIT *“,*

*Aber dennoch mögen Geschenke des Himmels auf dir ruhen, und so werde dieses
Haus verherrlicht und gesegnet .*

*Was auch immer vom Leben noch übrig sein mag, Nachts und morgens betrachte ich
meine Frau,*

*Und zur festgesetzten Zeit mögen wir uns treffen, und ihr süßer Geist sei der Erste,
der grüßt.*

*Leser, beobachten Sie, wie das oben beschriebene Leben viel Glück, mehr Schmerz
und größte Liebe offenbart.*

CHARLES EDMUND *überlebte seine Geliebte bis zum
7. April 1903 im Alter von 83 Jahren.
Dies ist auch sein Denkmal, er lehnt mehr ab.*

Der Wohnort Lamport ist eng mit dem von Faxton verbunden , das gut drei
Meilen entfernt liegt: ein Ort, zu dem es auf dem größten Teil (oder? „
schlechtesten Teil") dieser drei Meilen keine Straße gibt. Warum erkundet
der Entdecker dann unter solch abweisenden Umständen? Ja, warum
eigentlich? Ich frage mich, während ich auf der Suche nach Stellen, die frei
von unergründlichem Schlamm sind, eine Reihe phänomenal
überschwemmter Wiesen durchquert, langsam und mühsam vorankomme,
mir schrecklich bewusst, dass der Weg, den ich gekommen bin, der einzige
Weg zurück ist. Nun, es gibt in allen Dingen einen Grund; sogar darin. In
der Faxton- Kirche gibt es ein Denkmal für Sir Augustine Nichols, Richter
der Common Pleas, der früher hier residierte und 1616, als er in Kendal
unterwegs war, von vier Frauen vergiftet wurde, um zu verhindern, dass er
gegen eine von ihnen das Todesurteil verhängte Verwandte. Ein weiteres
Denkmal befindet sich in der Kirche von Kendal, wo er begraben liegt.

FAXTON.

Sein Bildnis kniet an einem Schreibtisch und wird auf beiden Seiten von Figuren gestützt, die Gerechtigkeit und Tapferkeit darstellen, darüber Mäßigkeit und Klugheit. Die Gerechtigkeit hielt einst ihre angemessene Waage in der Hand, aber sie wurde abgebrochen. Die Dorfbewohner, denen klassische Bilder unbekannt waren, waren fest davon überzeugt, dass die Waage das Abwiegen des Giftes darstellte, das dem Richter das Ende bereitete.

DENKMAL FÜR RICHTER NICHOLS.

FAXTON

Die kleine Kirche von St. Denis in Faxton steht am Rande einer weiten, gemeindeähnlichen Fläche, die viele Spuren alter Gebäudefundamente aufweist und von einem halben Dutzend Cottages gesäumt ist, von denen die meisten völlig verfallen und verlassen sind . Es gibt überhaupt keinen Anschein einer Straße, die in den Ort führt. Die Kirche selbst verrottet vor Feuchtigkeit und Schimmel, und riesige Pilzgewächse, unwirklich und phantastisch aussehend wie in der Pantomime, heften sich an die Wände und heben die Steine des Bodens in die Höhe. Ein Nachmittagsgottesdienst jeden Sonntag wird den Bedürfnissen der wenigen Einwohner mehr als gerecht. Aber die Kirche aus der interessanten Zeit zwischen dem frühen englischen und dem dekorierten Stil weist viele Spuren von Schönheit auf, und es gibt fein geschnitzte Konsolen, ein altes Taufbecken und einen Sandtisch – auf dem nach den urigen Lehrmethoden von über einem Vor einem Jahrhundert wurde Kindern beigebracht, mit den Fingerspitzen im Sand die Buchstaben des Alphabets zu bilden.

Faxton zurück zur Hauptstraße führt ein steiler Abstieg hinunter zum Bahnübergang am Bahnhof Lamport und von dort wieder steil hinauf zum Kamm von Hopping Hill, wo ein „ Traveller's Rest" in Form ist Auf dem Gras steht ein kunstvoller Holzsitz mit der Aufschrift: „Ruhet euch aus, Müde Reisender . Jubiläum, 1897. Reginald Loder." Es war der Knappe des angrenzenden Maidwell Hall, der den Sitzplatz platzierte. Nicht alle, die hier ruhen, jubeln, denn ich sehe unter anderem die Inschrift: „Saß hier, mittellos , 1. Juni 1906. J. West, steinig – pleite." Bete für mich."

Eine schöne Ulmenallee führt in das gepflegte Dorf Maidwell und von dort wieder hinaus. Auf der linken Seite befindet sich Kelmarsh mit einer prächtig restaurierten Kirche und einem kunstvoll ausgekleideten Chor mit wunderschönem (aber unpassendem) Marmor, den der Gutsherr, ein gewisser Naylor, auf seiner Yacht aus alten Villen in Rom mit nach Hause brachte. Da er nicht wusste, was er mit ihnen anfangen sollte, gab er sie schließlich der Kirche. Er liegt draußen auf dem Kirchhof unter einem Grab aus poliertem Granit der gigantischen und vulgären Baukunst. Alle anderen Grabsteine wurden abgeschafft und er liegt in einer Einsamkeit, die wahrhaft kaiserlich wirkt.

DIE SCHLACHT VON NASEBY

Auf der linken Seite, drei Meilen entfernt, liegt das Feld von Naseby, auf dem Bergrücken dort drüben, gekrönt von einem Obelisken zur Erinnerung. Dort, auf diesem hohen Plateau, wurde am 13. Juni 1645 im Schock der Schlacht die Sache von König Charles endgültig zunichte gemacht, und die Verfolgung, die dem Kampf folgte, endete in einem Gemetzel in Richtung Nordwesten. Der unglückliche King zeigte bei Naseby eine bessere Leistung als in fast jeder anderen Phase seiner Karriere. Vollständig in Rüstung gekleidet, befand er sich mitten im Kampf und hätte seine entmutigte Kavallerie zu einem letzten Versuch versammelt, wenn er nicht zurückgehalten worden wäre. „Stellen Sie sich noch einmal um: Geben Sie noch eine Ladung mehr und erholen Sie sich für den Tag", rief er und stellte sich gerade vor, als der Graf von Carnwath seine Hand auf das Zaumzeug seines Pferdes legte und ihn zurückhielt. „Willst du gleich in den Tod gehen", sagte er und drehte den Kopf des Pferdes in die Flucht, die dann allgemein wurde. Es ist ein schöner Vorfall, aber es wäre schließlich besser gewesen, wenn der Earl dem unglücklichen König seinen Willen gelassen hätte und für seine Sache mit Waffen in den Tod gegangen wäre.

Die Straße, die von Kelmarsh am Bahnhof Clipston abwärts führt, führt an dem unauffälligen Dorf Oxendon vorbei und gelangt von dort in die wachsende Stadt Market Harborough , wo wir schließlich den Bezirk des guten Northants -Bausteins verlassen und über den Fluss Welland stoßen der Ton von Leicestershire und Städte und Dörfer aus rotem Backstein.

<h1 style="text-align:center">XX</h1>

LEICESTERSHIRE ist vor allem ein Jagdbezirk. Den Quorn unter den Hunden zu nennen bedeutet, den bekanntesten zu nennen, und Melton Mowbray zu erwähnen bedeutet, die Metropole der Fuchsjagd zu nennen; während das Jagdrevier so größtenteils aus Gleichaltrigen besteht, dass die Landbevölkerung den Träger von Rosa üblicherweise mit „mein Herr" anredet, was zu der bekannten Erwiderung eines sportlichen Bürgers führt, dass sie „einen Gentleman nicht erkennen, wenn sie ihn sehen." ."

MARKTHAFEN.

Es ist die Grafschaft der Schweinefleischpasteten und behauptete einst, die größten Schafe zu züchten und die schwersten Vliese zu züchten. Über Leicestershire als Industriebezirk wurde nicht viel gesagt, aber sein Strumpfwarenhandel ist der größte in England. Trotz der Strumpfhändler, der Schuhmacher und in einigen Bezirken der Bergleute ist Leicestershire dennoch eine sehr landwirtschaftlich geprägte und ländlich geprägte Grafschaft. „Bean-belly" nennt Leicestershire Drayton es, und in der Nähe von Gopsall gibt es einen „Barton-in-the-Beans" ; aber es gibt andererseits auch einen „Barton-in- Fabis " oder „Barton-in-the-Beans" in Nottinghamshire. Die Folge davon, „bäuchig" zu sein, scheint dumm zu sein; Aber wenn wir die Folklore von Leicestershire betrachten, sind die Menschen mit außergewöhnlichem Humor von der düsteren Art gesegnet , wie dieser Vorwurf an die Prahler bezeugt:

Wenn alle Gewässer ein Meer wären ,

Und alle Bäume waren ein Baum,

Und dieser Baum hier sollte in das dortige Meer fallen,

Meinetwegen! Was für ein Spritzer *würde es* geben!

Und hier ist ein weiteres Beispiel:

Yew thowt , oder ? Aiy ,

„Yew hat ein Licht geworfen ,

Loike Hudsons Schwein.

„Wie Hudsons Schwein?"

„ Ja . „ Niver hart zu ihnen , eine Vermutung ?"

"NEIN."

„ Hey , was für ein Trottel , dieser dumme Kerl, wie sie waren , weinen ter *töte* sie , und sie wuz Nur Arfter putten a ring trew 'is noaze .

JOE STOKES'S SCHWEIN

Es gibt eine tragische Variante davon, in der das Schwein von „Joe Stokes" der unglückliche Held ist – „ Sie sehen aus wie das Schwein von Joe Stokes: Sie brüllten , als wären sie wütend . " ter Hev 'ist Brekfuss , aber sie wuz a-gwine ter mek poark on ' en .

Die Zeiten, in denen Market Harborough eine kleine Marktstadt war, die sich nur für Landwirtschaft und Jagd interessierte, sind vorbei. Heutzutage ist es in der Tat ein geschäftiger kleiner Ort, und mit seinen verschiedenen Industriebetrieben ist er nicht mehr so klein wie früher. Der Chef davon ist Symingtons Korsettfabrik, in der 580 Arbeiter beschäftigt sind. aber anderswo kann man Manufakturen für Gummisohlen und Absätze, Erbsenmehl und zahlreiche andere Handelsartikel sehen. Seine bemerkenswert breite Hauptstraße, wo seit vielen Jahrhunderten die Viehmärkte und die Oktobermesse abgehalten werden, ist jedoch an gewöhnlichen Tagen immer noch ungewöhnlich leer; und jetzt, wo ein Viehmarkt gebaut wurde, der 28.000 Pfund kostete, ist er weniger charakteristisch als früher. Aber es ist ein großartiges Bild der Stadt Harbro , das sich vor dem Reisenden entfaltet , wenn er die Straße entlang kommt. Dort ragen majestätisch der exquisite Turm und die gewundene Turmspitze der alten Kirche empor, sehr schön und anbetungswürdig, mit der bescheiden darunter liegenden alten Fachwerkschule, die 1614 von Robert Smyth, einem alten Beamten der City of London, gegründet wurde, an den Seiten Mit Gipsplatten geschmückt und seine dicken Balken mit frommen Mottos geschmückt: Der offene Raum darunter war für die Nutzung als Buttermarkt vorgesehen.

Die Kirche ist dem Heiligen Dionysius dem Areopagiten geweiht. Niemand muss sich sehr schämen, wenn er nicht genau weiß, was das für ein Beruf ist. Die Oblatenväter deuten auf ein Problem bei Euklid hin, und „ein Areopagit zu sein" deutet auf einen Darsteller auf dem fliegenden Trapez hin; aber eigentlich war der heilige Dionysius kein so flatterhafter Charakter. Er war der Richter des Areopags in Athen, vor dem der heilige Paulus über die Anbetung des unbekannten Gottes stritt und den er bekehrte. Dionysius wurde Bischof von Athen und erlitt im Jahr 95 N. CHR. DEN MÄRTYRERTOD.

Das Innere des großen Gebäudes enttäuscht die Erwartungen, die durch die Schönheit der Außenansicht geweckt wurden.

ST. MARY-IN-ARDEN

Erst 1614 wurde sie zur Pfarrkirche der Stadt. Obwohl sie prächtig war, war sie früher nur eine „Kapelle der Behaglichkeit", und die Mutterkirche war die St. Mary-in-Arden, eine Meile entfernt. Die Überreste dieser Kirche sind vielleicht noch zu sehen, auf ihrem düsteren, überfüllten und stillgelegten Kirchhof, der traurig über die Gleisgleise hinausragt, Tag und Nacht belebt und immer laut.

Ich dachte, die Toten hätten Frieden, aber das ist nicht so,

wie Tennyson sagt.

Hier findet der neugierige Fremde möglicherweise das Epitaph von „Susanna Wells, Köchin der drei Schwäne in Market Harborough , einundvierzig Jahre." Sie starb am 19. Juni 1774. Im Alter von 59 Jahren." Eine einfache Rechnung beweist, dass sie schon früh mit dem Kochen begann. Ich hätte lieber an der Küche ihres achtundfünfzigsten Lebensjahres teilgenommen als an der ihres achtzehnten.

Zwei Meilen von Market Harborough entfernt, wie die Meilensteine verkünden – die den Namen der Stadt und von Leicester, „ Harbro " und „Lester" buchstabieren – kommt man nach Gallow Hill, mit einem Fragment einer alten, schroffen und versunkenen Straße rechts, wo früher die Straßenräuber im Schatten des Galgenbaums lauerten. Unten an der Kreuzung steht ein ehemaliges Gasthaus, das heute in heruntergekommene Mietskasernen aufgeteilt ist. und auf dem hohen Bergrücken rechts liegen die Dörfer East oder Church, Langton, Thorpe Langton und Tur Langton, die sich durch die Taten eines ehemaligen Amtsinhabers auszeichnen.

William Hanbury, geboren 1725, gestorben 1778, Rektor von East Langton zu Beginn der Zeit Georgs III., war eine kraftvolle Person. Er wurde 1753 Rektor, nachdem sein Vater, ein reicher Mann, das Advowson erworben hatte; aber er hatte bereits zwei Jahre zuvor mit seinen riesigen Pflanzarbeiten in der Nachbarschaft begonnen . Er führte Pflanzen und Samen aus allen Teilen der Welt ein, begeisterte sich jedoch besonders für den Anbau von Obstbäumen, und die Nachbarschaft ist aufgrund seiner Arbeit und des von ihm gegebenen Beispiels immer noch außergewöhnlich im Obstanbau. Im Jahr 1758 schrieb und veröffentlichte er „Ein Essay über das Pflanzen und ein Schema, um es der Ehre Gottes und dem Vorteil der Gesellschaft förderlich zu machen". Er war ein Mann mit Ideen, die immer größer und undurchführbarer wurden. Der erste Vorschlag, jährlich den Ertrag der Obstbäume zu entsorgen und so einen Fonds von 1.500 Pfund zu schaffen, dessen Zinsen für die Dekoration der Kirche bestimmt waren, entwickelte sich zu einem Plan zur Anhäufung eines Fonds von 4.000 Pfund der Bau eines Krankenhauses und von Schulen, und dies wiederum wurde zu einem grandiosen Plan für eine Reihe von Kirchenmusikfestivals, die in den umliegenden Bezirken abgehalten werden sollten. Die Einnahmen aus all diesen Quellen sollten sich ansammeln, bis sie eine Gesamtsumme erreichten, die ausreichte, um ein Einkommen von 10.000 oder 12.000 Pfund zu erwirtschaften, das für die Gründung eines Münsters, einer Choreinrichtung, einer öffentlichen Bibliothek, Gemäldegalerien usw. ausgegeben werden sollte Krankenhaus, Schulen, eine Druckerei und viele andere Dinge. Das Münster sollte im Verhältnis zu allen anderen Kathedralen das sein, was Kathedralen für Kapellen sind. Ein zentraler Turm sollte eine Höhe von 493 Fuß erreichen, und seine übrigen Abmessungen sollten im Verhältnis zueinander stehen: Die Westtürme selbst sollten 399 Fuß hoch sein. Keine andere Kathedrale, die es jemals gab oder geben würde, sollte damit mithalten können. St. Pauls? Puh! Die prächtigsten Gebäude, die es je gab, waren elend, abgesehen von den Wänden, Böden und Säulen aus Marmor und dem Porphyr und Jaspis, die den Chor schmücken sollten.

EIN GROSSES PROJEKT

Eine Stadt, so erwartete dieser seltsame Projektor, würde um diese Institutionen herum entstehen, und in ihr würden, wie er es ausdrückte, „zwei pompöse Gasthäuser" enthalten sein. Sollten beim Transport von Baumaterialien Schwierigkeiten auftreten, sollte ein Kanal von Steinbrüchen in der Nähe von Stamford nach Market Harborough gegraben werden , und wenn möglich sollten die Steinbrüche von Ketton und Weldon gekauft werden.

Wann er erwartete, dass all diese Dinge eintreten würden, erscheint nicht. Eine Kapitalsumme von mindestens einer Viertelmillion Pfund Sterling wäre erforderlich, um das Einkommen zu erwirtschaften, das er für ausreichend hielt; und selbst mit 12.000 Pfund pro Jahr könnte man mit einer solchen Kathedrale nicht viel vorankommen, ganz zu schweigen von diesen teuren Nebenschauplätze.

Im Jahr 1770 betrugen die Einnahmen des Trusts 190 17 *s £.* ; und bis 1863 war es auf 900 Pfund gestiegen, als die Treuhänder erfolgreich beim Court of Chancery beantragten, die Treuhandurkunde zu ändern, um einen Betrag von 5.000 Pfund für notwendige Reparaturen an den drei Langton-Kirchen auszugeben und einen weiteren Betrag zu beantragen Summe für schulische Zwecke.

Die Kirche von Church Langton ist ein gewaltiges frühenglisches Bauwerk von großem Maßstab, das Denkmäler dieses einzigartigen Projektors und der Nachfolger seiner Sippe enthält. Es wurde mit den durch die Genehmigung des Gerichts freigegebenen Mitteln sehr gründlich renoviert. Hanburys präsidiert hier immer noch.

Das Interesse im unmittelbaren Umland ist groß. Auf der anderen Straßenseite, auf der anderen Seite der Wiesen, liegen Foxton Locks am Leicestershire and Northamptonshire Union Canal. Jeder Besucher von Harbro hört von Foxton Locks und wird gebeten, sie sich anzusehen. und in der Tat handelt es sich um bemerkenswerte Errungenschaften der modernen Ingenieurskunst, die die der alten Kanalbauingenieure in den Schatten stellen. Sie sind von weitem sichtbar und sehen aus wie das Getriebe an der Mündung einer Zeche. Sie bestehen aus einem erhöhten Maschinenhaus mit leistungsstarken Maschinen, die die moderne Schleuse – praktisch einen großen Tank – mit darin schwimmenden Lastkähnen heben oder senken . Dies ersetzt die bemerkenswerte alte Reihe von zehn Schleusen, die wie eine Jakobsleiter den Hügel erklimmen und jetzt ausrangiert sind. Die neue Schleuse, die 1898 für 37.000 Pfund fertiggestellt wurde, diente der Wassereinsparung, die früher in großen Mengen verschwendet wurde, aber nebenbei wird durch die neuen Methoden auch viel Zeit gespart.

Geht man wieder die Straße entlang, erscheint der Kirchturm von Kibworth inmitten dichter Wälder auf einer Anhöhe über dem gleichnamigen Bahnhof. Die Midland Railway und andere Moderne nennen den Ort lediglich „Kibworth", aber eigentlich heißt er Kibworth Beauchamp, während sich das viel schönere Zwillingsdorf Kibworth Harcourt anschließt, das jedoch keine eigene Kirche hat.

„ Eine Plage für eure beiden Häuser "

Ein merkwürdiges Memorandum im Register von Kibworth Beauchamp mit dem Datum 1641 scheint vom Pfarrer verfasst worden zu sein, um sich von der Schuld, seine Bücher nicht ordnungsgemäß geführt zu haben, freizusprechen. Es läuft:

„Wissen Sie alle, dass der Grund dafür, dass von diesem Jahr 1641 bis zum Jahr 1649 kaum oder gar nichts registriert wurde, die Bürgerkriege zwischen Charles und seinem Parlament waren, die bis dahin alles in Verwirrung brachten; und weder der Minister noch das Volk konnten für die eine oder andere Partei ruhig zu Hause bleiben."

Der Wortlaut lässt vermuten, dass der Pfarrer beide Seiten zutiefst satt hatte.

Rev. James Beresford wurde vom Merton College den Lebenden geschenkt und hatte es viele Jahre lang inne, bis er 1840 im Alter von siebenundsiebzig Jahren starb. Er war Autor eines 1826 veröffentlichten Buches über das „Elend des menschlichen Lebens", das trotz seines traurigen Titels nicht das Werk eines Menschen ist, der die Existenz untersucht und festgestellt hat, dass alles Eitelkeit ist; ist aber in eine humorvolle Form gegossen, wie man Humor damals verstand. Er besaß einen hübschen Witz und ein seltsam sarkastisches Auftreten, was in der Geschichte deutlich zum Ausdruck kam, die von ihm und einigen jüngeren Burschen aus Merton erzählt wurde, die er im Hinblick auf seinen möglichen Tod und den Verlust der Lebenden beim Schürfen über seine Gartenmauer beobachtete.

Er ging zu ihnen und sagte höflich: „Kommen Sie herein, meine Herren, kommen Sie herein und machen Sie eine Bestandsaufnahme, nicht nur des Pfarrhauses, sondern auch des derzeitigen Amtsinhabers." Am liebsten würde ich jederzeit alles tun, um Ihnen einen Gefallen zu tun – außer zu sterben."

Ein Epitaph auf dem Kirchhof für „Mr. Lewis Powel Williams, Chirurg", der 1771 im Alter von vierzig Jahren starb, erklärt: „Er war der Erste, der in die Praxis eingeführt wurde; Impfung ohne Vorbereitung." Eine ähnliche Behauptung wird bei Worth Matravers in Dorset für Benjamin Jesty im Jahr 1774 aufgestellt, jedoch mit der sorgfältigen Maßgabe, dass er der erste „bekannte" war, der diese Praxis praktizierte .

Das drei Meilen entfernte Glen Magna, besser bekannt unter der englischen Bezeichnung „Great Glen", soll laut den Dorfbewohnern (der Nachbardörfer) „mehr Hunde als ehrliche Männer" beherbergen. Der Haken an diesem Sprichwort soll in der angeblichen Tatsache liegen, dass es in Great Glen schon immer einen außergewöhnlichen Mangel an Hunden gab. Und so bleibt es bis heute; und soweit die Beobachtung des Autors reicht, erstreckt sich der Mangel auch auf Häuser und Bewohner. Kurz gesagt, Great Glen ist einer der vielen Orte, die zwar einen großen Namen haben, aber in Wirklichkeit lächerlich klein sind. Die Wegkirche ist fast alles, was der Wanderer sieht. Es gibt eine normannische Südveranda mit Schnitzereien seltsamer Pferde, deren Schwänze aufrecht über dem Rücken stehen, wie Waldkiefern: eine Pferdeart, die außerhalb der Albtraumregion nicht bekannt ist.

DER „LONDON WEG"

Bei Oadby, weitere zwei Meilen entfernt, beginnt der Einfluss der großen und immer noch schnell wachsenden Stadt Leicester spürbar zu werden. Die alte Kirche steht in der Mitte des Dorfes und verengt die Straße fast zu einer Gasse. Das Ostfenster des Nordschiffs mit Blick auf die Straße stammt aus der Dekorzeit der Gotik und ist mit der vergleichsweise seltenen „Kugelblumen"-Verzierung verziert. Ein Epitaph über drei Brüder und drei Schwestern Davenport, „die 54 Jahre lang im Zölibat im selben Haus lebten, verdientermaßen für ihr angemessenes Verhalten und ihre pünktliche Integrität geschätzt wurden" und in den Jahren 1820–1827 starben, scheint dies zu zeigen Ihr „Rassen-Selbstmord" fand damals mehr Zustimmung als heute. Apostel der Steigerung erheben ihre Stimme.

XXI

DIE elektrischen Straßenbahnen verlaufen weit außerhalb von Leicester und bilden in der Stadt selbst ein Labyrinth aus Linien, das nur die Einwohner von Leicester selbst ohne weiteres verstehen können. Die lange Zufahrt über die Londoner Straße , die aus den Wohnvierteln der wohlhabenderen Klassen besteht, ist der beste aller Eingänge, ebenso wie Belgrave im Norden der schlechteste ist; aber früher war dies das „ Gallowtree Gate", das von der Senke, in der die Stadt liegt, bergauf zur Hinrichtungsstätte führte. Hier passieren Sie den Victoria Park und gelangen so schließlich ins Zentrum des geschäftigen Ortes, zum Uhrenturm. Aber im Jahr 1600 war der „London Waye ", wie Speed ihn auf seiner damaligen Karte beschreibt, die Welford Road auf der linken Seite, die von unserer Straße in Northampton abzweigte und Harborough umging und nach einer Meile nach Leicester kam eine halbe weniger. Sie führte durch die Stadt über die Highcross Street, North Bridge und Frog Island. Aber Ogilby gibt in seinem siebzig Jahre später erschienenen Buch „Britannia " die Londoner Straße an, wie sie heute genutzt wird.

Der Uhrturm, das Zentrum des modernen Leicester, war das, was das Forum im antiken Rom war. Alles dreht sich darum. Dr. Johnson sagte, dass die Flut des Londoner Lebens am Charing Cross am stärksten sei, und noch gerechter kann man sagen, dass die Flut von Leicesters geschäftigen Tagen am Clock Tower mit größter Kraft umherwirbelt. Dies ist ein besonders schönes Steingebäude mit Turmspitze, das in der Mitte der Straße steht, wo die fünf großen Durchgangsstraßen Gallowtree Gate, Belgrave Gate, Church Gate, Humberstone Gate und High Street zusammentreffen. Es wurde 1868 als Hommage an vier Würdenträger aus Leicester erbaut: Simon de Montfort, Earl of Leicester; Wilhelm von Wyggeston , der Gründer des Wyggeston Hospital zu Beginn des 16. Jahrhunderts , dessen Geld nun auch die Wyggeston Schools unterstützt; Sir Thomas White und Gabriel Newton, Wohltäter des 16. und 18. Jahrhunderts.

Das römische Leicester konzentrierte sich auf den Standort der mittelalterlichen Burg in einiger Entfernung, wobei der Glockenturm vor dem Osttor stand.

RATÆ

Das Alter von Leicester ist in der Tat unbestritten. Es gibt nicht nur zahlreiche Überreste der Römer, die im Laufe der Bauarbeiten immer wieder entdeckt wurden, sondern es ist auch bekannt, dass es sich um den Bahnhof von *Ratæ handelte Coritanorum* , und hier treffen der Fosse Way und die sogenannte „Via Devana " aufeinander. Die Judenmauer, so benannt nach diesem Viertel, war der Teil der mittelalterlichen Stadt, in dem die jüdische Gemeinde lebte, und markiert die westliche Grenze von *Ratæ* . Es handelt sich um eine Masse aus Mauerwerk mit zahlreichen gewölbten Aussparungen und ist bis heute das wichtigste sichtbare Relikt des alten Roms. Die am weitesten verbreiteten Meinungen gehen davon aus, dass es sich hierbei um einen Teil des römischen Westtors mit Fragmenten eines Janus-Tempels handelt.

ST. NIKOLAUS UND DIE RÖMISCHE MAUER.

Ratæ so sorgfältig und massiv ummauert war, muss es ein bevölkerungsreicher und wohlhabender Ort gewesen sein, was auch an den vielen feinen Mosaikpflastersteinen deutlich wird, die zu verschiedenen Zeiten entdeckt wurden . Ein Beispiel finden Sie hier auf der Originalseite. Sie nennen es auf einer Anschlagtafel „das schönste Mosaikpflaster der Welt" und berechnen Ihnen 2 *Tage*. um es zu sehen, aber das ist eine *einseitige* Aussage, und es gibt etwas weiter weg ein Besseres als das Beste, für das die entsprechend höhere Gebühr von 3 d *erhoben wird* . wird gemacht. Wo das Allerbeste zu sehen ist und zu welchem Preis, wagt dieser Chronist nicht zu sagen. Das Two-Penny- Pflaster ist eine private Ausstellung, und das herausragende Beispiel gehört dem Unternehmen oder gehörte ihm. Dazu gehört eine merkwürdige moderne Geschichte. Es wurde 1832 beim Ausheben von Fundamenten für ein Haus entdeckt und bildete viele Jahre lang den Boden eines Kellers. Im Jahr 1890 wurde das Haus von der Corporation gekauft, und 1896 kam die Great Central Railway nach

Leicester, auf ihrer Verlängerung nach London, mit ihrem Damm und ihren Bögen, und viele Dinge wurden abgeschafft, unter anderem eine Quäker-Grabstätte. Die Quäker liegen daher heutzutage sehr viel tiefer, als diejenigen, die sie dorthin gebracht haben, jemals gedacht hätten; und gleichzeitig wurde das Haus mit dem römischen Pflaster eingeebnet. Das Verschieben des Pflasters hätte eine Beschädigung bedeutet, und am Ende wurden Vorkehrungen getroffen, dass die Eisenbahngesellschaft einen besonderen Raum baute, der mit glasierten weißen Ziegeln ausgekleidet war; und dort in dieser Art von Schrein ruht es, während die Züge darüber rollen.

Aber um zur Judenmauer zurückzukehren, ist es schwierig, die normannische St.-Nikolaus-Kirche zu erreichen. Es ist schmutzig vom modernen Dreck, aber angesichts seines Alters von rund 2.000 Jahren ehrwürdig und von enormer Stärke, so dass man beim Anblick der neuen, dünnen Ziegelpfeiler, die es „tragen", und die selbst bereits heruntergekommen sind, nur lächeln muss.

DER RÖMISCHE MEILENSTEIN

Aber das interessanteste aller Relikte des römischen Großbritanniens in Leicester wird im Museum aufbewahrt. Dies ist der Meilenstein, der bereits 1771 auf dem Fosse Way in der Nähe von Thurmastone , zwei Meilen von der Stadt entfernt, entdeckt wurde. an seinem ursprünglichen Standort, wie die Inschrift darauf beweist. Es handelt sich um einen zylindrischen Sandsteinblock, in den grob eine lange, äußerst charakteristische Aussage in erschreckend verkürzter und unpassender Form eingraviert ist, die übersetzt lautet: „Während der Kaiserzeit des Göttlichen, Augustus, Größter und Edler Cäsar, Hadrian . " , Sohn des göttlichen Augustus, des größten und edlen Trajan, Eroberer von Parthien, im vierten Jahr seiner Tribunalmacht: dreimaliger Konsul. Nach Ratæ , zwei Meilen."

DER RÖMISCHE MEILENSTEIN.

Ich kann mein Erstaunen nicht zurückhalten, weder über die Wunder der komprimierten Informationen, die in dieser Inschrift zum Ausdruck kommen, die Pitmans oder jedes andere Kurzschriftsystem in den Schatten stellt; oder an der teuflischen Klugheit desjenigen, der das Problem, das es gestellt haben muss, zuerst gelöst hat. Es muss selbst viele römische Reisende verwirrt haben und sieht heute sehr nach einem „Bill / Stumps his mark"-Denkmal aus. Die Römer verstanden offensichtlich nicht die erste Funktion eines Meilensteins: klare und prägnante Informationen zu präsentieren. Ein moderner Meilenstein, der in ähnlicher Weise hergestellt wurde und die Inschrift trägt: „Während der Herrschaft Seiner Allergnädigsten Majestät Eduard der Siebte, Sohn Ihrer Allergnädigsten Majestät, Königin Victoria, Erobererin der Burenrepubliken, im siebten Jahr seiner Herrschaft, Kaiser von Indien. Nach Leicester, Two Miles" – würde, so kann man vermuten, Gegenstand negativer Kritik sein.

Es ist nicht gerade erstaunlich, dass dieses Relikt einer früheren Zivilisation den rauen Gebrauch, der seiner Entdeckung folgte, überstanden hat. Es wurde in einen nahegelegenen Garten gebracht und hätte in eine Gartenwalze umgewandelt werden können, wenn Dr. Percy nicht rechtzeitig eingegriffen hätte. Wenig später entging es nur knapp einem schlimmeren Schicksal, denn es wurde von einem der Straßenkommissare beansprucht, der es wegen Straßenmetall auflösen lassen hätte, wenn nicht das öffentliche

Interesse geweckt worden wäre; mit dem seltsamen Ergebnis, dass diese uralte Reliquie auf einem Sockel mitten in der Stadt platziert wurde, gekrönt von einem kegelförmigen Stein und ausgerechnet von einem Laternenpfahl gekrönt wurde! So blieb es bis 1844, als es, nachdem es durch Witterungseinflüsse und mutwilliges Unheil beinahe zerstört worden war, in sein heutiges Zuhause verlegt wurde.

ZERSTÖRUNG VON RATÆ

Ratæ litt unter Feuer und Schwert, als der Schutz der Römer zurückgezogen wurde, und lag viele Jahre lang als verkohlter Scheiterhaufen seiner Bewohner da. Die Sachsen ließen sich nach ihrer Sitte außerhalb des zerstörten Ortes nieder, sowohl aus hygienischen als auch aus abergläubischen Gründen. Sie nannten ihre Siedlung Leirceastre , nach dem ursprünglichen britischen Namen Caer Leir, und so verschwand der Name *Ratæ , außer in historischen Aufzeichnungen;* das „Leicester" unserer Zeit werden; das „Less- ess -tare" der französischen Besucher, die die Schreibweise des Namens nicht mit der Aussprache von „Lester" in Einklang bringen können.

Die Behauptung, Leicester sei die Heimat von König Lear gewesen, beruht lediglich auf der phonetischen Ähnlichkeit seines Namens mit dem der britischen Stadt.

Der Ort erlebte eine neue Ära voller Unruhen, als die Angelsachsen ihrerseits verfielen und eine männlichere Rasse in das Land eindrang. Dann fiel Leicester den Dänen zum Opfer, deren Siedlungen bis heute an der charakteristischen Endung der Ortsnamen von Leicestershire in der Silbe „by" zu erkennen sind, die für Orte dänischen Ursprungs typisch ist: Oadby, Rearsby, Dalby, Sileby und viele mehr Andere.

Die alten Kirchen von Leicester sind ziemlich zahlreich und sehr interessant. St. Nikolaus wurde in sächsischer und früher normannischer Zeit hauptsächlich aus den Materialien der römischen Mauer erbaut, an deren Überresten sie steht. Hier ist Leicester in seiner neuesten Entwicklung zu sehen, da das Viertel seit der Einführung der Great Central Railway zerstückelt und größtenteils wieder aufgebaut wurde. Bis zu diesem Ereignis existierte eine seltsame Straße an der Seite von St. Nicholas, bekannt als „Holy Bones", aber auf den großen Lichtungen verschwand „Holy Bones", und nur dürre Überreste von Häusern und Fabriken markieren den Standort. Der Name geht auf einen großen Knochenfund zurück, bei dem es sich angeblich um Reliquien von Opfern im Janus-Tempel handelt. Ihre Heiligkeit wurde in Frage gestellt, da man sie für Ochsenknochen hielt.

St. Mary de Castro, deren Turm eines der markantesten Wahrzeichen der Stadt ist, ist zweifellos die schönste Kirche, aber außergewöhnlich dunkel. Es ist normannisch, frühenglisch und dekoriert und hat zwei Schiffe. Aber ein architektonischer Bericht über St. Mary's würde viele Seiten in Anspruch nehmen. Ich denke gerne daran, wie hier, in genau diesem Gebäude, Heinrich der Sechste, damals erst fünf Jahre alt, aber bereits vier Jahre König, die Mitternachtswache abhielt, die Teil der Bewährungszeit eines neuen Ritters war. Mit ihm wurden vierzig weitere in den Ritterstand aufgenommen. Wie viele von ihnen überlebten die blutigen Rosenkriege, die nach Jahren um die Person dieses unglücklichen Königs tobten?

ST. MARGARET'S.

St. Margaret's, unten im tief gelegenen, feuchten Church Gate, ist in ihrer heutigen Form nicht die älteste Kirche, da sie in der Perpendicular-Periode wieder aufgebaut wurde, aber sie ist der Nachfolger und Vertreter der Mutterkirche der Stadt , erbaut um 600 N. CHR ., als Leicester Sitz eines sächsischen Bischofs war. Es liegt nicht weit von der Leicester Abbey entfernt, und die Straße „ Sanvey Gate" an der Ecke leitet ihren Namen tatsächlich von „Sancta Via" ab, dem Weg, auf dem die Prozessionen der mittelalterlichen Religionen kamen und gingen. Der große imposante Turm, der aus den Einnahmen einer „Smoke Farthing"-Steuer erbaut wurde, die auf die häuslichen Feuerstellen der Gemeinde erhoben wurde, ist jetzt ein sehr verwitterter und zerfallender Baukörper, der aber umso ehrwürdiger aussieht; und wenn die geplante Restaurierung stattgefunden hat, ist zu befürchten, dass ein Großteil ihrer Erhabenheit verschwunden sein wird, bis die umliegenden Fabriken mehr Ruß abgelagert haben. Aber das wird eine ganze Weile dauern, denn Leicester ist kein rußiger Ort.

Als Beispiel für eine gründliche und schonungslose Restaurierung müssen wir uns an St. Martin wenden. Fremde, die das Äußere und die hohe Turmspitze betrachten, stellen sich vor, sie hätten ein neues Bauwerk vor sich, aber es handelt sich hauptsächlich um ein frühenglisches Gebäude und, wie das Innere beweist, um ein sehr schönes, und auf dem Gelände eines römischen Gebäudes errichtet Tempel der Diana. Auf der südlichen Veranda ist ein Epitaph von seltsamem menschlichem Interesse zu sehen :

„Wenn du Sterblicher fragst, wer du bist, denk hier über einen Vorfall nach, der die gesamte Nachkommenschaft Adams sehr betrifft. In der Nähe dieses Ortes liegt die Leiche von John Fenton, der am 17. Mai 1778 gewaltsam fiel, und bleibt ein trauriges Beispiel für die Unfähigkeit der Justiz, einen Mörder zu bestrafen. Um sein vorzeitiges Schicksal zu betrauern, hinterließ er eine Mutter, eine Witwe und zwei Kinder. Diese, aber nur diese, werden schwer verletzt: Die persönliche Sicherheit erlitt eine tödliche Wunde, als die Rache seines Mörders durch die sophistischen Verfeinerer der natürlichen Gerechtigkeit abgewendet wurde."

Der Mann, der Fenton tötete, war ein gewisser François Soulés , ein französischer Offizier, der damals in Leicester in Kriegsgefangenschaft war und zu dieser Zeit Gast in Fentons Haus war. Die Affäre ereignete sich im Streit um eine Billardpartie. Soulés wurde zum Tode verurteilt, das Urteil wurde jedoch revidiert und er wurde schließlich freigesprochen.

Allerheiligen ist vor allem wegen der merkwürdigen Uhr über der Südvorhalle interessant, die ursprünglich um 1610 aufgestellt, 1875 entfernt und 1900 restauriert und ersetzt wurde. Daher ist nicht jede Wiederherstellung zu verwerfen. Darauf ist die Zeit, *edax rerum* , mit seiner Sense dargestellt, und darüber sind in zwei kleinen Tabernakeln ein paar Miniatur-Jacks-smite-the-Clock im Kostüm der Zeit Jakobs des Ersten zu sehen, die auf die Quartiere schlagen.

TRINITY KRANKENHAUS

Die Collegiate Church of St. Mary in Newarke , die 1331 von Henry, Earl of Lancaster, in Verbindung mit seinem prächtigen Hospital of the Blessed and Undivided Trinity gegründet wurde, ist vollständig verschwunden, und mit ihr, allen Berichten zufolge, die großartigste Architektur Werk, das Leicester jemals besaß. „Knights and Squires lobten es als das Schönste, was sie je gesehen hatten." Ich mag diese alte Formulierung: Mit „ am Schönsten " muss hier sicherlich etwas überaus Gerechtes gestanden haben. Aber die alten Ritter und Knappen hatten vermutlich nicht alles gesehen, und ihre

Aussage ist nicht schlüssig. Jeder , der alte Berichte über schöne Kirchen gelesen hat, weiß, dass jede einzelne die schönste war, und berücksichtigt dies entsprechend.

Aber es *war* sehr gut. Die Reformation war in vielerlei Hinsicht erfolgreich, nicht jedoch bei der Zerstörung der Marienkirche, deren einzige Fragmente heute in einem Keller zu sehen sind.

Henry, Earl of Lancaster, Vorfahr Heinrichs des Vierten, gründete auf dem vier Hektar großen Grundstück neben der Burg eine Kirche und ein Krankenhaus. Er umgab sie mit einer Mauer und einem verteidigungsfähigen Tor – dem „Magazine Gateway", wie es heute genannt wird. Unter Krankenhaus verstehen wir natürlich Armenhaus. Seltsamerweise war es für fünfzig gebrechliche alte Männer und fünf Frauen als Krankenschwestern konzipiert. Das 1776 „restaurierte" Krankenhaus wurde 1902 erneut restauriert und größtenteils wieder aufgebaut; die Arbeit hervorragend gelungen. Im Saal sind interessante Relikte aus der Antike erhalten. Dort steht der sogenannte „Duke of Lancaster's Porridge-Pot", ein schöner glockenförmiger Metallkessel mit einem Fassungsvermögen von 61 Gallonen, aus dem den Hospitalitern geholfen wurde. Was für eine Kapazität für Brei! Andere, die ihm mehr oder weniger ähneln, findet man in England, insbesondere den Nonnenkessel in der Laycock Abbey in Wiltshire.

TRINITY HOSPITAL Breitopf.

In der Halle ist auch „Queen Elizabeth's Pocket Piece" zu sehen, eine Salzdose oder Muskatnussreibe aus dem Jahr 1579 mit der Aufschrift „Dies gehört dem Olde Ospitall "; und mit den moralischen Maximen: „Denke 235 ° wel ° und ° sage ° wel ° bvtrather ° tu ° wel "; und „Fliehe ° der Faulheit ° und ° sei ° wohl ° beschäftigt."

In der Kapelle befindet sich das fein gekleidete Bildnis von Mary de Bohun , der Mutter Heinrichs des Fünften. Sieben Morions und eine Reihe von Brustpanzern mit einer Gruppe Hellebarden an den Wänden gehörten einst der Stadtwache und sind Relikte der Art und Weise, wie Leicester in den glorreichen Tagen der guten Königin Bess überwacht wurde.

ST. MARIA.

Die Newarke verändert sich, wie alles andere auch. Ein Zeichen der Zeit ist die neue Technische Schule auf dem Gelände von St. Mary's. Aber das ist ein beeindruckender Anblick, wenn Sie durch das Chantry House von Wyggeston eintreten und hinter einem der alten Burgbögen den Turm von St. Mary de Castro sehen. Das Schloss ist nur noch eine Erinnerung, und wo der Bergfried stand, ist zu dieser Zeit eine Bowlingbahn; aber die Große Halle bleibt erhalten, in der sich die Parlamente 1414, 1426 und 1450 trafen; In jenen Tagen, als die Legislative eine mehr oder weniger umherwandernde

Körperschaft war, die dem König wie ein Hund folgte. Heutzutage mit Ziegelsteinen verkleidet, würde niemand das Alter der Großen Halle vermuten, die heute als Schwurgericht genutzt wird.

Das natürliche Gegenstück zum Schwurgericht ist natürlich das Gefängnis ; aber das ist vom Ort des Gerichts um die Länge einer langen Straße entfernt. Darin wird der Leicester-Galgen aufbewahrt, der zuletzt im Jahr 1832 verwendet wurde, als ein gewisser Cook, ein Buchbinder, der in einem Hof an der Wellington Street Geschäfte tätigte, wegen eines besonders abscheulichen Mordes gehängt wurde. Ein Mr. Paas aus London, ein Hersteller von Messingornamenten für die Buchbinderei, war es gewohnt, ihn aufzusuchen, und Cook hatte in Erwartung seines Besuchs offensichtlich vorgehabt, ihn wegen des Goldes, das er bei sich trug, zu ermorden. Der unglückliche Mann übernachtete im Gasthaus „Hirsch und Fasan" und machte am letzten Tag seinen Besuch bei Cook, da er sagte, er werde bald zurückkehren. Er wurde nie wieder lebend gesehen. Cook hat ihn offenbar mit dem eisernen Griff seiner Presse getötet, anschließend seinen Körper in Stücke gehackt und auf einem riesigen Feuer verbrannt. Seine Geschichte von einem Streit und der versehentlichen Tötung von Herrn Paas drehte sich angesichts der Vorbereitungen, die er getroffen hatte – das Einlegen einer ungewöhnlichen Menge Kohle, das Nachschleifen eines Beils und das Geben seines Laufburschen – um Urlaub. nicht geglaubt; und schließlich bekannte er sich schuldig und gab sich als reuiger Sünder aus. Nachdem er ordnungsgemäß gehängt worden war, wurde sein Leichnam in der Saffron Lane am Rande der Stadt aufgebahrt. Das Spektakel scheint beliebt gewesen zu sein, wie aus der folgenden Aussage hervorgeht:

Der Galgen

„ LEICESTER , *August.* 12. – Unsere Stadt ist heute wie ein Jahrmarkt, mit den Menschen, die gekommen sind, um Cook zu sehen, in Ketten hängend. Er wurde gestern Nachmittag um vier Uhr aufgestellt, als alle Marktleute zu Tausenden zusammenströmten, um den Anblick zu sehen, und ging die ganze Nacht weiter. Heute kommen sie aus den umliegenden Dörfern; einige sind bis zu vierzehn Meilen weit gelaufen. Gestern Abend gab es dort Lebkuchen- und andere Stände, aber der Bürgermeister hat dem ein Ende gesetzt. Es ist nicht weit von unserem neuen Bezirksgefängnis entfernt , an das Sie sich vielleicht erinnern. Sein Bruder sagt, sein Körper soll nicht lange hängen bleiben, aber es wäre nicht einfach, ihn zu entfernen. Er hängt etwa 10 Meter über dem Boden und trägt die gleiche Kleidung wie damals, als er gehängt wurde. Wir hören, dass seine Eingeweide herausgenommen wurden, um das Experiment der Verbrennung durchzuführen. Derzeit wird berichtet, dass sein Vater heute an gebrochenem Herzen gestorben ist. Ich denke, das ist sehr wahrscheinlich, da er letzte Woche sehr krank war. Die Ranters haben heute Morgen vor dem Frühstück unter dem Galgen gepredigt und werden es auch heute Abend wieder tun. Man geht davon aus, dass 40.000 Menschen anwesend waren, um ihn hängen zu sehen, aber es werden noch viel mehr sein, die ihn jetzt hängen sehen, wenn sie weiterhin so kommen wie heute."

Es kam zu Unruhen und die Leiche wurde schnell entfernt. Zwei Jahre später wurde der Brauch des Galgens oder des Kettenhängens per Gesetz abgeschafft, hauptsächlich wegen der schändlichen Szenen, die sich hier abspielten.

XXII

RICHARD III. „Wie jeder Schuljunge weiß", marschierte er von Leicester aus, um bei Bosworth eine Niederlage und einen Tod zu erleiden, aber er marschierte nicht aus dem Schloss, obwohl es schon damals baufällig war. Er schlief – oder, wie Shakespeare es ausdrücken würde, sein schlechtes Gewissen weigerte sich, ihn schlafen zu lassen – in der Nacht vor der Schlacht im Gasthaus „Blue Boar".

Zwei Tage später wurde sein Körper, der schändlich über den Rücken eines Pferdes geworfen wurde, zurückgebracht und in der Halle der Fronleichnamsgilde öffentlich ausgestellt und dann ohne jede Zeremonie in der Greyfriars-Kirche beigesetzt. Dort blieb es fünfzig Jahre lang, bis die Zerstörung der Ordenshäuser dazu führte, dass die Überreste aller dort liegenden Menschen weggeworfen wurden. Die Bow Bridge, die in der Nähe den Fluss Soar überquert, wurde 1862 durch die heutige Eisenbrücke ersetzt, und auf ihr ist die Inschrift zu sehen: „In der Nähe dieser Stelle liegen die Überreste von Richard III., dem letzten der Plantagenets."

Die Corporation of Leicester blickt auf eine alte und ehrenvolle Geschichte zurück und hat in den vielen Jahrhunderten ihres Bestehens eine Reihe von Menschen mit sozialem Engagement hervorgebracht. „Viele Jahrhunderte" existierte die Corporation wahrhaftig, denn die Zeit ist nicht bekannt, da Leicester Leicester hieß, als es noch keine Corporation gab . Allerdings gab es bis 1251 keinen so genannten Bürgermeister.

DAS ALTE RATHAUS

Das Rathaus, das von 1563 bis 1876, als das große moderne Gebäude fertiggestellt wurde, diesem Zweck diente, steht immer noch in der Nähe der St.-Martins-Kirche, mit der es tatsächlich eng verbunden war, da es ursprünglich die Heimat einer religiösen Bruderschaft war – der Fronleichnamsgilde. Der Bürgermeistersalon , der zur Zeit Karls des Ersten erbaut wurde und mit Mooreiche getäfelt ist , ist erhalten geblieben, ebenso wie der öffentliche Saal mit seinem Holzdach, das wie ein umgekehrtes Boot aussieht. Das Gebäude war bis ins kleinste Detail in sich geschlossen, denn neben dem Salon , in dem der verehrte Bürgermeister seine Ruhe fand, war und ist die Zelle, in der kleine Übeltäter ihre Ruhe fanden, bis sich die Gerechtigkeit, wie sie damals verstanden wurde, mit ihnen befasste. Über das alte Rathaus ließe sich ein sehr ausführlicher und vollständiger Bericht schreiben, denn die Aufzeichnungen darüber sind vollständig und präzise, es fehlt ihnen jedoch die Bestätigung der Überlieferung, dass Shakespeare selbst hier mit Richard Burbages Schauspieltruppe auftrat. Bürgermeister,

Ratsherren und Stadträte waren nicht abgeneigt, sich zu vergnügen, und wir haben Berichte über die Machenschaften , die hier stattfanden, um die Niederlage der Armada zu feiern, als die Stadtwarte auf die Galerie geführt wurden und auf Pfeife und Tabor diskutierten. und die Stadt tobte vor Freude, fiel sich gegenseitig um den Hals und weinte, wodurch es scheint, dass die Herrlichkeiten der Mafeking-Nacht im 20. Jahrhundert ihr Gegenstück im 16. Jahrhundert hatten. Und das ist auch gut so; denn wenn wir aufhören, uns über den Sieg zu freuen , werden wir in der Tat ein erbärmliches Volk sein. Was die Pro-Spanier darüber dachten, ist nicht überliefert.

Die angrenzende Altstadtbibliothek im ehemaligen Chantry-Haus der Fronleichnamszunft wurde 1632 hauptsächlich aus Büchern gegründet, die bis dahin der St.-Martins-Kirche gehörten, und ist nach wie vor praktisch ein Museum für antike Andachtshandschriften und Frühwerke gedruckte Werke.

IM INNENHOF DAS ALTE RATHAUS.

Das moderne Rathaus, ein herausragendes Merkmal der Architektur, die in den 1970er-Jahren so außerordentlich in Mode kam und 1876 fertiggestellt wurde, ist natürlich im „Queen Anne"-Stil gehalten und größtenteils aus rotem Backstein. Das kommunale Geschäft von Leicester ist so stark gewachsen, dass es bereits viel zu klein ist; Aber es ist eines der geschmackvollsten Gebäude dieser Art im Land und wurde eher mit Blick auf die Exzellenz der Details als auf die extravagante Exzentrizität entworfen, die später vorherrschte. Das Design des Crown Court ist in seiner zurückhaltenden Art besonders schön, und selbst in den Details der fein ausgearbeiteten dekorativen Eisengeländer der Gärten am Town Hall Square ist diese seltene künstlerische Qualität zu erkennen.

RADIKALES LEICESTER

Aus all dem lässt sich schließen, dass Leicester ein großer und geschäftiger Ort ist. Mittlerweile hat die Stadt 215.000 Einwohner, die sich hauptsächlich mit der Herstellung von Stiefeln, Schuhen und Strumpfwaren beschäftigen. Mit einem wohlverdienten Ruf als Radical – Leicester war schon immer Radical, noch bevor es Stiefel herstellte – ist das Unternehmen nun Eigentümer der Wasser-, Gas-, Strom- und Straßenbahnunternehmen und lässt sie alle einen Gewinn auszahlen, um die Tarife zu senken. Tatsächlich handeln sie geschäftlich. In den öffentlichen Bibliotheken anderer Städte, in denen von den Wettnachrichten in den Zeitungen abgeraten wird, werden sie einfach geschwärzt, aber hier werden sie ordentlich mit lokalen Anzeigen überklebt, und daraus erzielt die Bibliothek ein bescheidenes Einkommen zwischen 20 und 20 Pfund 30.

Dies unterscheidet sich in jeder Hinsicht stark von dem, was John Evelyn 1654 als „die alte und heruntergekommene Stadt Leicester" bezeichnete. Zu seiner Zeit war es „groß und angenehm gelegen, aber verabscheuungswürdig gebaut, die Schornsteine sind wie so viele Schmiedeschmieden." Doch erst im letzten Jahrzehnt hat sich Leicester plötzlich neu aufgebaut. Es war enorm gewachsen, aber die alten Hauptstraßen waren bis dahin offensichtlich alt. Jetzt sind es im Großen und Ganzen Straßen des 20. Jahrhunderts – in Form gigantischer und reich verzierter Fassaden mit Schaufensterläden –, wie der Ausdruck andeutet.

wunderbare Veränderung herbeigeführt . Geschichte – eine schöne, bewegende Geschichte – hat die Stadt, aber Städte können nicht von der Erinnerung an vergangene Zeiten leben. Die ersten kleinen Anfänge des modernen Leicester müssen bis ins Jahr 1680 zurückverfolgt werden, als ein Alsop begann – nicht mit dem Brauen, sondern im kleinen Rahmen mit der Strumpfweberei. Er gedieh, und sein Erfolg zog andere an, und so wurde die „zerlumpte alte Stadt ", die Evelyn sah, erstmals auf den Weg zu moderner

Größe gebracht. Aber ich sehe nirgendwo eine Statue dieses ursprünglichen Stockingers. Ein Jahrhundert später war der Schlauchhandel der Stadt und des Landkreises der größte der Welt. Die Gesamtbevölkerung von Leicester betrug damals nur 14.000, davon waren 6.000 Strumpfweber.

„JEMIMAS"

In jüngster Zeit war Leicester für seine billigen Baumwollschläuche und „Seitenfedern" bekannt. Alle „ Jemimas " des Königreichs kamen aus Leicester, und die Prototypen von Arthur Sketchleys fleischiger „Mrs. Brown at the Seaside" und an einem halben Hundert anderer Orte, und die dicken alten Frauen, die in den Comic-Drucken von 1860–1870 abgebildet sind und deren Beine in weißen Baumwollstrümpfen stecken, die über ihren „Side-Spring"-Stiefeln hervorstehen, waren komplett möbliert, was die Bedeckung von Beinen und Füßen betrifft, von hier aus. „ Jemimas " – also „Seitenfeder"-Stiefel – werden nicht mehr getragen, elastische Gurte für andere Zwecke sind jedoch weiterhin ein Grundnahrungsmittel.

Leicester wurde 1859 zu einer Stadt für die Herstellung von Stiefeln und Schuhen. Der Handel begann klein, beschäftigt heute aber fast 40.000 Menschen. Stiefel und Schuhe für Damen und Kinder sowie Leinenschuhe werden speziell angefertigt. Auch schicke Strumpfwaren sind ein wichtiges Gewerbe, und als Trikots um 1879 in Mode waren, lief es in Leicester sehr gut. Die Bluse ist wahrscheinlich zum Bleiben gekommen, und Leicester freut sich über die Aussicht, denn es gibt geschäftige Fabriken, die sich mit der Herstellung dieser Blusen befassen. Darüber hinaus und in einer Vielzahl kleinerer Industriezweige werden hier fast ausschließlich die robusten Gobelinstoffe hergestellt, die für Polstermöbel und insbesondere für die Kissen von Eisenbahnwaggons verwendet werden.

Und schließlich kam Thomas Cook 1841 in Leicester erstmals auf die Idee, Eisenbahnausflüge zu unternehmen. und von Leicester nach Loughborough, eine Entfernung von 10¾ Meilen, machten sich der erste Ausflugszug und die ersten Cook's-Touristen am 15. Juli 1841 auf den Weg. Die doppelte Fahrt kostete einen Schilling und 670 Ausflügler nahmen Fahrkarten.

KARDINAL WOLSEY

Der Standort der großen Abtei von Leicester, der Ort, an dem Kardinal Wolsey 1530 auf dem Weg von York nach London starb, wo er zweifellos hingerichtet worden wäre, wenn er die Reise überlebt hätte, liegt am Fluss Soar – dem eigenen Bruder der Saar im Elsass und der Suir in Irland – der die West- und Nordwestseite der Stadt umgibt und sie schon immer Überschwemmungen ausgesetzt war.

Auf dem Gelände der Abtei von Leicester gelangt man über viele Strumpffabriken, aus denen der warme, ölige Geruch von Wolle und

Kammgarn und das Klicken-Klack-Klack der Maschinen aufsteigt. und von dort nach Frog Island. Die Abtei St. Mary de Pratis , *also* „St. Maria von den Wiesen" stand, wie der Name schon sagt, an den Wasserwiesen dieses trägen Flusses. Das Gelände ist nur noch von der alten Mauer umgeben, und selbst das erste weltliche Herrenhaus, das dort errichtet wurde, ist eine Ruine ohne Dach.

Wolsey war verhaftet und von Krankheit und Unglück erschöpft, als er hierher kam. Mit den Worten Shakespeares:

Endlich kam er auf einfachen Wegen nach Leicester ,

Untergebracht in der Abtei; wo der ehrwürdige Abt,

Sein ganzes Kloster empfing ihn ehrenhaft ;

Wem er diese Worte gab : „ O Vater Abt,

Ein alter Mann, gebrochen von den Stürmen des Staates,

Er ist gekommen, um seine müden Gebeine unter euch niederzulegen;

Gib ihm ein wenig Erde für wohltätige Zwecke."

Er starb am dritten Tag seiner Ankunft, im sechzigsten Lebensjahr. Als er am zweiten Tag seinen Verwalter, den Lieutenant of the Tower, im Raum beobachtete, sagte er: „Meister Kyngston , ich bete, dass Sie mich Seiner Majestät empfehlen. Hätte ich Gott nur so gedient, wie ich ihm gedient habe, hätte er mich nicht mit meinen grauen Haaren preisgegeben. Aber das ist meine gerechte Belohnung für meine Mühe und mein Studium, nicht im Hinblick auf meinen Dienst für Gott, sondern nur auf meine Pflicht gegenüber meinem Fürsten."

Und so starb der stolze Kardinal, vor dem sich zuvor alle im Land außer seinem Herrscher erniedrigt hatten. Sie begruben ihn in der Marienkapelle, doch nach weiteren sieben Jahren wurde die Abtei selbst aufgelöst, ihre Ländereien beschlagnahmt und die Gebäude selbst zerstört; und niemand weiß, was aus Wolseys Körper geworden ist. Wie das von Richard dem Dritten war es im Dunkeln mit anderen verstreut, und daher haben diese beiden großen historischen Persönlichkeiten keine bekannte Ruhestätte und kein Denkmal. Das Gelände wurde einem Mr. Cavendish zur Verfügung gestellt, und weitere dreißig Jahre später wurde darauf das Herrenhaus errichtet, dessen Ruinen heute zu sehen sind.

Auf diese Weise verlief die alte ursprüngliche Straße von Leicester nach Norden anstelle der bestehenden Straße durch Belgrave. Die Veränderung, wie auch die südliche Zufahrt zur Stadt, war auf die Furcht zurückzuführen, mit der Wanderer zu Beginn des 17. Jahrhunderts den von der Pest heimgesuchten Ort betrachteten. Sie suchten die Seitenwege und unbefahrenen Wege außerhalb der Mauern auf und achteten darauf, nicht in die Stadt selbst einzudringen. Der Verkehr war schon immer konservativ, und als alle Angst vor einer Ansteckung endlich verflogen war, wurden die so gestrichenen neuen Strecken beibehalten.

XXIII

FÜHRT steil nach oben aus der brodelnden Senke, nach der die geschäftige Bevölkerung von Leicester strebt, und erreicht in anderthalb Meilen Entfernung die hundertste Meile von London entfernt. Es ist ruhig und einsam, das Dorf Wanlip liegt in der Nähe und lässt seine Existenz nicht erkennen. Aber die Nachbarschaft von Rothley – *dh* Roth-ley, das rote Feld – auf der linken Seite ist derzeit von der ekelhaften Zerstörung der Schrebergärten zu sehen. So erstrebenswert wirtschaftlich und sozial sie auch sein mögen, Schrebergärten haben immer eine schäbige Note. Rothley wird immer größer und immer hässlicher, mit billigen, schäbigen Gebäuden und einer hart arbeitenden Bevölkerung aus Viehhaltern und Steinbrucharbeitern; und der Marsch der kleinen Hütten der Vorstädte der Provinz schreitet voran zum Rothley Temple, diesem historischen Haus in seinem wunderschönen Park mit stattlichen Bäumen, in dem Thomas Babington Macaulay am 25. Oktober 1800 „in einem vom Boden bis zur Decke getäfelten Raum wie jedes andere" geboren wurde Ecke des alten Herrenhauses, mit Eiche, die vom Alter fast schwarz ist." Zur Zeit von Königin Elizabeth war es die Heimat von Anthony Babington, der 1586 wegen einer wilden und törichten Verschwörung zur Ermordung der Königin und zur Freilassung der Königin von Schottland hingerichtet wurde: eine Verschwörung, die nicht nur scheiterte, sondern auch ihr Schicksal besiegelte der schottischen Königin.

Der Name „Tempel" weist darauf hin, dass sich hier früher ein Präzeptorium der Tempelritter befand. Neben dem Haus befindet sich noch immer eine Kapelle mit einigen Überresten der Templerkirche und einem Bildnis eines unbekannten Kreuzfahrers.

MACAULAY

Als der Historiker 1857 als Baron Macaulay in den Adelsstand erhoben wurde, fügte er sentimental „von Rothley" hinzu, obwohl er hier natürlich kein Eigentum besaß. 1859 war er tot. Der Ort ist somit doppelt mit dem Mann verbunden, der die Geschichte zu einem Liebesroman machte, neben dessen fesselnden Seiten die Romane der Zeit, als seine Geschichte Englands neu war, langweilig und abgestanden waren. Heutige destruktive Kritiker sind mit seinem Stil in Konflikt geraten und haben das, was sie „ Macaulayesisch " nennen, auf eine Formel reduziert, in der die Verwendung von Antithesen eine herausragende und mechanische Rolle spielt. Macaulays Stil bleibt jedoch das brillanteste Beispiel der oratorisch -narrativen Methode und dürfte unter der Hand des Unverständnisses kaum zu leiden haben.

Dennoch gibt es im Epitaph über seinem Grab in der Westminster Abbey eine extravagante Notiz: „Sein Körper ist in Frieden begraben, aber sein

Name lebt für immer." Eine solche Sprache wäre fast extravagant, wenn man sie auf Shakespeare selbst anwenden würde, und passt nur für einen Nelson oder einen Wellington.

Der Fluss Soar, der mehreren Nachbardörfern seinen Namen gab , ist für den Namen Mountsorrel verantwortlich, ein schöner Name; aber der Bezirk ist voll von den beeindruckendsten Ortsnamen. Was für ein schöner Schluck ist „Ratcliffe-on-the- Wreake ". Es muss eine Genugtuung sein, die Korrespondenz von einem solchen Ort aus zu datieren. Auch „ Thrumpton ": Ist das nicht in Ordnung? Walton-on-the-Wolds hat seine Vorzüge, während Groby einen Hauch von Vornehmheit ausstrahlt , der bereits vor Jahrhunderten erkannt wurde , als Lord Grey „Lord Grey von Groby " war. Aber „Barrow-on-Soar" ist nicht schön.

Der große Felsen von Mountsorrel, eine kühne, schroffe Anhöhe aus Syenit oder außergewöhnlich hartem Granit, der größtenteils für Mühlsteine und Straßenmetall abgebaut wird, gibt dem Dorf, das sich unter dem Felsen schmiegt, seinen Namen. Eine Burg war einst auf ihrem Wappen verpönt, gehört aber schon lange der Vergangenheit an. Selbst zu Camdens Zeiten war es nur ein Haufen Müll. In längst vergangenen Zeiten war es eine Festung der Earls of Leicester und später von Saher de Quincy, Earl of Winchester. Ihre Geschichte ist unbekannt, aber es scheint, dass die Stadt schon früh von den würdigen Adligen aufgegeben und von Banden von Gesetzlosen besetzt wurde, die von den Wanderern Zoll erhoben , und verhielt sich so unverschämt, dass schließlich das Land aufgerüttelt wurde. „Im Jahr 1217", so Camden, „rissen die Bewohner dieser Gegend es dem Erdboden gleich, als Nest des Teufels und als Höhle der Diebe und Räuber."

MOUNTSORRELL

Eine alte Legende erzählt, wie der Teufel auf seinem Weg nach Leicester die Reise in drei Sprüngen zurücklegte. In Mountsorrel bestieg er sein Sauerampferpferd und machte einen Sprung nach Wanlip : keine ganz unbedeutende Leistung, denn die Entfernung beträgt drei Meilen. Von dort sprang er eine Meile weiter nach Birstall, wo Pferd und Reiter beide von der Wucht ihres Abstiegs erschüttert wurden; aber mit seiner verbliebenen Kraft sprang er noch eine Meile nach Belgrave, wo er, eine Meile vor Leicester, begraben wurde: und so erhielt Belgrave seinen Namen. Jetzt wissen wir es also.

Lassen Sie niemanden, der vom Namen Mountsorrel bezaubert ist, mit der hohen Erwartung an den Ort kommen, etwas Malerisches vorzufinden, das mit ihm mithalten kann. Die romantische Landschaft aus schroffen Felsen, die auf das angenehme Tal des Soar hinabblickt, ist seit 1845 Schauplatz von Steinbrucharbeiten, und auf allen Seiten säumen schreckliche, rohe Narben den Berg; und darunter, und fast eine Meile entlang der Straße, verläuft ein elendes Städtchen der Art, wie es auf den Ellenbogen und auf den Fersen zu sehen ist, mit Reihen über Reihen ärmlicher Hütten, in denen viele der siebenhundert Steinbrucharbeiter und ihre Familien leben verweilen. Das ist modernes Mountsorrel. Inmitten all dieser späteren Entwicklungen sieht man immer noch Überreste des Mountsorrel aus der Zeit vor einhundert bis dreihundert Jahren, als es ein Dorf war, dessen Existenz ausschließlich von der Straße abhängig war. Noch immer steht der „Schwarze Schwan"; obwohl es jetzt freilich nichts anderes tut, als zu stehen, leer und verlassen zu sein. Dennoch hängen die symbolträchtigen Weintrauben, Relikte eines glücklicheren Tages, an der Fassade aus rotem Backstein aus dem 18. Jahrhundert und erzählen von dem großzügigen Wein, der einst darin ausgeschenkt wurde. Der „Weiße Schwan", selbst ein zeitgenössisches Haus mit seinem schwarzen Bruder, hat mehr Glück und scheint immer noch zu gedeihen.

Mountsorrel ist genau wie oben beschrieben, aber es ist ein bezauberndes Motiv für eine Skizze. Wenn Sie auf dem gepflasterten Fußweg am „Weißen Schwan" stehen, blicken Sie hinüber zum Granitfelsen, auf eine Gruppe alter Häuser und auf das einzigartige, tempelartige Marktkreuz, das das 1793 entfernte gotische Kreuz mit wunderschönem Schaft ersetzt. Sir John Danvers von Swithland , ein benachbarter Gutsbesitzer, später Lord Lanesborough , begehrte das Kreuz für seinen Park und bot an, im Austausch dafür das bestehende Gebäude zu errichten; und die Leute von Mountsorrel waren sich einig, dass die Sache erledigt war.

Quorndon folgt Mountsorrel im Abstand von anderthalb Meilen.
Heutzutage und vor vielen Jahren wurde ihm die Hälfte seines Namens
entzogen und heißt jetzt „Quorn"; Das Siegel dieser Praxis wurde durch den
für den Bahnhof der Great Central Railway übernommenen Stil „Quorn and
Woodhouse" gesetzt. Und so werden Ortsnamen entwertet. Wenn der Name
Quorndon aus dem Altsächsischen übersetzt würde, von dem er abgeleitet
ist, würde man ihn Mill Hill nennen, wobei „Quorn" von „quern" kommt,
im Mittelalter eine Handmühle, ursprünglich aber eine Mühle jeglicher Art .
Das ursprüngliche Quorndon muss daher eine Mühle im angrenzenden
Hochland gewesen sein.

KIRCHE UND HÖHLE, WOODHOUSE-DIMMER.

Woodhouse selbst liegt zurück im Charnwood Forest, an den die Gemeinde
Woodhouse Eaves angrenzt; das „Dachdach" im Namen bezieht sich auf
seine frühere Lage am Rande oder „Dachdach" des Waldes; obwohl es einige
gab, die es von der bemerkenswerten Höhle abgeleitet haben, über deren
Dach die moderne Kirche gebaut ist.

QUORNDON

Das Dorf Quorndon , einst und über viele Jahre hinweg die Heimat der
berühmten Quorn-Jagd, hat diese Auszeichnung seit 1905 verloren. Die alten
Zwinger wurden dann aufgegeben und zwei Meilen entfernt in Barrow-on-
Soar neu gebaut, einem geschäftigen Ort mit Kalkwerken und einer Kirche,
die sich durch eine Reihe exzentrischer Epitaphien über die Cave-Familie
auszeichnet, von denen hier unten eine ist Beispiel:

Hier in diesem Grab liegt eine Höhle,

Wir nennen eine Höhle ein Grab –

Wenn die Höhle ein Grab ist und das Grab eine Höhle,

Dann, Leser! Richter, ich sehne mich,

Ob die Höhle hier im Grab liegt,

Oder das Grab hier in der Höhle?

Wenn das Grab in der Höhle hier Lauge begraben hat,

Dann „Grab, wo ist dein Sieg?"

Geh, Leser, und berichte, hier liegt eine Höhle

Der den Tod besiegt und sein eigenes Grab begräbt.

Man ist gespannt, was für Männer das waren, die so etwas geschrieben haben. Nichts scheint diesen bestattungslustigen Kerlen und Leichenbestattungsfreaks heilig gewesen zu sein, die unter falschen Voraussetzungen eine Einbildung erfanden , sie bis zu ihrem eigenen Tod verfolgten und sie dann in Stücke zerfielen.

DIE VERFOLGUNG UND DIE STRASSE.

[Nach H. Alken .

Um 1750 kaufte Hugo Meynell, der „Vater der Fuchsjagd", Quorn Hall und gründete die Jagdhunde. Er jagte und jagte achtundvierzig Jahre lang in einem riesigen Landstrich von Market Harborough bis Trent – mehr Sie hatten einen Durchmesser von mehr als dreißig Meilen – so dass es in diesem ganzen Jagdgebiet kaum einen Gimpel gab, dessen Schienen nicht mit den Hufen seiner Pferde geschürft worden wären. Er kannte den schlammigen Boden vieler Gräben und war in jedem Bach durchnässt worden, bevor seine Jagdtage zu Ende waren und sein Sohn für kurze zwei Jahre seine Nachfolge als Meister antrat. Meynell begründete die Jagd nicht nur, sondern machte sie zu einer herausragenden Stellung, und Quorn war damals – dank der großzügigen Gastfreundschaft, die er in der Halle spendete, und der vielen Jäger, die hier ihr Quartier bezogen – das, was Melton Mowbray heute ist, der Metropole der Jagd. Das Dorf – oder die kleine Stadt, die es wegen der Fröhlichkeit war – war in der Tat für einige zu lebhaft und zu teuer, und es war dieser zu große Erfolg, der dazu führte, dass Melton an seine Stelle trat: ein alter Sportler, der das damals unbekannte, verschlafene Alte entdeckte Marktstadt und etablierte sich dort für Ruhe und Wirtschaftlichkeit. Jäger, die in den letzten sechzig Jahren oder länger in Leicestershire zu Jagdhunden geritten sind, werden über die Assoziation von Melton mit Billigkeit lächeln. Unser Entdeckersportler von einst hatte jedoch eine großartige Entdeckung gemacht. Er fand heraus, dass Quorndon im Mittelpunkt der Quorn-Jagd steht und man, sofern man nicht besonders energisch ist, fast ausschließlich mit diesem Rudel jagen darf; wohingegen Sie von Melton aus, dieser Stadt, die in den Sümpfen anderer Jagden liegt, vielleicht Ihrer alten Liebe treu bleiben und doch Tag für Tag das Feld erobern, auch mit dem Belvoir und dem Cottesmore. Und so wuchsen Ruhm und Reichtum von Melton.

DIE QUORN-JAGD

Dies ist kein Ort, um über den Ruhm der Quorn-Jagd unter Assheton -Smith oder Osbaldiston – „ dem Knappen", wie ihn jeder gerne nannte – zu berichten; oder die weitere Pracht unter Sir Richard Sutton, der auf die Frage, warum er sieben Tage die Woche jage, antwortete: „Weil ich nicht acht Tage jagen kann." Die Annalen der Jagd sind umfangreich und der Klatsch zahllos und deckt die gesamte Bandbreite der Gefühle ab: Sie steigen zu homerischem Gelächter auf und versinken in den Tiefen der Mystik, wenn einem die älteren Dorfbewohner von der Geschichte erzählen, ältere Menschen, als sie noch jung waren, darüber, wie Dick Burton, der Jäger, starb und auf dem Kirchhof von Quorndon begraben wurde und wie die Hunde am Ende des nächsten Jagdtages einen Fuchs auf seinem Grab töteten.

Das Innere der Quorndon- Kirche ist wunderschön und hervorragend erhalten, insbesondere die Farnham-Kapelle, Eigentum der alten Familie Farnham, die seit vielen Jahrhunderten in Quorndon ansässig ist und immer noch hier ist. Die Kapelle, die nur durch Gnade betreten werden kann , ist mit kunstvollen Denkmälern vergangener Farnhams gefüllt, von denen das bemerkenswerteste das für John Farnham ist, den Gentleman-Rentner von Königin Elizabeth, der 1587 starb. Er liegt als lebensgroßes Bildnis daneben Dorothy, seine Frau, ist in eine Rüstung gekleidet und trägt an seiner Seite eine Axt, die von dem ehrenwerten Korps getragen wurde, dem er angehörte und dessen Aufgabe es war, bei öffentlichen Anlässen als Leibwächter des Souveräns zu dienen. „Rentner" scheint ein irreführender Begriff zu sein, da es sich bei der Mitgliedschaft um eine Ehrenmitgliedschaft handelt, die mit Kosten und nicht mit einer Bezahlung verbunden ist.

VOM DENKMAL BIS JOHN FARNHAM.

John Farnham scheint auch eine Art Kapitän von Freiberuflern gewesen zu sein, der im Auftrag ausländischer Fürsten auf dem Kontinent Krieg führte. Ein Alabaster-Flachrelief an der Wand der Kapelle (wie das Grab selbst kürzlich restauriert) zeigt ihn, wie er seine Männer zur Belagerung einer Burg führt. Ein uriges Epitaph in Versen erzählt uns etwas darüber, wer er war:

John Farnham hier in diesem Grab Eingetreten bleibt , _

dessen Leben sich Gott hingab, die Himmel, die seine Seele enthielt ;

sein wohlverdientes Lob erfahren möchten ,

Fragen Sie vor Gericht, welches Leben er geführt hat und wie er seine Tage verbracht hat.

wo großen Fürsten er wirklich gedient hat, denen er in Gnade stand,

für gute Einbildung und angenehmen Witz, die überall beliebt sind .

Geliebte der edelsten Sorte , sehr beliebt bei den anderen,

seinem Freund ein treuer Freund und Gefährte der Besten,

In Kriegen verbrachte er seine Jugend, für die Jugend die beste Ausgabe des Podiums, und übertrug seinen gerechten Lohn des Lobes vom Feld zum Hof.

Ehre aus einem antiken Haus abstammend führte sein Leben

nur mit einer gesegneten Tochter und einer ehrgeizigen Frau.

doppeltes Leben Vierzig Jahre und ungerade,

Nachdem er sein Leben gut verbracht hat, lebt er nun für immer bei Gott.

XXIV

LOUGHBOROUGH , der unter den Ekklesiologen für Glocken steht, tritt die Nachfolge von Quorndon an . Die 1840 hier gegründete Glockengießerei John Taylor & Sons ist der Geburtsort vieler dieser Instrumente der barbarischen Praxis des Glockenläutens, die bis in ein ansonsten zivilisiertes Zeitalter überdauert hat, und hier wurde 1881 die Monsterglocke gegossen der St. Paul's Cathedral, „Great Paul", dessen heiseres Knurren – wie eine Glocke mit Bronchitis – täglich um ein Uhr in der City of London zu hören ist. Mit einem Gewicht von 17½ Tonnen ist sie die größte Glocke Englands und eine der nutzlosesten, da sie praktisch kaum etwas anderes als die Mittagsglocke des Stadtmenschen ist . Der „Große Paul" wurde auf der Straße nach London gebracht, da er zu groß für die Eisenbahnbrücken war.

Aber neben der Glockengießerei gibt es in Loughborough noch andere Branchen. Das alte Gewerbe der Netzklöppelei wird noch immer betrieben, zusammen mit der Strumpfwaren-, Web- und Strumpfwirkerei, die Leicestershire und viele Notts so stark durchdringt; und es gibt auch Färbereien und Maschinenbaubetriebe, eine ganze Reihe unromantischer, aber nützlicher und voneinander abhängiger Gewerbe: der ausgedehnte Kohlenhandel der Stadt, der den Maschinenbau und andere energieverbrauchende Fabriken bedient, und die großen Brauereien, die davon leben Herrlicher Durst, erzeugt durch Kohlekies und die Hitze der Öfen. Aus dem Vorstehenden lässt sich schließen, dass „Lovely Loughborough" kein Ausdruck ist, unter dem der Ort mit Recht bezeichnet werden kann. Lediglich die schmale Hauptstraße, an der über dem alten Gasthaus „Bull's Head" noch ein Galgenschild zu sehen ist, das sich von einer Seite zur anderen erstreckt, ist überhaupt nicht alltäglich, und der breite Marktplatz ist von modernen Gebäuden gesäumt, in denen viele der Großen leben Es gibt eine Reihe von auffällig umgebauten Gasthöfen in Loughborough, die sich „Hotels" nennen und in Wirklichkeit nichts anderes als Trinkläden sind.

LOUGHBOROUGH

Man findet häufig, dass Loughborough genießt – oder vielleicht ist das nicht ganz das richtige Wort; Sagen wir mal, es hält an – eines der kältesten Wetterereignisse, die das Meteorologische Amt im Winter meldet. Wenn ein Kälteeinbruch das ganze Land zum Schaudern bringt, wird man im Allgemeinen feststellen, dass Loughborough von allen Orten in England der kälteste ist. Doch *im Gegensatz dazu* sagen die Bürger, dass es auch im Sommer extrem heiß sei, und das Kirchenbuch verzeichnet im Sommer 1808 eine außergewöhnliche *Hitze* :

„Mittwoch, 13. *Juli* ; Die Hitze war so groß, dass viele Menschen starben, vor allem diejenigen, die auf den Feldern arbeiteten, und auch eine große Anzahl von Pferden, insbesondere Kutschenpferden und Postkutschen. Das Thermometer steht auf 92 Grad."

Die große, leer wirkende Pfarrkirche, ein Beispiel für die Tiefen des Alltäglichen, in die der Perpendicular-Stil vordringen kann, hat nichts Interessantes, zweifellos auch deshalb, weil Sir Gilbert Scott in den Jahren 1863 bis 1864 hinzugezogen wurde, um sie zu „restaurieren"., zu einem Preis von 9.000 £, und teilweise, weil es in einer monotonen Wiederholung von Fenster für Fenster und Leiste für Leiste von Ende zu Ende entworfen wurde. Kurz gesagt, es ist bis zu einem gewissen Grad langweilig und ermüdend und enthält ein sehr hässliches Bildnis von „Joana Wallis" aus dem Jahr 1675.

Ein deprimierender Einfluss scheint auf dem Bezirk zwischen Loughborough und Trent vorherrschend zu sein. Die Landschaft ist nicht besonders hochwertig und die Dörfer scheinen ihre besten Tage hinter sich zu haben. Hathern ist ein uninteressantes Dorf von Gerüststrickern, und Kegworth – im Domesday Book „ Cogesworde " – folgt darauf, stellt Strumpfwaren her, braut Bier, stellt Gips her und betreibt eine Vielzahl nützlicher Industrien, sieht aber genauso düster aus wie ein Mensch verantwortlich für Tausende, der nur einen Penny in der Tasche hat. Es handelt sich um ein dürres Städtchen mit einer großen und ebenso dürftigen Kirche aus der dekorierten Zeit, die in dominanter Position im Zentrum des unschönen Ortes steht. Beide sehen gleichermaßen heruntergekommen und verarmt aus, und obwohl viel Geld für die Restaurierung des Gebäudes ausgegeben wurde, sieht es immer noch so aus, als hätte man sich jahrhundertelang nicht darum gekümmert. In den Wintermonaten läutet immer noch eine Glocke zur Ausgangssperre um 20 Uhr. Die Sakristei war früher die Residenz eines „domus inclusus " oder Einsiedlers.

Tom Moore, dieser fröhliche Ire, fand es möglich, in Kegworth Gedichte zu schreiben, aber er vollbrachte einige wunderbare Dinge. Tommy liebte einen Lord sehr und war 1811 ausdrücklich hier, um in der Nähe seines Freundes Lord Moira zu sein, dessen Park in Donington in der Nähe liegt . Als Mylord nach Indien ging, zog der Dichter nach Mayfield und von dort nach Sloperton Cottage in der Nähe von Devizes, um in der Nähe von Lord Lansdowne zu sein.

Drei Meilen entfernt liegt rechts von der Straße und auf der anderen Seite des Soar, in Nottinghamshire, Gotham, ein Ort, der in Legenden so berühmt ist, dass der Drang, ihn zu besuchen, unwiderstehlich ist. Der Weg führt bei

Kingston-on-Soar, wo es eine wunderschöne kleine Kirche mit einem wunderbar kunstvollen Denkmal für die Familie Babington gibt, das ihren witzigen Rebus „Babe in Tun" trägt.

„Die Weisen von Gotham" ist ein ironisches Sprichwort, denn die Gothamiter sind sprichwörtlich für ihre Dummheit bekannt; Aber wie das alberne Verhalten der Wiltshire-„Moonraker" von Bishop's Cannings wurde die kindliche Einfachheit der ursprünglichen Gotham-Sprüche lediglich angenommen. Ihre große Tat bestand darin, eine Hecke um einen Kuckuck zu pflanzen, der auf einem Busch saß, um ihn fernzuhalten; und auf einem eine Meile entfernten Hügel befindet sich möglicherweise bis heute der „Kuckucksbusch", der als Schauplatz ihrer Bemühungen bezeichnet wird. Es handelt sich um eine mit Efeu bewachsene kreisförmige Bank in einer Plantage, die eine Baumgruppe umschließt.

Die Weisen von Gotham

Aber um die Taten dieser unhöflichen Vorfahren des Weilers möglichst ausführlich darzustellen, müssen wir auf die Legende zurückgreifen, die Thoroton in den Seiten seiner Geschichte von Nottinghamshire überliefert hat.

Es scheint also, dass König John, der durch Gotham nach Nottingham reiste und über die Wiesen gehen wollte, von den Dorfbewohnern daran gehindert wurde, weil sie glaubten, dass das Gelände, das einst ein König bereiste, für immer eine öffentliche Straße werden würde . Der König, wütend über ihr Vorgehen – und die Wutanfälle eines normannischen Herrschers waren etwas Furchtbares –, schickte einen Teil seines Gefolges, um den Grund für dieses seltsame, um nicht zu sagen höchst temperamentvolle Verhalten zu erfahren; Aber in der Zwischenzeit hatten die Männer von Gotham darüber nachdenken können und waren zu dem Schluss gekommen, dass ihnen eine schreckliche Bestrafung bevorstand, es sei denn, sie könnten sich als außergewöhnliche Narren erweisen.

Als die Boten eintrafen, fanden sie die Dorfbewohner daher mit allen möglichen fantastischen Beschäftigungen beschäftigt vor. Einige versuchten, einen Aal zu ertränken; andere waren damit beschäftigt, Karren auf das Dach einer Scheune zu schleppen, um das Holz vor der Sonne zu schützen; wieder andere stürzten ihren Käse bergab, um den Weg zum Nottingham-Markt zu finden; und einige waren eifrig damit beschäftigt, einen Kuckuck einzudämmen, der sich auf einem alten Busch niedergelassen hatte. Kurz gesagt, sie waren alle auf die eine oder andere dumme Weise beschäftigt; und ihre Torheit wurde dem König ordnungsgemäß gemeldet; der jedoch scharfsinnig bemerkte: „Wir gehen davon aus, dass mehr Narren durch Gotham gehen, als darin bleiben."

Die Torheit der Gothamiter war dieser Version zufolge eher scheinbar als real; aber es ist eher der Name für Torheit als der für List, der überlebt hat. Bereits 1568 erschien das Buch mit dem Titel „The Merry Tales of the Madmen of Gottam ", und es gibt zahlreiche andere antike Anspielungen; darunter das „Gotham College", eine imaginäre Einrichtung zur Ausbildung von Einfaltspinseln. Ein Reim unbekannten Alters feiert auf zarte Anspielung eine weitere Heldentat der Dorfbewohner:

Drei Weise von Gotham

Ging in einer Schüssel zur See;

Wenn die Schüssel stärker gewesen wäre,

Meine Geschichte war länger gewesen.

Die Tragödie der Reise können wir uns lebhaft vorstellen.

Allerdings gibt es einen Rivalen in Gotham, der ihm diese zweifelhaften Auszeichnungen streitig macht . Es ist ein Ort namens Gotham Marsh, der in der Nähe von Pevensey liegt und von dem die gleichen Geschichten erzählt werden; aber wenn irgendein Ort als das wirkliche Original bezeichnet werden kann, dann ist es das Dorf in Nottinghamshire, obwohl man nicht vergessen darf, dass vielen Orten eine ähnliche Dummheit zugeschrieben wird. Von dem Dorf Towednack in Cornwall, in der Nähe von St. Ives, wird die identische Kuckucksgeschichte erzählt; Die Einwohner von Coggeshall in Essex sollen eine Schubkarre angekettet haben, nachdem sie von einem tollwütigen Hund gebissen worden war, aus Angst, sie könnte Hydrophobie entwickeln; und in der Antike galten Böotien und Phrygien als die Heimat der Dummköpfe. Wir kennen auch den Spott in der Heiligen Schrift: „Kann aus Nazareth etwas Gutes kommen?"

GOTHAM.

SORTIERTE TORHEIT

Das alles ist äußerst unkompliziert und interessant, und Gotham scheint ein unbedingt zu besuchender Ort zu sein; Doch Reisende erleben seltsame Enttäuschungen. Gotham ist ein schrecklich hässliches Dorf mit außergewöhnlich breiten und leeren Straßen und einem heftigen Schweinegeruch. Gipsbergwerke und Seifenfabriken machen es noch unerwünscht. Ein gewöhnliches Gasthaus, der „Kuckucksbusch", zeigt ein doppelseitiges Bildschild, das sehr verblasst ist und auf der einen Seite den Kuckuck und auf der anderen eine Gruppe der oben genannten Klugscheißer zeigt, die versuchen, ihn einzubauen.

Durch die Wahl der schönen Kirche ist es tatsächlich möglich, eine Illustration von Gotham zu schaffen, die nicht alltäglich sein wird; und das Innere, das zum Teil im normannischen Übergangsstil gehalten ist, ist sogar noch schöner als das Äußere. Eine einzigartige grobe Schnitzerei am Chorbogen, die im Volksmund „Zahnschmerzen" darstellen soll, sollte wahrscheinlich die göttliche „Gabe der Sprache" symbolisieren.

Mit der Wiederaufnahme der Straße in Kegworth ist das fag-Ende von Leicestershire bald zu Ende. Lockington auf der linken Seite, mit einer sehr heruntergekommenen Kirche, ist das letzte Dorf in diesem Winkel des Auenlandes, wo es Notts und Derbyshire verbindet, und galt einst als abgelegener und abgelegener Ort: daher der alte rustikale Ort sagen: „Stellen

Sie Ihre Pfeifen auf und gehen Sie nach Lockington Wake“: z. B. „Sei still
und geh mit dir weg.“

XXV

UND So kommen wir zum Trent, aber bevor wir die Cavendish Bridge überqueren und nach Derby hineinfahren, verlassen wir die moderne Landstraße und biegen links ab, durch Castle Donington , und kommen nach etwa sechs Meilen nach Stanton-by- Brücke und der lange Damm, der zur berühmten Brücke von Swarkestone führt . Die heutige Straßenlinie zwischen Derby und London über Loughborough wurde erst 1771 in großem Umfang genutzt, als die Cavendish Bridge gebaut wurde. Bis zu diesem Zeitpunkt gab es auf dem breiten und schnellen Trent, der in den besten Zeiten nicht leicht zu überqueren war und immer besonderen Überschwemmungen ausgesetzt war, auf all den etwa vierundzwanzig Meilen zwischen Nottingham und Burton nirgendwo anders als in Swarkestone eine Brücke Ein Großteil des Verkehrs von Reitern, Fußgängern und Packpferden überquerte den Trent nicht hier, bei Wilne Ferry, sondern südlich von Derby über Osmaston , Chellaston und über den Fluss bei Swarkestone und von dort an Stanton-by-Bridge und King's vorbei Newton kam bei Ravenstone auf eine Auswahl an Straßen nach London , von wo aus man nach Belieben entweder über Hinckley und Towcester oder über Groby und so weiter nach Leicester fuhr.

DER FLUSS TRENT

Daher war Trient in jenen alten Zeiten, als es nur wenige Brücken gab, eine Barriere von hoher strategischer Bedeutung, und wer über diese seltenen Brücken verfügte, befehligte die militärische Lage im Mittelland: daher die hohe Bedeutung der Burg und der Stadt von Anfang an , und Brücke von Nottingham.

SWARKESTONE-BRÜCKE

Zwischen Stanton und Swarkestone , auf beiden Seiten des Trent, erstreckt sich das Land fast eine Meile lang vollkommen flach und ist heute im Sommer eine fruchtbare Fläche von Wasserwiesen. Im Winter oder in der Regenzeit verwandelt es sich in ein riesiges Binnenmeer, das auch heute noch nicht völlig ungefährlich, aber in der Antike äußerst gefährlich war.

DER CAUSEWAY, SWARKESTONE BRIDGE.

Der Bau eines Damms aus dem vergleichsweise hohen Gelände von Stanton auf der einen Seite und Swarkestone auf der anderen Seite mit kleinen Brücken, die die Zwischengräben überspannen, und einer großen Brücke über den Trent selbst, war schon früh das gute Werk eines frommen Gründers, dessen Identität bekannt war hat sich, wie es bei solchen Dingen üblich ist, auf Legenden eingelassen. Die Hauptlegende der Swarkestone Bridge erzählt uns, dass sie von zwei jungfräulichen Schwestern erbaut wurde, deren Liebhaber im Durchgang ertrunken waren, bevor jemals eine Brücke oder ein Damm existierte. Sie gaben ihr ganzes Vermögen für die Arbeit aus und widmeten ihr Leben der Arbeit und bauten auf der Brücke selbst eine Kapelle, in der Wanderer für ihre Sicherheit danken und für die Seelen der Ertrunkenen und derer beten konnten fromme Wohltäter. Eine andere Version besagt, dass die beiden Damen Töchter der Gräfin von Bellomont waren und dass sie ihr ganzes Vermögen für die Arbeit ausgegeben haben und ihren Lebensunterhalt mit der Spinnerei verdienten.

Wenn wir jedoch nach dem wahren Ursprung dieses frühen Werks suchen, von dem man annimmt, dass es ursprünglich im zwölften Jahrhundert ausgeführt wurde, müssen wir uns an das benachbarte Priorat von Repton wenden, das es erbaut und instand gehalten hat, so wie viele andere Ordenshäuser ähnliche Arbeiten durchgeführt haben Werke des praktischen Christentums im Auftrag von Wanderern im ganzen Land; Sie bauten Straßen, überbrückten Flüsse und stellten Herbergen für alle und jeden zur

Verfügung, deren böses Schicksal sie in jenen Tagen zum Reisen zwang, als der beste Ort der Welt der Kamin eines Mannes war.

In der auf der Brücke platzierten Kapelle fungierte ein Bruder des Priorats, der gleichzeitig von dankbaren Reisenden Spenden für die Instandhaltung und Reparatur des Bauwerks entgegennahm. Und so blieb die kombinierte Kapelle und das Zollhaus bestehen, bis alle religiösen Institutionen unter Heinrich dem Achten eine tiefgreifende Veränderung erlebten. Wir wissen, was dann daraus wurde, denn im Bericht der Church Goods Commissioners von 1552 heißt es: „Wir haben eine Kapelle errichtet und gekauft ." uppon Trent in ye mydest of the greate Streme an Swerston angeschlossen bregge , das hatte certayne Zeug dazugehörend ; II Schreibtische zum Knien, ein Holztisch und bestimmte Barren aus Eisen und Glas in den Wyndos , die Mr. Edward Beamont aus Arkeston zu seinem eigenen Gebrauch mitgenommen hat , und wir sagen , dass wenn der Kapellel dekeye , die Brücke wird nicht stehen ."

Die Kapelle durfte jedoch „ entschlüsselt " werden, und dennoch stand die Brücke, da sie erst 1796 wieder aufgebaut wurde. Es spricht viel für die hervorragende Arbeit der Mönche, dass ihre Brücke bis 1795 bestehen blieb, als, nicht nur wegen Überschwemmungen, Aber Überschwemmungen, unterstützt durch eine schwere Menge Holz aus einem Hof flussaufwärts, kamen und stürzten es um.

Die Brücke war Schauplatz einiger militärischer Heldentaten. Hier schlug der gefürchtete Sir John Gell von Hopton, der die parlamentarischen Streitkräfte befehligte, am 5. Januar 1643 eine Truppe Kavaliere in die Flucht; und hielt die Annäherungen während dieser ganzen unruhigen Zeit aufrecht. Auch im Jahr 1745, als Prinz Charles und seine Highlander kurz davor standen, das Haus Hannover zu stürzen und die Krone Englands für die schwachen Stuarts zurückzugewinnen, strebte er, wie es jeder Eindringling aus dem Norden tun musste, diese entscheidende Position an .

Die Geschichte von „The Forty-Five" ist ab diesem Zeitpunkt eng mit dem Verlauf der Manchester and Glasgow Road verknüpft und bedarf daher einer kurzen historischen Zusammenfassung.

„ DIE FÜNFUNDVIERZIG "

Im Jahr 1745 entschloss sich Prinz Charles, der „Junge Prätendent", Sohn von James, dem „Alten Prätendenten", der 1715 einen erfolglosen Versuch unternommen hatte, die Krone zu sichern, die sein Vater, Jakobus der Zweite, verloren hatte, zu einem mutigen Wurf Vermögen. Er brach am 2. Juli von Frankreich aus auf der *Doutelle auf* , einer kleinen Brigg mit 18 Kanonen, die Kaperfahrten gegen die englische Schifffahrt durchführte, und landete schließlich in Erisca auf den Hebriden. Er war nicht ohne Abenteuer gereist. Begleitet wurde die *Doutelle* von einem französischen Kriegsschiff, der *Elizabeth* , die 68 Kanonen und 700 Mann an Bord hatte.

Der genaue Zusammenhang der französischen Regierung mit diesem Versuch des Prinzen Charles ist unklar; Aber es scheint eine elastische Vereinbarung gewesen zu sein, durch die die Franzosen jede Beteiligung an dem Aufstand ausschließen konnten, wenn dieser scheiterte, während sie gleichzeitig mitfühlend genug waren, um heimlich zu helfen, und auf weitere Hilfe vorbereitet waren, wenn die Aussichten für das Unternehmen günstig waren ausreichend hoffnungsvoll. Vor der Lizard wurden die beiden Schiffe von einem englischen Kriegsschiff, der *Lion* , herausgefordert, das die *Elizabeth angriff* , was zur Folge hatte, dass beide außer Gefecht gesetzt wurden und gezwungen waren, in ihre jeweiligen Häfen zurückzukehren. während die Brigg mit dem Prinzen , seinen wenigen Anhängern, seinen Geld- und Waffenvorräten nach Schottland flüchtete.

Prinz Charlie, der Liebling vieler romantischer Geschichten und Legenden, der Held unzähliger pathetischer schottischer Balladen, war zu diesem Zeitpunkt fünfundzwanzig Jahre alt: überdurchschnittlich groß, hübsch und höflich: durch und durch ein Prinz, so erklärten seine Bewunderer . Die Häuptlinge der Highlands, die während seiner Abwesenheit auf der anderen Seite des Wassers so großzügige Versprechungen gemacht hatten, waren zunächst nicht so bereit, ihm zu helfen, als er unter ihnen erschien. Es wurde viel Zeit verschwendet, und erst am 19. August erhob er seine weiße Standarte mit dem Roten Kreuz in Glenfinnan. Danach strömten die Clans zu seiner Hilfe; doch erst am 16. September erschien er vor Edinburgh und forderte die Stadt zur Kapitulation auf. Man muss zugeben, dass Edinburgh ihm keine Hindernisse in den Weg stellte, denn es unterwarf sich sehr zahm, und Charles, in der ganzen Pracht eines Kostüms, das der heutigen Generation so düster gekleidet erscheint, sei extravagant gewesen theatralisch, hatte die Genugtuung, seinen Vater am Hohen Kreuz als König James den Achten von Schottland und Dritten von England zu proklamieren.

Lassen Sie uns sehen, welche romantische Figur er den treuen Augen der Clanmitglieder und den schmelzenden Blicken der Damen präsentierte. Er stand kerzengerade da und trug eine Hose aus rotem Samt, Militärstiefel und einen kurzen Schottenmantel, über den eine blaue Seidenschärpe mit goldenen Rändern gekreuzt war. Auf seinem Kopf trug er eine blaue Samthaube, die mit goldener Spitze gebunden war, und eine weiße Kokarde, das Abzeichen seiner Partei. Auf seiner Brust hing der Stern des St.-Andreas-Ordens und an seiner Seite schwang ein Breitschwert mit Korbgriff. Das Haar dieses Bildes eines romantischen Prinzen hatte einen kastanienbraunen Farbton, wurde jedoch im Allgemeinen von einer weißen Perücke verdeckt.

Alles in allem handelte es sich hierbei um eine Darstellung, die eher für zeremonielle Anlässe als für den ernsthaften Wahlkampf geeignet ist.

DER UNVOLLSTÄNDIGE BRIEFSCHREIBER

Für moderne zensierende Köpfe leidet das Bild, das diese fröhliche Figur in den Briefen, die er schrieb, vermittelt. Man muss sagen, sie waren in den erhabensten Gefühlen geschrieben, aber die Schreibweise war abscheulich. Wenn jeder – unter denen, die über ausreichende Fähigkeiten zum Schreiben verfügten – nach persönlicher Vorliebe buchstabierte, spielte das kaum eine Rolle; Aber heutzutage, wo jeder Internatsschüler zumindest einfache Wörter buchstabieren kann, wirkt es schockierend und trübt die Romantik mit einem Anflug von Vulgarität, Prinz Charlies Hinweise auf „ muney " und „ munishuns " zu lesen. Wenn er seinen „Sord" zeichnet, lachen wir, anstatt begeistert zu sein, und wenn er von seinem Vater als „Juwelen" schreibt, verstehen wir nur schwer, dass er „James" meint.

SWARKESTONE-BRÜCKE.

Dies ist kein Ort, um seinen Fortschritt Schritt für Schritt zu verfolgen. Er errang am 21. September in Prestonpans einen vollständigen Sieg und hätte, nachdem der Weg frei geworden war, vorwärts drängen sollen. Aber ein Mangel an ausreichenden Rekruten und, was noch sicherer war, der Wunsch, Edinburgh als Sieger in diesem ersten Konflikt darzustellen und zu glänzen, veranlassten den Prinzen , zu zögern. Wäre er am Morgen von Prestonpans nach England vorgedrungen, wäre sein Cousin, König George, aller Wahrscheinlichkeit nach gestürzt worden. Aber er verschwendete kostbare Zeit und verließ Edinburgh erst am 31. Oktober, um nach England vorzustoßen. Am 9. November war er in Carlisle. Der Widerstand dort war schwach, und er nahm die Stadt ein und zog weiter. In der Zwischenzeit rückten große Streitkräfte von Süden her vor, um ihm und seinen

Highlandern entgegenzutreten. Marschall Wade war mit einer Armee in Staffordshire, und der Herzog von Cumberland rückte mit einer anderen vor. König Georg persönlich schlug vor, London mit einem dritten zu verlassen. Viele dieser Truppen waren in der Zeit der Untätigkeit nach Prestonpans vom Schauplatz des Krieges mit den Franzosen in Flandern gelandet worden.

Prinz Charles beschloss, Wade in Staffordshire den Kampf zu liefern und rückte über Lancaster und Manchester nach Stockport vor. Dann kam die Nachricht von der Anwesenheit des Herzogs von Cumberland mit seiner Armee, die zwischen Lichfield, Coventry, Stafford und Newcastle-under-Lyme aufgeteilt war, und es wurde eine raffinierte List ausgeheckt, eine kleine Kolonne Highlander nach Congleton zu entsenden, während der Hauptteil der Die Truppe des Prinzen schlüpfte auf dem Weg nach Derby still und heimlich an der englischen Armee vorbei. Es war eine Meisterleistung des Manövrierens und völlig erfolgreich. Der so geschickt getäuschte Herzog von Cumberland zog am Abend des 2. Dezember mit seinen Truppen nach Norden, während die Eindringlinge nach Süden vordrangen, und wurde am 4. bei Derby stationiert, wo sich ihnen die abgelöste Kolonne wieder anschloss.

IM GLEICHGEWICHT

Zu diesem Zeitpunkt brach die dritte englische Armee gerade von London auf und hatte Finchley Common erreicht. London war zutiefst beunruhigt: Geschäfte waren geschlossen, die Banken erlebten eine unruhige Zeit, und mehr als einer von König Georges Ministern debattierte ängstlich darüber, ob es sicherer sei , sich für die Stuarts zu entscheiden oder dem Haus Hannover treu zu bleiben. Gerüchten zufolge hatte König Georg selbst alle Vorbereitungen getroffen, um das Land eilig zu verlassen, falls dies für notwendig erachtet werden sollte. Von den Franzosen wurde vor allem ein Landungsversuch erwartet. All diese Schrecken und Zweifel führten zu einer Panik an einem Tag, der noch lange als „Schwarzer Freitag" in Erinnerung blieb.

Prinz Charles war einem Erfolg sehr nahe. Er hatte fünftausend Mann in Derby, und obwohl seine zerlumpten Highlander vom englischen Volk mit Verachtung betrachtet wurden und seine Sache keineswegs die Unterstützung der Bevölkerung fand, die er erwartet hatte, halfen ihm die Menschen, wenn sie ihm tatsächlich nicht halfen, jedenfalls nicht sehr aktiv dagegen. Die schottische Stimmung hatte auf wirklich bemerkenswerte Weise die Tatsache überlebt, dass der Prinz römisch-katholisch war und zum Zeitpunkt seiner Landung keine Ahnung von schottischer Tracht und schottischen Manieren hatte; aber das englische Volk blickte mit Missfallen auf jemanden, der fast ebenso ein Ausländer war wie Georg der Zweite selbst. Sie liebten weder die Hannoveraner noch die Stuarts und waren ihrer beiden Häuser zutiefst überdrüssig, deren Ambitionen ehrliche Männer immer in ihren Geschäften und Vergnügungen behinderten.

Hätte Prinz Charles sich beeilt, über Derby hinaus vorzurücken, wäre er große Risiken eingegangen, aber da sich bereits zwei feindliche Streitkräfte in seiner Nähe befanden, hätte die Position kaum gefährlicher sein können; während eifrig gemunkelt wurde, dass entweder der Mut oder die Loyalität, oder vielleicht beides, der Armee des Königs auf Finchley Common zweifelhaft seien; und dass sie beim Erscheinen der Eindringlinge sofort ihre Waffen niederlegen würden. Prinz Charles war, um ihm gerecht zu werden, begierig darauf, voranzukommen. Er war sich klar darüber im Klaren, dass ein Rückzug, und sei er auch nur für eine Weile, bedeuten würde, dass er bei seinen Anhängern Bestürzung hervorruft und seine Sache schwächt. Seine Außenposten befanden sich bereits sechs Meilen südlich von Derby und hielten die Zugänge zur Swarkestone Bridge. Er war dafür, alles zu riskieren. „Anstatt zurückzugehen", sagte er, „würde ich mir wünschen, sechs Meter unter der Erde zu sein." Aber um ihn herum gab es viele schwache Nerven . Nicht unter den Clanmitgliedern, sondern unter den Anführern zeigte sich Klugheit – um es nicht schlechter zu nennen –; und die Besonnenheit siegte. Nach hitzigen Kriegsräten wurden die Außenposten zurückgezogen und am 5. Dezember begann der Rückzug aus Derby.

Der Historiker, der auch ein Sentimentalist ist und die Geschichte als eine Romanze betrachtet, ist an diesem Punkt zutiefst enttäuscht. Er kümmert sich wenig um Stuart oder Hanoverian, aber er fühlt sich um die bewegenden Kapitel betrogen, die der englischen Geschichte hinzugefügt worden wären, wenn Prinz Charles weitergemacht und London erreicht hätte. Zumindest drei der Georges waren so tödlich langweilig, ähnlich in ihren Lastern und ihren selteneren Tugenden, dass ein Stuart willkommen gewesen wäre, auch wenn er später alle Mängel seiner Rasse entwickelte. Aber es sollte nicht geschehen, und nachdem die Eindringlinge bis in die Mitte Englands vorgedrungen waren, marschierten sie den beschwerlichen Weg wieder zurück; und erlebte mitten in Schottland eine klägliche Katastrophe. Es hätte ihnen nicht schlechter ergehen können und sie hätten im Vormarsch ruhmreicher enden können.

„DER BALKON", SWARKESTONE.

Katastrophe im Rückzug

Den Dorfbewohnern in der Nähe von Swarkestone muss eine gewisse Bewunderung entgegengebracht werden . Die Derby-Miliz und die Amateursoldaten machten beim Vormarsch der Highlanders eine strategische Bewegung nach hinten, aber die Männer von Weston bildeten eine umkämpfte Front. Aus den Aufzeichnungen dieses Dorfes erfahren wir, dass die Dorfbewohner einen Rat abhielten und ihre Waffen zum Widerstand erhoben. Sie schickten einen gewissen John Pritchard als Kundschafter nach Derby, um zu sehen, ob die Rebellen kamen, und schickten ihm auf den Fersen Francis Henshaw und William Dawson nach, die mit jeweils drei Litern Bier tapfer gemacht wurden. William Rose, Schmied, erhielt einen Schilling „für die Reparatur seiner Stadt ". Muskete ", und eine weitere Summe von einem Schilling und Sixpence wurde für die Munition dieser Waffe ausgegeben. Zweifellos hätten die Männer von Weston eine gute Bilanz abgegeben, und es ist zu beachten, dass Prinz Charles am Tag nach diesen kriegerischen Vorbereitungen seinen Rückzug begann! Weston jubelte und ernannte einen Tag der Danksagung, der Dorfpolizist spendete eine halbe Krone als Dankesopfer und die Gemeinde betrank sich so sehr, wie es die Mittel zuließen.

Aus vielen Gründen blicken wir daher mit Interesse auf die Swarkestone Bridge. Damm und Brücke erstrecken sich zusammen über eine

Dreiviertelmeile; Der Trent selbst erstreckte sich über fünf Bögen mit einer Gesamtlänge von 414 Fuß. Der Damm mit seinen vielen gotisch gewölbten Öffnungen ist offensichtlich sehr alt und hat sein Aussehen durch die jüngsten Reparaturen aus blauem Backstein nicht verbessert. Auf der Swarkestone- Seite steht die schöne, stattliche alte Poststation „Crewe and Harpur's Arms", mit dem vielvierteligen Wappenschild der Familie von Harpur -Crewe aus Calke in der Nähe , das über der Tür hervorsteht und das Motto überragt , *Degenerante genus opprobrium* – „ Abstammung wird zur Schande für den, der von ihr degeneriert."

Die Harpurs , die sich im fünfzehnten Jahrhundert in Swarkestone niederließen, stammten ursprünglich aus Warwickshire und blühten hier außerordentlich auf, wie ihre Denkmäler in der Kirche ganz in der Nähe beweisen. Einer, Sir Richard Harpur , 1577, liegt im Bildnis, gekleidet als Oberster Richter der Common Pleas, und sein Sohn, Sir John Harpur , in der Nähe . Ihr altes Herrenhaus liegt in Trümmern in der Nähe der Kirche, aber auf einer Wiese, die immer noch „Balkonfeld" genannt wird, steht noch ein seltsamer jakobinischer Pavillon, der offenbar der Ort war, von dem aus die Damen der Familie und ihre Gäste sicher die Sportarten verfolgten : die Stier- und Bärenjagd und andere verschwundene Zeitvertreibe einer brutalen Ära.

XXVI

CAVENDISH-BRÜCKE

ZURÜCKGEKEHRT SIND und diese überquert haben, gelangen wir nach Derbyshire, dessen Bevölkerung seit langem zu Unrecht Gegenstand des alten Volksreims ist:

Geboren in Derbyshire,

Derbyshire gezüchtet,

Stark im Arm , _

Ein dicker Kopf . _ _ _

Die an der Cavendish Bridge erhobenen Mautgebühren blieben lange Zeit auf einem nahezu unerschwinglichen Niveau. Die Überquerung des Trent erfolgte vor der Fertigstellung der Brücke im Jahr 1771 zu einem Preis von 3.333 Pfund mit einem Fährschiff, das groß genug für den Transport von Fahrzeugen war, und der Fahrpreis für eine Postkutsche betrug eine halbe Krone. Das blieb die Gebühr für die Brücke, wie Bray in seinem Rundgang von 1776 anmerkt.

CAVENDISH-BRÜCKE.

Obwohl die Brücke längst freigegeben wurde, steht noch das Zollhaus, und darauf ist noch immer die alte Anschlagtafel zu sehen, deren Entfernung anscheinend niemandem etwas angefallen ist. Dafür bin ich dankbar, denn dadurch lassen sich folgende Einzelheiten ermitteln:

Die an dieser BRÜCKE aufgrund eines Parlamentsbeschlusses erhobenen Mautgebühren entsprechen dem Ruhm, der an der Fähre erhoben wurde, nämlich: –

S.D.

Kutschen, Streitwagen, Landaus usw., jeweils mit 4 Rädern 2 6

Chaiselongue, Stuhl usw.; mit 2 Rädern   1 0

Waggon , Wain usw.; mit 4 Rädern   1 6

Pferd, Maultier oder Esel, nicht zeichnend   0 1

Und so weiter, durch die verschiedenen Verkehrsklassen, endend mit:

D.

Fußpassagiere   1

Soldaten (bevorzugt) ½

Der breite und starke Trent grenzt die Straße auf einer halben Meile zwischen der Brücke und dem Dorf Shardlow, wo der Trent- und Mersey-Kanal quer verläuft, und der „Holden Arms", einer Kirche, die im unbefriedigenden gotischen Stil erbaut wurde 1838 drängen sich die Gasthöfe „Navigation", „Dog and Duck" und „Old Crown" zusammen; zusammen mit einem schönen alten Herrenhaus aus rotem Backstein aus dem Jahr 1686, das die Initialen RBL trägt

ANFAHRT ZUM DERBY

Bis Derby sind es nur noch sieben Meilen, und die Stadt ist so stark gewachsen und wächst immer noch mit so großen Schritten, dass sie sozusagen entlang der Straße alle möglichen subtilen Anzeichen ihres Fortschritts ausgesandt hat; zusammen mit einigen nicht so subtilen, in Form von staubigen Straßen und schrecklichen Häusern. Denn die schlimmste Seite von Derby drängt sich auf die Londoner Straße . In so etwas gerät man nicht auf einmal. Es ist eine Art allmählicher Niedergang. Zuerst bemerkt man ein unangenehmes, undefinierbares Etwas, dann werden die Hecken abgenutzt und zerlumpt und verschwinden schließlich ganz. Dann kommt man an einer Straßenbiegung vorbei – und da – ah! Ich – ist die unvermeidliche elektrische Straßenbahn mit dem Schaffner und Fahrer des wartenden Wagens in der üblichen Uniform, die der eines Unteroffiziers auf einem Schiff nachempfunden ist.

Aber es gibt unterwegs zwei oder drei Dinge, die Aufmerksamkeit erfordern. Nirgendwo kann es eine andere Nachbarschaft geben , die so verschwenderisch an „ Astons " ist wie diese. Hier, auf der Straße selbst, liegt Alvaston; auf der rechten Seite liegt Elvaston , und hier, da und überall verstreut liegen Ambaston , Admaston , Chellaston, Breaston und Osmaston ; mit einem Dorf einfach „Aston" schmucklos.

Die sehr ähnlichen Namen Alvaston und Elvaston bereiten dem Postamt und anderen unendliche Probleme; aber die Orte sind sehr unterschiedlich. Alvaston ist ein Ort moderner Vorstadtentwicklung; aber Elvaston , das eine Meile rechts von der Straße liegt und nur über schwierige Nebenwege erreichbar ist, ist sehr ländlich. Dort versteckt liegt Elvaston Castle, Sitz des Earl of Harrington, dieses unkonventionellen Adligen, der an der Ecke Craig's Court, Charing Cross, einen Obstladen betreibt (oder bis vor Kurzem betrieb).

TRENT UND CAVENDISH BRIDGE VON SHARDLOW.

PEERS IM HANDEL

Ich liebe das House of Lords und das Erbprinzip. Vulgärradikale erklären die Peers für eine Ansammlung von epileptischen Degenerierten, Firmenförderern, Versuchskaninchen, Werbern für Weinhändler und Gesichtern der Armen, und weisen darauf hin, dass viele ihrer Mitglieder im Gefängnis waren und andere im Gefängnis waren zu sein; und dass einige (keine davon erst vor kurzem) gehängt wurden und andere in Irrenanstalten waren und es wieder sein werden; aber ich würde es bedauern, wenn sie abgeschafft würden. Sie bieten ein so interessantes Spektakel, sind ein so hervorragender Anachronismus und bescheren den Lesern der Zeitungen so fesselnde Skandale, dass sich die Öffentlichkeit – und die Zeitungsinhaber – auf Vorschlag der Gideons der Radikalen nicht leicht dazu überreden lässt, sich von ihnen zu trennen Party. Wir lieben die Romantik des House of Lords; und aus diesem Grund sehen wir es nicht gern, wenn seine konstituierenden Mitglieder Obst verkaufen oder, wie Lord Londonderry, Lord Dudley oder Lord Durham, Kohlen verkaufen. Lord Tennyson verkaufte Milch, und das empörte viele: Ein geadelter Dichter, der mit Milchprodukten handelt, ist ein Anachronismus, und der Besitzer eines historischen Titels, der Geschäfte macht und alle Künste des Kaufmanns ausübt, während er an den Privilegien seines Standes festhält, ist ein Anachronismus etwas, auf das niemand ohne Trauer blicken kann.

Elvaston Castle ist ein seltsamer Ort. Beim Erkunden dieser Seitenwege kommt der Wanderer plötzlich darauf wie in einen Innenhof, wo auf der einen Seite die Kirche mit ihrem hohen Turm mit Zinnen und auf der anderen das Herrenhaus steht und der Innenhof selbst übersät ist wie die Zufahrt zu einem Bauernhof. Auf beiden Seiten stehen hohe Pfeiler, auf deren Krone knurrende Halblöwen mit brennenden Granaten in der Hand stehen.

Das Anwesen befindet sich seit Jahrhunderten im Besitz der Familie Stanhope, die 1742 zum Earl of Harrington ernannt wurde, und liegt inmitten wunderschöner Gärten, die etwa Mitte des letzten Jahrhunderts von Charles, dem vierten Earl, der die Schauspielerin Maria Foote heiratete und als Gartenbaubetrieb diente, erheblich verbessert wurden viele wunderbare Dinge hier; Er bildete jenen See, den der große Herzog von Wellington als die einzige natürliche künstliche Wasserfläche bezeichnete, die er je gesehen hatte. Der Ort wirkt seltsam romantisch und wild.

Es wird eine erstaunliche Geschichte über eine Vorfahrin des Earl of Harrington erzählt. Ein Stanhope aus alten Zeiten starb jung, und seine Witwe hielt, wie die anderen brillanten königlichen Damen in Corfe Castle und Brampton Bryan, Elvaston während einer Belagerung durch die parlamentarischen Streitkräfte im Jahr 1643 unter dem Kommando von Sir John Gell . Am Ende zermürbten die Belagerer die kleine Verteidigungsgruppe bei Elvaston , und Sir John Gell richtete nach der Art der damaligen Eroberhelden an dem Ort an, was er konnte. Er zerstörte den wunderschönen Garten auf schreckliche Weise, zerstörte ein prächtiges Denkmal, das Lady Stanhope zur Erinnerung an ihren Mann errichtet hatte, und bestand schließlich darauf, dass sie ihn heiratete! Sie lehnte eine so absurde Idee natürlich ab – und stimmte dann ebenso selbstverständlich zu, diesen großartigen Freier zu heiraten, der buchstäblich zu ihrem Herzen gestürmt war. Er war sehr männlich; an seinem Geschlecht kann es keinen Zweifel geben; Und wenn es wahr ist, dass eine Frau über alles einen männlichen Mann liebt, dann hatte sie in Sir John Gell einen idealen Partner, denn, wie der Dichter sagt:

Es ist nicht so sehr der Liebhaber, der umwirbt,

Als die *Art des Liebenden* zu werben;

Und was für eine Art hatte dieser Rundkopfritter mit sich!

Aber die Stadt Derby drängt auf Elvaston zu und wird es in Kürze erreichen, und der Ort wird infolgedessen nicht in seinem alten Stil beibehalten. Eines Tages könnte möglicherweise die Midland Railway kommen und es zerschneiden. Es hat Osmaston Hall bereits abgeschafft und den Rest des Weges nach Derby zu einem schmutzigen, rauchigen Vorort gemacht.

ELVASTON SCHLOSS.

XXVII

DERVENTIO

DERBY oder, genauer gesagt, Little Chester, in der Nähe, war der römische *Derventio* , ein Name, der in den Tagen der alten Briten vom Fluss Derwent abgeleitet wurde: der *Dwr Gwent* oder klares Wasser. Als die Sachsen kamen und sich in der Nähe des Ortes *Derventio niederließen* , nannten sie den Ort „ Northweorthing ", und die Dänen, die ihrerseits die Sachsen vertrieben, nannten ihn „ Deoraby ", weshalb der Übergang zum modernen „Derby" einfach ist. Das moderne Wappen von Derby zeigt einen in einem Park *liegenden Bock* , eine Anspielung auf den angeblichen Ursprung des dänischen Ortsnamens, der vermutlich vom germanischen Namen *thier* für wilde Tiere abgeleitet ist, zu dem zweifellos auch Hirsche gehören würden. Aber wenn dies die richtige Ableitung ist, ist es ein außergewöhnlicher Zufall, dass die erste Silbe des römischen Ortsnamens und die des dänischen identisch sein sollten.

Wer nicht reist, kann sich über das Aussehen der Stadt Derby leicht täuschen. Wenn Sie einem durchschnittlichen Reiseführer Glauben schenken würden, würden Sie den Ort nie besuchen und ihn mit Swindon oder Wolverton oder dergleichen einordnen. Es ist wahr, dass hier die Hauptbüros und die Werke der Midland Railway ihren Sitz haben und dass das moderne Derby die Schöpfung dieser Umstände ist; Aber obwohl es von Maschinenwerkstätten und den schäbigen Straßen purer Industrialisierung umschlossen und umhüllt ist, kann man vom alten Derby nicht ganz in der Vergangenheitsform sprechen.

Es gibt nicht viele historische Vorfälle im Zusammenhang mit Derby, und fast alle werden mit dem unglücklichen Haus Stuart in Verbindung gebracht, dessen Mitglieder eine so seltsame Unfähigkeit an den Tag legten, sich selbst zu regieren, dass es ein seltsames Problem bleibt, wie sich eine so unausgeglichene Familie jemals entwickelt hat königlicher Rang.

Derby empfing Karl den Ersten im Jahr 1635 und hieß ihn und seine Anhänger in der Stadt willkommen. Sie taten es in Münzen und in Form von Sachleistungen; mit einem Geldbeutel, vollgestopft mit Goldmünzen, und als Gaben: ein Ochse, ein Kalb und sechs Schafe. Im Jahr 1642, als der Bürgerkrieg bereits im Gange war, war der König erneut zurück und „borgte" sich 300 Pfund. Es war schon immer eine schlechte Investition, diese Kredite an Könige zu vergeben, und Derby sah nie wieder die Farbe seines Geldes. Ich für meinen Teil wundere mich nicht, dass Derby sich später für das Parlament erklärte.

Die außer Kontrolle geratenen Musketiere

Die Bürger waren immer noch empört über die Stuarts, als Prinz Charlie 1745 an der Spitze seiner wilden Highlander kam, in seinem vergeblichen Versuch, Georg II. zu verärgern und den Thron seiner Vorfahren zurückzugewinnen; und trotz all der mutigen Versprechungen gewann er mit fünf Schilling und fünf Pfund pro Person, als sie London erreichten, nur drei Rekruten in der ganzen Stadt. Wir haben an der Swarkestone Bridge bereits ausführlich von diesem unglückseligen Aufstand gehört, aber Derby bietet einige amüsante Ereignisse. Der Herzog von Devonshire hatte ein Regiment von einhundertfünfzig Mann aufgestellt, um dem Vormarsch der Highlander entgegenzutreten, und die Gutsherren und Magistraten der Grafschaft sowie die Korporation von Derby hatten eine Streitmacht von weiteren sechshundert Mann aufgestellt. Offensichtlich präsentierte Derby dem Feind eine gepanzerte Front, doch diese war erbärmlich trügerisch. Um zehn Uhr in der Nacht des 3. Dezember, als Späher die Nachricht vom Vormarsch des Feindes überbrachten, ertönten die Trommeln zur Aufmarsch und die Krieger marschierten ein. Der Befehl zum Marsch wurde gegeben, und sie marschierten entsprechend: durch die Hintertür hinaus als die Rebellen an die Front kamen. Kurz gesagt, sie und der Herzog , der sie anführte, ahmten das Beispiel der „entlaufenen Musketiere" nach oder spielten wie ein Billardspieler, der sich des Spiels nicht sicher war, auf Sicherheit. Ob es an der Politik lag , angesichts der Tatsache, dass die Invasoren mit so kühner Front vorrückten und erfolgreich aussahen, oder ob es an Feigheit lag, scheint ein umstrittener Punkt gewesen zu sein. Aber es war sicherlich kein militärisches Genie. Sie wurden nach Nottingham geführt und verwüsteten unterwegs die Bauernhäuser, um Essen und Trinken zu besorgen, führten Krieg gegen das Geflügel und vergaßen zu bezahlen.

Unterdessen erreichten sie schreckliche Nachrichten aus Derby. Der Prätendent war angekommen und hatte 3.000 Pfund von der Stadt erpresst. Doch was ihnen einen Schauer der Besorgnis über den Rücken jagte, war die Nachricht, dass der Feind in großer Zahl zum Gottesdienst gekommen und vom Sakrament genossen hatte und dann zu den Messerschmieden gegriffen hatte, um ihre Schwerter schärfen zu lassen. Das bedeutete Geschäft. Wir können uns den Seufzer der Erleichterung vorstellen, mit dem diese Krieger vom völlig unerwarteten Rückzug der Highlander hörten und dass es schließlich keine Schlacht von Derby geben würde.

Industrie und nicht Krieg prägen die Geschichte der Stadt, zusammen mit dem üblichen Vergnügen religiöser Verfolgung, das die alten Annalen aller Orte prägt . Es war im Jahr 1650 in Derby, als die Gesellschaft der Freunde zum ersten Mal den Namen „Quäker" erhielt, als George Fox als Sektierer vor Herrn Richter Bennet gebracht wurde. „Er war", sagt Fox, „der Erste, der uns Quäker nannte, weil ich sie auffordere, vor dem Wort des Herrn zu zittern."

Doch schon bald gab es andere Dinge zu tun. 1717 wurde die Kunst des Seidenspinnens von John Lombe in England eingeführt , der hier die erste Mühle baute und Maschinen einrichtete, deren Geheimnisse er in Italien kennengelernt hatte, dem bis dahin größten Seidenspinnland. Die romantische Geschichte erzählt, wie er, entschlossen, die streng gehüteten Herstellungsprozesse zu entdecken, Italien besuchte und verkleidet in einer Seidenspinnerei arbeitete; Mit den Informationen, die er erhalten hatte, kehrte er nach England zurück und hatte es geschafft, eine Reihe von Arbeitern zu bestechen. Sein Tod kurz darauf wurde darauf zurückgeführt, dass er von einer Italienerin vergiftet worden war, die zu diesem Zweck von den Fabrikanten hergeschickt worden war, deren Geheimnisse er überrascht hatte.

Kaliko wurde später neben Seide zu einem Artikel der Derby-Manufaktur, aber im Volksmund wird der Name der Stadt meist mit der Porzellanproduktion in Verbindung gebracht , wobei der Ruhm des schönen „Crown Derby"-Porzellans weiter verbreitet ist als der von Seide oder Kattun. Die um 1750 gegründeten Royal Crown Derby-Werke bestanden fast hundert Jahre und wurden 1848 geschlossen.

Derby war wichtig genug, um bereits 1735 eine Kutsche von und nach London unterstützen zu können, als jeden Donnerstag ein Transporter von der „George" abfuhr. Dies wurde 1790 bis nach Manchester fortgesetzt und verkehrte dann täglich; Sie verlassen Derby um 15 Uhr und kommen am nächsten Morgen um 10 Uhr in London an. Von der „Bell" ging eine weitere Kutsche los, sicherlich schon im Jahr 1778, als am 15. März bekannt gegeben wurde, dass „der Derby Fly, der an einem Tag nach London zur Sommersaison fährt, am nächsten Sonntag vom Bell Inn aus aufbrechen wird." , und wird weiterhin jeden Sonntag-, Dienstag- und Donnerstagabend um 18 Uhr losfahren, wobei jeder Passagier 1,8 Pfund Sterling zahlen muss . und ein Gepäckgewicht von 14 Pfund ist zulässig. Aufgeführt von Hilliard, Henson, Foster & Co."

Die frühe Bedeutung der Derby-Gasthöfe als Start- und Ankunftspunkte für die Reisebusse wurde zu einem späteren Zeitpunkt etwas in den Hintergrund gerückt, als die Trainertätigkeit enorm zugenommen hatte, was zur Einrichtung spezieller Kutschenbüros in der Stadt führte, darunter Stensons General Coach Office Sadler Gate war der Chef. Eine frühe Erwähnung der „Glocke" stammt aus dem Jahr 1698, als sie von einem gewissen G. Meynell aufbewahrt wurde. Im Jahr 1702 war eine „Widow Ward" Vermieterin. Im Jahr 1761 stellte Sir Henry Harpur während seiner Parlamentskandidatur das Haus und alle seine Ess- und Getränke allen Besuchern kostenlos zur Verfügung . Einige Jahre später wurde das Haus von einem pensionierten westindischen Kaufmann, John Campion, wieder aufgebaut, dessen Initialen und das Datum 1774, kunstvoll in Bleiarbeit ausgeführt, bis heute auf einer alten, noch funktionsfähigen Pumpe zu sehen sind Hof. Das Haus blieb bis etwa 1865 im Besitz der Familie Campion.

Die alte bordeauxrote Backsteinfassade der „Bell" blickt wie früher auf das Sadler Gate herab, und im Innenhof hallt noch immer der Klang florierender Geschäfte wider.

HOCHVERRAT

Der Vorhang der romantischen Geschichte wurde in Derby erst 1817 in einer äußerst dramatischen Situation gesenkt, als hier wegen Hochverrats Hinrichtungen stattfanden.

INNENHOF DES „BELL" INN.

Der „Hochverrat", für den Jeremiah Brandreth und seine Mitarbeiter daraufhin hingerichtet wurden, war ein einzigartiger Vorfall, der sich erst im

19. Jahrhundert ereignete. Es war nichts weniger als ein versuchter Aufstand gegen die Regierung; ein bewaffneter Versuch, die bestehende Ordnung der Dinge zu untergraben, die eher den Aufständen früherer Zeiten zu entsprechen schien. Es entwickelte sich sicherlich nie zu einer gewaltigen Bewegung und war in Wirklichkeit eine Angelegenheit, die von einem gewissen Oliver, einem Agenten der Sidmouth -Castlereagh-Regierung, angezettelt wurde, der sich über den allgemein unruhigen Zustand des Landes unwohl fühlte und befürchtete, dass die radikale Sprache der Radikalen nachgab Unruhestifter in der Arbeiterklasse und die rasch wachsende Zahl von Fabrikarbeitern könnten, wenn sie nicht kontrolliert werden, zu sehr ernsten Bewegungen führen. In dieser Geisteshaltung scheinen die schwachen und kriminellen Minister davon ausgegangen zu sein, dass ihr bester Weg darin bestand, Spione einzusetzen, die sich das Vertrauen der unzufriedenen Klassen erschleichen und sie tatsächlich zu bewaffneten Aufständen provozieren sollten, die der Regierung Vorteile verschaffen würden eine Gelegenheit, sie gewaltsam zu unterdrücken.

Das Hauptquartier von Oliver, dem Spion, befand sich in der turbulenten und unzufriedenen Stadt Nottingham, von wo aus er hin und wieder in die umliegenden Bezirke reiste, sich als Anführer der Londoner Unzufriedenen ausgab und hetzerische Reden hielt. Beim „ Blackmoor's Head" und beim „Three Salmons" in Nottingham wandte er sich an die mürrischen Arbeiter und sprach von der Bildung einer „provisorischen Regierung" und von 70.000 Männern in London, die bereit seien, sich zu erheben. Für Montag, den 9. Juni 1817, hatten er und seine Duplikate in Derbyshire einen Marsch nach Nottingham geplant, wo sie, wie er erklärte, auf zahlreiche Aufständische aus dem Süden stoßen und gemeinsam das Schloss einnehmen würden. Die Soldaten, erklärte er, seien bei ihnen gewesen, einem Mann gegenüber.

JEREMIAH BRANDRETH

Der Anführer unter den glühenden Geistern, die bereit waren, in die von Oliver gelegte Falle zu tappen, war Jeremiah Brandreth, ein junger Mann von etwa fünfundzwanzig Jahren, von dunklem, kühnem und entschlossenem Charakter; das genaue Bild eines beliebten Führers, in seinem Aussehen und in seiner feurigen Energie. Seine Abstammung und sein Geburtsort sind ungewiss. Unter der Führung von Brandreth, der von seinen Anhängern „der Kapitän von Nottingham" genannt und später als „sonst John Coke" beschrieben wurde, versammelte sich eine große Anzahl von Männern (einem Bericht zufolge fünfhundert), wie es in der anschließenden Anklage heißt: „ mit Gewalt und Waffen", „eine große Menge falscher Verräter", in der Gemeinde South Wingfield. Unter ihnen waren Landarbeiter , Weber und Steinbrucharbeiter aus Wingfield, Pentridge und benachbarten Gemeinden, die sich selbst als „Regeneratoren" bezeichneten. Zwischen dem 9. und 15. Juni hielten sie sich zwischen diesen Dörfern auf, bewaffnet mit Heckenpfählen und groben Piken, griffen Häuser und Gehöfte an, um alle gefundenen Schusswaffen zu beschlagnahmen, und bemühten sich, Männer anzuwerben. Brandreth besaß ein Paar Pistolen, die er in einem Gürtel aus einer um seine Taille geschlungenen Schürze schoss. Mit einer dieser Pistolen erschoss er während einer Auseinandersetzung in Pentridge einen Farmdiener namens Robert Walters. Da die undisziplinierte Bande unterdessen keine Nachricht von den angeblichen Aufständischen hörte, die sie treffen sollten, wurde sie nervös und entmutigt, und ihre Zahl wurde durch Desertionen schnell ausgedünnt. Als sie schließlich in Eastwood die Grafschaft Nottingham betraten, waren nur noch vierzig übrig. In der Zwischenzeit stellten die Richter und die Polizei, wahrscheinlich von Oliver informiert, fest, dass etwas Ungewöhnliches im Gange war, und das 95. Fußregiment, die Yeomanry und die 15. Husaren, die alle griffbereit waren, wurden gewarnt, sich zurückzuhalten auf Eventualitäten vorbereitet. Am 15. Juni stellte sich heraus, dass diese gewaltigen Vorbereitungen zu lächerlich imposant waren, als dass sie mit einer bloß schwindenden Menschenmenge fertig werden könnten; und eine bloße Gruppe von achtzehn Husaren wurde losgeschickt , um sie zu fangen. Brandreth und seine Männer standen verzweifelt auf einem Hügel bei Eastwood, sahen sie dahingaloppieren und hielten sie für einige der lang erwarteten Revolutionäre. Sie ließen sich bald nicht täuschen und flohen dann in Panik und warfen ihre Waffen weg, so wie sie waren. Die Husaren nahmen etwa dreißig von ihnen zwischen Kimberley und Longley Mill gefangen und brachten sie im Gefängnis von Nottingham unter . Brandreth selbst entkam und versteckte sich eine Zeit lang , wurde aber von „einem Freund" verraten, um die angebotene Belohnung von 50 Pfund zu erhalten.

Postkutschenfahrt, 1828 (DERBY UND SHEFFIELD).

[Nach J. Pollard.

ENDE DER VERRÄTER

Die Hauptpersonen dieser Angelegenheit, insgesamt dreiundzwanzig, wurden vor einem Sondergericht am 15. Oktober in Derby angeklagt, mit dem Ergebnis, dass Brandreth, William Turner und Isaac Ludlam senior zum Tod durch den Strang verurteilt wurden , und geviertelt. Elf weitere wurden „begnadigt", wie es in einem kuriosen Satz hieß, „unter der Bedingung, lebenslang transportiert zu werden"; drei wurden ebenfalls „begnadigt", indem ihnen vierzehn Jahre Transportrecht zugesprochen wurden; während einer zwei Jahre hatte, zwei eine Laufzeit von einem Jahr und drei nur eine Laufzeit von sechs Monaten .

Die drei Haupttäter wurden am 7. November in Nuns Green hingerichtet und gehängt, wobei ihnen danach lediglich die Köpfe abgeschnitten wurden; Der Prinzregent erließ „gnädigerweise den Rest seiner Strafe." Wie nett!

Die unglücklichen Männer verabschiedeten sich liebevoll voneinander und erwarteten, bald im Himmel zu sein. Der ordnungsgemäß maskierte Henker – er soll einer der Bergarbeiter von Denby gewesen sein – verrichtete dann sein Amt und schnitt ihnen anschließend die Köpfe ab. Dabei machte er bei Brandreth eine so schlechte Arbeit, dass sein Assistent die Arbeit gern mit Messern zu Ende brachte. Daraufhin hielt der Henker nach der blutrünstigen alten Formel den Kopf vor der riesigen versammelten Menge hoch und rief, indem er sich nach rechts und links drehte: „Seht hier den Kopf des Verräters, Jeremiah Brandreth!"

Die Leichen der drei Männer wurden kurzerhand in eine Grube geworfen, die auf dem Kirchhof von St. Werburgh in Friar Gate gegraben wurde. Ein sportlicher Friseur namens Pegg verkleidete sich dann auf dem Kirchhof als in ein Laken gehüllter Geist und erschreckte die Bewohner eine Zeit lang, bis ein kühner Geist ihn mit einem Stein nach ihm warf und ihn mit solcher Gewalt niederschlug das Auge, dass er für den Rest seines Lebens halb blind blieb.

XXVIII

ES gibt malerische Ecken in dieser Stadt von Derby, die von den meisten Schriftstellern so verachtet werden und die ausreichen, um auf malerische Weise das Vermögen vieler anderer Städte zu verdienen. Für einen Künstler ist Derby jedenfalls ein sympathischer Ort, und ein solcher steht in Sympathie mit Boswell, der 1777 schrieb:

„Es hat mir Freude bereitet, durch Derby zu laufen. Man spürt sofort das Neue, und man spekuliert über die Art und Weise, wie sich das Leben darin abspielt."

Hier prallen Antike und Moderne aufeinander, und die Straßen verlaufen nach keinem regelmäßigen Plan. Es handelt sich um eine zur Industrie gewordene Provinzstadt, die immer noch von der Veränderung überrascht ist: Der beliebig geformte, nicht geformte Marktplatz, auf dem Boehms Bronzestatue von Michael Thomas Bass steht, bleibt in vielerlei Hinsicht immer noch der einer landwirtschaftlichen Marktstadt. Dennoch wurde viel abgerissen und neu aufgebaut. Unter anderem ist das Haus verschwunden, in dem Joseph Wright – der berühmte Maler „Wright of Derby" – lebte, und auf dem Gelände stehen moderne Geschäftsräume. Eine Eisentafel erzählt die Fakten – aber warum? Solche Dinge verkünden lediglich die Scham und besiegeln das Bedauern. Ach! Es gibt keinen modernen Josua, der die Zeit zum Stillstand bringt – und die Zeit zum Gehorsam fordert.

Eine der schönsten Sehenswürdigkeiten der Stadt ist der schöne Park namens Arboretum. Hier befindet sich ein interessantes Relikt der Pest, die 1665 wütete. Dabei handelt es sich um das sogenannte „Kopflose Kreuz" oder den Marktstein, der vom Friar Gate entfernt wurde, wo er als Kommunikationsmittel zwischen den betroffenen Stadtbewohnern und der Landbevölkerung diente und Proviant einbrachte. Die Marktleute kamen mit zur Desinfektion gefüllten Mündern mit Tabak, legten Fleisch, Gemüse und Milchprodukte, die sie mitgebracht hatten, auf den Boden und sahen, wie die Einwohner ihr Geld in die mit Essig gefüllte Mulde im Stein warfen. Mit diesen strengen Vorsichtsmaßnahmen hoffte man, einer Ansteckung zu entgehen.

„JUNGE MÄNNER UND MÄDCHEN."

ALLE HEILIGEN'

Die Allerheiligenkirche, die bedeutendste Kirche der Stadt, verfügt über einen hohen und sehr schönen späten Senkrechtturm, der der Legende nach um 1520 von den Junggesellen und Jungfern von Derby erbaut wurde. Darüber hinaus war es der Legende nach früher Brauch, dass die Junggesellen die Glocken läuteten, wenn eine junge, in der Stadt geborene Frau geheiratet wurde.

Leider gibt es keine direkten Beweise dafür, dass der Turm tatsächlich das Werk der Junggesellen und Jungfern war. Es wurde wahrscheinlich mit dem Geld eines wohlhabenden Stadtbewohners, Robert Liversage, gebaut, der von Beruf Färber war. Eine ramponierte Inschrift mit dem Titel „Junge Männer und Mädchen" war zweifellos der Auslöser der Geschichte. Mittlerweile wird allgemein angenommen, dass die Inschrift einst lediglich die fromme Aufforderung war: „Junge Männer und Mädchen, alte Männer und Kinder, lobt den Herrn."

Eine kathedralenartige Größe und Breite der Proportionen kennzeichnen diesen schönen Turm, ein Produkt der letzten Tage der Gotik, der sich bis zu einer Höhe von 174 Fuß über dem Bürgersteig erhebt; und die recht bescheidenen alten Häuser der schmalen Straße dienen nur dazu, es noch vorteilhafter zur Geltung zu bringen. Es ist an den Ecken stark abgestützt, und zwar in einer Weise, die Ruskin in Aufruhr versetzt hätte, wenn er jemals Gelegenheit gehabt hätte , darüber zu schreiben; denn nach seiner Theorie sollten Türme streng viereckig sein, ohne die Hilfe von Strebepfeilern. Aber was wäre die gotische Architektur ohne diese wesentlichen Merkmale! Etwas Neues und Seltsames.

ALLE HEILIGEN'.

DER UNGLÜCKLICHE EARL

Da der Turm so schön war, von welcher Art war der Körper der Kirche? Das können wir nicht wissen, denn es wurde 1725 von Gibbs im klassischen Stil umgebaut und sieht aus wie eine große Säulenhalle, sehr schön in ihrer Art und außerordentlich geräumig. Es war eine recht neue Kirche, nicht älter als zwanzig Jahre, als Prinz Charlie hier im Jahr 1945 die Messe besuchte. Es gibt viele schöne Denkmäler, hauptsächlich aus dem älteren Gebäude, darunter das kunstvolle Denkmal mit gekröntem Bildnis der berühmten Bess of Hardwick, dieser intriganten, heiratswilligen, herrischen Frau, viermal verheiratet und verwitwet, deren Leidenschaft für Bauen und Wiederaufbau konkurrierte das zur Bildung ehelicher Bündnisse. Sie soll ihr eigenes Denkmal errichtet haben, und es ist wahrscheinlich, dass sie es auch getan hat. Ihre vierte Ehe in ihrem fünfzigsten Lebensjahr mit dem sechsten Earl of Shrewsbury verbitterte die Existenz dieses unglücklichen Mannes. Er war der Hüter von Mary Queen of Scots. Die Ängste vor dieser Anklage und die traurige Zeit, die er mit seiner Frau verbrachte, verkürzten seine Existenz. „Zwei Teufel", beschrieb er die Gräfin und die gefangene Königin, und es ist wahrscheinlich, dass er insgeheim an Königin Elizabeth dachte, die ihm ständig Sorgen bereitete, eine dritte. Die Streitigkeiten zwischen Earl und Countess waren berüchtigt, und der Bischof von Lichfield schrieb ihm einen Brief, der ihn zu diesem Thema trösten sollte. Der Tenor darin lautete, dass der Fall sicherlich unglücklich sei, aber schließlich sei dies das Übliche:

„Manche werden sagen , in deinem ^{Namen} Obwohl die Gräfin eine scharfsinnige und bittere Spitzmaus ist und daher wahrscheinlich genug ist, Ihr ^{Leben zu verkürzen} , wenn sie Ihnen Gesellschaft leisten sollte : In der Tat, mein guter Lo. Ich habe einige sagen hören: „sa" ; Aber wenn Klugheit oder Schärfe ein gerechter Grund für die Trennung zwischen Mann und Frau sein können , denke ich Wenige Männer in England würde behalte ihre Frauen lange ; denn es ist eine gemeinsame Sache scherzhaft , aber in gewisser Weise auch wahr, dass es nur eine Spitzmaus auf der ganzen Welt gibt , und dass jeder Mann sie hat , und dass jeder Mann seiner Frau entkommen könnte , das wäre eine Spitzmaus ."

Wenn man dieses stolze, arrogante, herrschaftliche Gesicht betrachtet, das auf dem Denkmal nach oben zeigt, tut einem etwas leid, nicht nur für den Earl, sondern für alle, die mit ihr Handel trieben .

ST. ALKMUNDS.

EINE GROTESKE STATUE

Zu den vielen Mitgliedern der Cavendish-Familie, die hier ruhen, gehören William, der zweite Earl of Devonshire, und seine Frau und Kinder. Der Earl selbst starb im Jahr 1628, und zu seiner Erinnerung an ihn und seine Familie wurde ein furchteinflößendes Denkmal errichtet, dessen Bildnisse grotesk deformiert und in etwas gekleidet waren, das wie Laken aussah. 1877 wurde das schreckliche Ding zerstört, aber die Statuen selbst sind geblieben; der Earl selbst, eine verkürzte Figur mit breitem Mund und einem gleichzeitig wehmütigen, komischen und grotesken Ausdruck, der den modernen Betrachter mit erinnernden Gefühlen verwirrt. Wo, fragt er sich, hat er so etwas schon einmal gesehen? und plötzlich wird ihm klar, dass es sich bei dem Ding durchaus um eine Reproduktion des verstorbenen Mr. Dan Leno handeln könnte.

St. Alkmund ist ein schöner Kontrast zum großen Turm von Allerheiligen: seine Anmut steht im Kontrast dazu, wie männliche Stärke mit weiblicher Schönheit. St. Mary's, die Nachbarkirche , die römisch-katholische Kirche, ist ein unglückliches Beispiel der Gotik, wie sie in der Mitte des 19. Jahrhunderts verstanden wurde, aber man muss nur ein kleines Stück hinabsteigen, bis zur Brücke, die den Derwent überquert, und dann einen Blick zurück zu werfen, nach Distanz zu suchen, um der Szene einen besonderen Zauber zu verleihen. Von der buckligen Brücke aus sehen Sie, wie die schlechten Details der schlecht informierten Gotik in einem breiten, umfassenden, freundlichen Rauchschleier aus den dicht gedrängten Schornsteinen dieses heruntergekommenen, aber malerischen Viertels beseitigt werden, und sie erhebt sich kühn in die Aussicht, mit St . Alkmunds Turm auf der linken Seite, als wäre er vom feinsten Geist des fünfzehnten Jahrhunderts inspiriert. Ebenso freundliche Pappeln, die mutig an den Ufern von Derwent wachsen, unterstützen die Aussicht. Wir werden den Derwent selbst nicht allzu neugierig betrachten, denn obwohl plätschernde Wehre ihn abwechslungsreich gestalten, säumen Fabriken verschiedener Arten seinen Lauf, und das Wasser wird dadurch verschmutzt; und das ist, kurz gesagt, nicht der Derwent, wie er von Dichtern verstanden wird.

ST. MARIENBRÜCKE.

DER ALTE HANDWERKER

Die Brücke selbst ist klein und alt und wird zweifellos in nicht ferner Zukunft einem neuen Platz weichen. Mittlerweile ist es auf eine Weise verwittert, die Künstler lieben, und es sind einige ganz schöne Lampenständer darauf angebracht, die in der Zeit vor dem Gas entworfen wurden. Ihre Gestaltung und Ausführung sind unauffällig: Es handelt sich in der Tat um eine recht kleine Leistung, und zweifellos hat der Schmied, der diese Standards vor etwa hundertfünfzig Jahren anfertigte, die Arbeit im Rahmen seines alltäglichen Handwerks erledigt und sich darüber keine Gedanken mehr gemacht . Aber er hat es besser gemacht, als er wusste. Sie – diese alten Kerle – waren nicht selbstbewusst: Sie wussten nicht, dass sie Künstler waren, und taten es nicht wie ihre heutigen Nachkommen, bewundernd vor ihrem Werk zu stehen und Himmel und Erde als Zeugen für die höchste Kunstfertigkeit zu rufen.

XXIX

DIE Manchester Road verlässt Derby über Friar Gate: Auch in dieser Richtung dehnt sich die Stadt rasch aus. Als ich hierher kam, arbeiteten Arbeitstrupps mit Aushubarbeiten für die neue elektrische Straßenbahn, und dort sah ich inmitten des aufgewühlten Schlamms einen zerquetschten weißen Schmetterling; und es schien mir typisch für diese Entwicklungen zu sein.

KEDLESTON HALL

Der Weg weiter nach Ashbourne ist einsam, abgesehen von den Ablegern, die im Trainerzeitalter von den angrenzenden Dörfern ausgesandt wurden. So wird Mackworth durch einen Häuserstreifen am Wegesrand dargestellt, das darunter liegende alte Dorf mit seiner schönen Kirche und dem alten Burgtor; während Kirk Langley ebenfalls auf der anderen Straßenseite liegt. Quarndon , weiter rechts, angrenzend an Kedleston Park, ist der Bruder von Quorndon in Leicestershire; Das einzige Wunder ist, dass das andere mit einem „o" geschrieben wird: Die natürliche ländliche Neigung besteht darin, ein „e" (hier das „e" in „quern") in der Sprache, wo immer möglich, in ein „a" zu ändern.

Es gab eine Zeit, in der Quarndon als Kurort einen hervorragenden Ruf genoss. Es enthielt das schrecklichste schwefelhaltige Wasser, mit dem nur erfahrene Chemiker, ehemalige Meister in Sachen Gestank und ekelerregender Geschmack , mithalten können; und in der Nähe der Quelle wurde ein großes Hotel gebaut, um Invaliden unterzubringen; denen jedoch das Heilwasser derzeit offenbar zu schrecklich ist. So wie der berühmte Lord Derby, der an Gicht litt und einen besonderen Sherry probierte, der ihm empfohlen wurde, bemerkte, dass er „die Gicht bevorzuge", so zogen sie ihre Beschwerden lieber vor als dieses Heilmittel für sie. Und so ist das Hotel seit vierzig Jahren kein Hotel mehr, sondern ein Bauernhaus – und zwar ein sehr hässliches.

nahegelegene Adelsresidenz Kedleston Hall gezeigt wurde , schien davon nicht beeindruckt zu sein. Er beanstandete es als „kostspielig, aber schlecht durchdacht" und war der Meinung, dass für das Gebäude mehr Kosten als Urteilsvermögen aufgewendet worden seien. Die Schlafzimmer seien, wie er zu Recht betonte, „klein, niedrig, dunkel und eher für ein Gefängnis geeignet als für ein prächtiges Haus " , und die Küche war so eingerichtet, dass sich die Dämpfe reichlich über das Haus verteilten, sodass man speisen konnte Ich nahm den Geruch während des Kochens ausreichend wahr und war mehr als zufrieden, bevor ich mich an den Tisch setzte. Tatsächlich hielt er Kedleston Hall für nichts Besseres als „ein großes Rathaus". Robert Adam entwarf und baute es nach den Anforderungen der Zeit, die sich an solchen unheimlichen Häusern erfreute; und fast alle großen Herrenhäuser dieser Zeit haben ähnliche Einwände: Sie seien eine Ansammlung ärmlicher und unbequemer Räume, die um eine zentrale Halle herum gebaut seien entworfen, um Nachbarn mit Erstaunen und Neid zu erregen. Hier ist die große Halle mit ihren zwanzig korinthischen Säulen aus hellprimelfarbenem Elvaston- Alabaster edel genug für einen Kaiser, aber die meisten anderen Räume sind schäbig.

Brailsford, auf dem Weg nach Ashbourne , erzählt denjenigen, die sich für diese Dinge interessieren, immer noch auf unmissverständliche Weise von der Trainerzeit. Hier stehen noch immer „Rose and Crown", der „Saracen's Head", wo die alte „Manchester Defiance" die Pferde wechselte, und eine Reihe von Bauernhäusern, die einst Gasthöfe unterschiedlicher Qualität waren. Und jetzt wird die Landschaft mit dicht bewaldeten Hügeln und Tälern kühn und lieblich. Unten auf der linken Seite sehen Sie ein prächtiges, mit Zinnen versehenes Gebäude aus dunklem Kalkstein, das in einem Park steht, in dem Hirsche umherstreifen. Dies ist Osmaston Manor, dessen Größe den ursprünglichen Osmund, der diesem besonderen „ Aston " in fernen sächsischen Zeiten seinen Namen gab, in Erstaunen versetzen würde . Es ist der Sitz von Sir Peter Walker, dem Sohn von Sir AB Walker, dem ersten Baronet, der weithin als Stifter der großen Walker Art Gallery in Liverpool bekannt ist, wo sein Vermögen – sein Testament wurde in Höhe von drei Millionen Sterling nachgewiesen – erworben wurde Brauen von Bier. Im Park von Osmaston Manor tummeln sich Chitrali-Ziegen sowie Island- und Sibirische Schafe.

Das umliegende Land ist mit einer weiteren Ansammmlung von „ Aston "- Dörfern übersät; Ednaston , Edlaston , Ellaston , Hognaston . Muggington ist der groteske Name eines Ortes auf der rechten Straßenseite.

ASHBOURNE

Ein langer und steiler Hügel führt hinunter nach Ashbourne , aber der Weg war steiler und kurvenreicher, bevor diese Straße in der Zeit der Postkutschen unterbrochen wurde und den gefährlichen Abstieg über Spital Hill ersetzte. „Romantisches Ashbourne ", sagt Canning; und dort liegt es, weit unten, im Tal der Taube, so winzig aus der Entfernung; und der fast reine Blick darauf, dass die zusammengedrängten Häuser wie Sedimente aussehen, die sich am Grund des grünen Tals angesammelt haben.

XXX

DIE Annäherung an Ashbourne , wenn Sie den Hügel hinuntergestiegen sind, ist nicht romantisch, da sie aus der langen, schmutzigen Straße von Compton besteht, die reich an „Unterkünften für Reisende ", *dh* Landstreichern, ist; und mit der kleinen Brücke mit zwei Bögen, die den Henmore- Strom überspannt, gesäumt von Männern und Jungen, die eifrig mit Nichtstun beschäftigt sind, mit großer Begeisterung und vollkommener Zufriedenheit.

Die Straße am Ende von Compton, die im Grunde genommen Ashbourne ist , nimmt eine rätselhafte Rechts- und Linkskurve; Und da sind Sie in der langen Straße der Stadt, mit dem Marktplatz, der einen Hügel säumt, und dem „Grünen Mann" an einem Ende und der Kirche am anderen.

Die Stadt liegt an einem Straßenknotenpunkt, der einst von erheblicher Bedeutung war. Auf dem Weg nach Manchester gibt es eine Auswahl an Routen; über Buxton oder Leek, und daher war der Busverkehr von Ashbourne beträchtlich.

Canning feiert in seinen *„Loves of the Triangles"* , einer schlauen Parodie auf Dr. Erasmus Darwins bewunderte *„ Loves of the Plants "* , Ashbourne und den „Derby Dilly", der ihn durchzog:

So gleitet dein Hügel hinunter, das romantische Ashbourne

Der Derby Dilly mit drei Innenseiten,

In jeder Ecke sitzt und räkelt sich einer,

Mit verschränkten Armen, nach hinten gestrecktem Rücken und ausgestreckten Knien;

Während die Presse Bodkin zwickte und zu Tode drückte,

Schwitzt in der Mitte, schimpft und schnappt nach Luft.

Canning, ein Freund der Boothbys aus Ashbourne Hall, hat dies wahrscheinlich dort geschrieben.

„Derby Dilly" war der heutige Name für die „Diligence" oder leichte Postkutsche, die damals zwischen Manchester und Derby durch Ashbourne verkehrte und in diesem abgelegenen Bezirk noch lange verkehrte, nachdem die Eisenbahnen anderswo Busse verdrängt hatten. Um die Anspielungen in Cannings Vers zu verstehen, muss erklärt werden, dass diese „Pflichten" weniger Anpassungsmöglichkeiten boten als die eines gewöhnlichen Trainers. Sie trugen keine Außenseiten und nur drei Innenseiten, die auf einem Sitz saßen und den Pferden zugewandt waren. Die besonderen Mängel der „Fleißigkeit" aus der Sicht des mittleren Passagiers sind offensichtlich.

Lange glaubte man, dass es den Eisenbahnen niemals gelingen würde, in den Peak District vorzudringen, und der „Derby Dilly" behielt seine Existenz bis 1858, als das Unmögliche geschah. Dann wurde auch die ausschließlich lokale Postkutsche, die Manchester and Derby Mail, zurückgezogen; seine letzte Reise fand am Samstag, dem 2. Oktober 1858 statt.

PICKFORD UND CO.

Aber in der Tat müssen diese sechzig Meilen zwischen Derby und Manchester für den Kenner des Verkehrs und seiner Entwicklung von besonderem Interesse sein, denn in diesem Bezirk hatte schon vor langer Zeit die Transportfirma Pickford & Co. ihre Anfänge vor dreihundert Jahren. Irgendwann zu Beginn des 17. Jahrhunderts wurde die ursprüngliche Firma für Packpferdetransporte gegründet, von deren Nachkommen, den Pickfords , das Unternehmen durch Kauf erworben wurde . oder auf andere Weise, erwarb das Geschäft um 1730. Von Packpferden gelangten die Waren schließlich zum Transport auf Wagen , und um 1770 fanden wir Matthew Pickford in Manchester ansässig, dessen Tätigkeitsbereich sich bis nach London erstreckte, bis zu dem seine „ Flying Waggon " reiste in der damals beispiellosen Zeit von viereinhalb Tagen; und so bestand die bereits historische Firma bis 1817 weiter, als Joseph Baxendale in die alte Firma Matthew und Thomas Pickford aufgenommen wurde. Er übernahm bald die Kontrolle über das Unternehmen und kaufte die Pickfords auf , und obwohl der Name seitdem beibehalten wurde, bleibt die Firma immer noch Eigentum seiner Nachkommen.

Im Transportgeschäft wurden große Vermögen gemacht, und Baxendales , Suttons und andere haben, fast unerwartet, erstaunlichen Reichtum angehäuft; Aber nicht jeder Träger war mit seinem Los zufrieden, und zumindest einer sah einen besseren Weg. Dies war William Bass, der etwa in der Mitte des 18. Jahrhunderts als Frachtführer zwischen Burton-on-Trent, Ashbourne und Derby unterwegs war. Der größte Teil seines Geschäfts bestand darin, Burton-Bier für Benjamin Printon zu transportieren , der schon viele Jahre zuvor mit dem Brauen für den Handel begonnen hatte. Er hatte mit drei Männern angefangen, aber der Ruhm seines Bieres wuchs und veranlasste andere, sich niederzulassen. Bass war sehr beeindruckt von der Steigerung seines Bierhandels, die ausschließlich auf den Bierhandel zurückzuführen war, und plante eine Möglichkeit, sein eigenes Bier zu brauen und zu transportieren, und ließ sich dementsprechend als Brauer bei Burton nieder. Es ist nicht nötig, näher auf die Geschichte der großen Firma Bass & Co. einzugehen, die heute wahrscheinlich die größte Brauereifirma Englands ist und von William Bass, dem Großvater des jetzigen Firmenchefs Michael Arthur Bass, gegründet und zum Baron ernannt wurde Burton im Jahr 1886.

William Bass zog sich sehr bald aus dem Transportgeschäft zurück, das anderen Mitgliedern seiner Familie überlassen wurde und schließlich von der Firma Pickfords übernommen wurde, in deren Diensten viele Jahre blieb, bis zu seinem Tod im fortgeschrittenen Alter ein Michael Bass, ein großer Onkel, glaube ich, von Lord Burton.

Ashbourne eine Stadt mit viertausend Einwohnern ist, ist sie heute ein sehr ruhiger Ort, und es gibt wenig, was die Herzen berührt, außer dem jährlichen Fußballspiel am Faschingsdienstag und Aschermittwoch durch die Straßen zwischen den rivalisierenden „Uppards" und „ Downards " . " endet. Die Ziele liegen drei Meilen voneinander entfernt in den Mühlen von Sturston und Clifton am Henmore , und dort scheinen die aufgeregten Gedränge im Wasser und die daraus resultierenden Ausweichmanöver , die oft in Kämpfen enden, alle Kräfte von Ashbourne bis zur nächsten Fastnacht zu erschöpfen.

CHURCH STREET, ASHBOURNE.

Ashbourne hat viele Behauptungen zu bemerken. Dazu gehört, dass es ein Gymnasium gibt, das aufgrund schlechter Leitung zweimal auf einen Schüler reduziert wurde. Laut Cotton, einem Anglerkollegen von Izaak Walton, genoss die Stadt zu seiner Zeit einen unrühmlichen Ruf: Sie war berühmt für das beste Malz und berüchtigt für das schlechteste Bier Englands. Besonders hervorzuheben ist die Kirche St. Oswald, „der Stolz des Gipfels". Sie liegt nicht in der Nähe des Gipfels, aber das spielt keine Rolle, und sie ist auch nicht, wie George Eliot sagt, „die schönste bloße Pfarrkirche im Königreich"; aber es ist auf jeden Fall ein außerordentlich großes und sehr schönes Gebäude mit einem anmutigen Turm, der bis zu 212 Fuß hoch ist.

Boswell bezeichnete sie als „eine der größten und leuchtendsten Kirchen, die ich in einer Stadt dieser Größe gesehen habe." Die Kirche wurde in der frühen englischen Zeit erbaut, wie die noch vorhandene Widmungstafel beweist. Hier gibt es viele sehr schöne und interessante Denkmäler, aber keines – nicht einmal das von Penelope Boothby – ist schöner als das moderne Buntglasfenster, das einem Mitglied der Familie Turnbull gewidmet ist. Es ist ein schönes Stück in verschiedenen Farben , insbesondere im wunderschönen Blau des Engelsgewandes.

DIE COKAYNES

Die alten Herren von Ashbourne , die Cokaynes und die Boothbys , sind im nördlichen Querschiff reichlich in Epitaphien und gemeißelten Steinen und Marmor vertreten . Mehr als zwei Jahrhunderte lang – von 1372 bis 1592 – regierten die Cokaynes , und nach ihnen kamen die Boothbys für zweihundertfünfzig Jahre. Die Cokayne- Denkmäler sind sehr schön, obwohl Ruskin sie nur als fehlgeschlagene Versuche von Handwerksgesellen ansehen wird, italienische Handwerkskunst aus derselben Zeit nachzuahmen. Sie sehen jedoch sehr grimmig aus wie alte Ritter und Damen, die so in strengem Bildnis in Reihen daliegen, die Ritter in ihrer Ketten- oder Plattenrüstung , die Damen in ihren gehörnten oder schmetterlingshaften Kopfbedeckungen, wenn man sie mit dem Bildnis der kleinen Penelope Boothby vergleicht , das einzige Kind des letzten Boothbys von Ashbourne Hall.

PENELOPE BOOTHBY

Das Epitaph lautet:

An Penelope,
einziges Kind von Sir Brooke Boothby und Dame Susannah Boothby,
geboren am 11. April 1785, gestorben am 13. März 1791. Sie war in Form und Intellekt überaus erlesen. Die unglücklichen Eltern wagten ihr Bestes in dieser gebrechlichen Barke, und der Zusammenbruch war total .

Eine Inschrift darunter lautet auf Englisch: „Ich war nicht in Sicherheit, ich hatte auch keine Ruhe, und der Ärger kam." Dies wird in Latein, Französisch und Italienisch wiederholt.

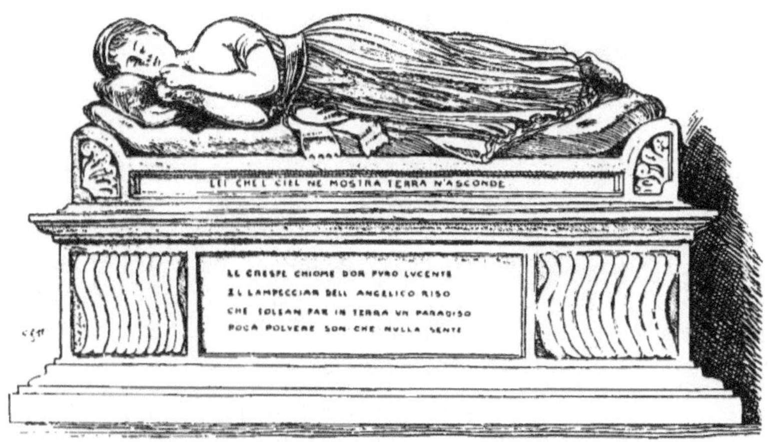

PENELOPE BOOTHBYS DENKMAL.

Das Bildnis aus weißem Marmor, das das auf einer Matratze liegende Kind zeigt, eines der einfachsten und doch schönsten Beispiele monumentaler Skulpturen, ist das Werk von Thomas Banks, RA, und vielleicht das berühmteste Skulpturenwerk Englands. Ich weiß nicht, warum Sir Brooke seine Trauer hauptsächlich auf Italienisch zum Ausdruck brachte. Auf dem Marmor erscheinen lange Inschriften in dieser Sprache, sorgfältig übersetzt in eines der Bücher, für die er verantwortlich war:

Alle unsere Freuden sind mit dir allein zugrunde gegangen,

Aber du bist glücklich und gesegnet, meine Liebe

Penelope, die durch eine Berührung des Todes es geschafft hat

So vielem und so großem Elend entkommen.

Diejenigen, die ins Grab hinabsteigen, sind nicht vor dem Himmel verborgen.

Deine Locken aus reinem, glänzendem Gold, der Glanz deines engelhaften Lächelns, die einst ein Paradies auf Erden bildeten, sind jetzt nur noch ein wenig sinnloser Staub.

Schönheit, das ist dann dein letztes Asyl!

Ihr Grab enthält noch nicht alles: es wartet auf den Rest seiner Beute: – es wird nicht lange warten.

Aber „Herzen brechen nicht, sie stechen und schmerzen", und Sir Brooke überlebte noch Jahre danach.

Die Liebe, die Sir Brooke Boothby seiner kleinen Tochter entgegenbrachte, spiegelt sich auf viele Arten wider. Er schrieb und druckte einen umfangreichen Band, „ *Sorrows Sacred to the Memory of Penelope* "; aber er war so etwas wie ein literarischer Gentleman und pflegte seinen Kummer, um sein Schaffen zu steigern; und selbst dann machten seine tränenreichen Gesänge nur wenige Seiten aus, also füllte er das Buch mit anderen literarischen Übungen. Aber er *verkaufte sein Buch* nicht : Er tat es nicht wie unser modernes What's-his-Name, der ein Gedicht über den Tod seiner Frau schrieb und es an einen Herausgeber verkaufte.

Noch berühmter als das berühmte Denkmal für Penelope Boothby ist das von Sir Joshua Reynolds im Jahr 1788 gemalte Porträt von ihr, das den meisten Menschen auf den Stichen danach bekannt ist. Das Originalbild wurde beim Windus -Verkauf von 1859 vom Earl of Dudley für elfhundert Guineen ersteigert und 1885 von Mr. Thwaites für nicht weniger als 20.000 Pfund gekauft. Es war die direkte Inspiration für Sir John Millais' ebenso berühmtes „Cherry Ripe", gemalt als Porträt der kleinen Miss Ramage, die in der Figur der Penelope zu einem Kostümball gegangen war.

Die Inspiration des Denkmals selbst war sehr ausgeprägt. Die „Schlafenden Kinder" von Chantrey in der Kathedrale von Lichfield sind Mrs. Robinson, der Mutter der beiden, zu verdanken, die den von ihr beauftragten Sir Francis Chantrey gebeten hatte, sein Werk auf dem Denkmal für Penelope basieren zu lassen. Der Bildhauer besuchte daraufhin Ashbourne und fertigte eine Skizze nach dem Werk von Thomas Banks an.

Lichfield wurde dann schnell zum Gegenstand des Hasses und der Eifersucht der Ashbourne- Leute, die mit bitteren Gefühlen hörten, dass die Gruppe von Chantrey sogar noch besser war als die Figur, auf die sie so stolz waren. Bereits 1829 erzählte ein Besucher, wie „die ehrwürdige Matrone, die das Denkmal zeigt" in der Kirche von Ashbourne als Antwort auf die Bemerkung, dass Chantreys Skulptur die schönere sei, sagte: „Humph! So etwas höre ich jeden Tag. Hängen Sie diesen Chanty oder Canty, oder wie auch immer Sie ihn nennen, auf! Ich wünschte, er wäre nie geboren worden."

Ashbourne Hall, das alte Zuhause der Boothbys , ist heute ein Hotel. Im Jahr 1745 beherbergte es Prinz Charles, und in den anderen Schlafzimmern waren seine obersten Offiziere untergebracht. Ihre Namen wurden damals mit Kreide auf die Türen geschrieben, und die Kreide wurde anschließend von einem gewissen Boothby, der die Erinnerung an den historischen Anlass bewahren wollte, sorgfältig mit weißer Farbe übermalt, aber von ihnen sind heute keine Spuren mehr zu sehen.

KRIEGSGEFANGENE

Während der Kriege mit Napoleon genoss Ashbourne einen phänomenalen Wohlstand; Denn vor allem aufgrund seiner Lage mitten in England, die den Zugang zum Meer zu einer ziemlich langwierigen Angelegenheit machte, machte die Regierung die kleine Stadt zu einem Ort, an dem bis 1804 zweihundert gefangene französische Offiziere auf Bewährung stationiert waren. Sie sollen an diesem Ort jährlich 30.000 Pfund ausgegeben haben. Das Schlimmste, worüber sie sich beschweren mussten, war ihr erzwungener Müßiggang und die Pflicht, um neun Uhr abends im Rahmen zu sein. Auf jeden Fall durften sie sich nicht weiter als eine Meile von der Stadt entfernen, und wenn sie sich verspäteten, wurde ihnen eine Geldstrafe von einer Guinea auferlegt, die dem Informanten zu zahlen war. General Roussambeau war einer der angesehensten dieser Gefangenen. Eines Tages ritt er weit über die Grenzen hinaus nach Matlock, um Lord Macartney und General Boyer zu treffen. Er traf sie und mit ihnen eine humorvolle Person, die mit ihm über das Überschreiten von Grenzen scherzte. Der Franzose war darüber empört und schickte ihm bei seiner Rückkehr nach Ashbourne sofort eine Guinee, das Honorar des Informanten . Daraufhin informierte der Humorist, da er nicht bereit war, dass der Franzose das letzte Wort hatte, eilig die Behörden in London, die Roussambeau sofort nach Yaxley in Huntingdonshire verlegten.

Aber Dr. Johnson ist die große Figur in Ashbourne . Hier besuchte er viele Jahre lang Dr. Taylor in dem großen Backsteinhaus, das noch heute gegenüber dem alten Gymnasium steht. Der Name lautet schlicht und doch arrogant: „The Mansion". Die Überlieferung besagt, dass die Fassade von einem italienischen Architekten entworfen wurde: wahrscheinlich der langweiligste Hund seines Fachs, wenn die solide, behäbige, uninspirierte Fassade den Maßstab für seine Fähigkeiten darstellt. Aber wie schön ist die Gartenfront mit ihren beiden Giebelflügeln und dem seltsamen, aber vornehmen Pavillon dazwischen! Dieses ungewöhnliche Gebäude, das den sogenannten „Octagon Room" enthält, soll von Dr. Taylor zum Zwecke der Bewirtung Georgs III. erbaut worden sein.

Dr. Taylor war einzigartig für das 18. Jahrhundert und die ersten Jahre des 19. Jahrhunderts. Niedrig reformierende Menschen haben die Lage der Dinge so verändert, dass seinesgleichen heute nahezu unmöglich ist . Er war der ideale Squarson; mit einem eigenen Anwesen und allerlei Beute von der Kirche von England, darunter das Pfarrhaus von St. Margaret in Westminster, ein Pfarrhaus in der Abtei und das Pfarrhaus von Market Bosworth. Er war auch Friedensrichter. Er lebte in einem Stil, der diesen

Würden und den Bezügen, die sich aus den meisten davon ergaben, angemessen war, und ging selten ohne seine Postkutsche, vier Pferde und zwei Postillone aus.

DER SQUARSON

Die Verbindung zwischen Taylor und Dr. Johnson beruhte auf einer frühen Schulfreundschaft und einer anhaltenden Bekanntschaft in Oxford, obwohl Taylor, als sie an die Universität gingen, als reicher Mann natürlich nach Christ Church ging, und Johnson, natürlich auch nach Pembroke.

Eines von Taylors Hobbys war der Bau von Wasserfällen in seinem Garten, ausgehend vom Henmore . Der Beobachter von heute, der das winzige Rinnsal dieses Stroms mit zweifelndem Auge betrachtet, ist der Meinung, dass es schlecht gewesen sein muss, daraus Kaskaden zu machen, wenn der Fluss damals nicht größer gewesen wäre als heute. Ein weiteres Hobby war die Landwirtschaft, und Dr. Johnson erzählt in seiner Korrespondenz mit Mrs. Thrale, wie er einen großen Bullen hielt, der , wie er prahlte, anderswo in Derbyshire seinesgleichen suchte. Er war so stolz auf seinen Stier, dass es ihm meist mit großer Mühe gelang, bei Tisch auf das Thema einzugehen. Eines Tages jedoch wandte sich ein Mann an Dr. Taylor mit der Bitte, eine Farm zu mieten, und ihm wurde der berühmte Bulle gezeigt, und zu Dr. Taylors Beschämung erklärte er, er habe einen noch größeren gesehen. Es scheint ihm nicht gelungen zu sein, die Farm zu pachten, und ein Jahr später schreibt Dr. Johnson an Mrs. Thrale: „Wir hassen immer noch den Mann, der einen größeren Bullen gesehen hat."

DER „GRÜNE MANN UND DER SCHWARZE KOPF",
ASHBOURNE.

Im Jahr 1776 stellte Johnson seinen Freund Boswell Dr. Taylor vor, und im nächsten Jahr wurde dieser Heldenverehrer auf Dr. Johnsons Bitte zu einem längeren Aufenthalt eingeladen. Er blieb vierzehn Tage. Bei seiner Abreise in den Norden mietete er eine Postkutsche im immer noch existierenden Gasthaus „Green Man", das seitdem den Namen „Black's Head" übernommen und den Namen dieses ausgestorbenen Hauses zu seinem eigenen hinzugefügt hat. Boswell beschreibt die Vermieterin des „Green Man" als „mächtige höfliche Gentlewoman". Das war sie tatsächlich ! Sie machte ihm einen bescheidenen Knicks und zeigte ihm eine Gravur ihres Hauses, auf der sie geschrieben hatte: „M. Kilingleys Pflicht ruht auf Mr. Boswell, der ihm für diesen Gefallen überaus dankbar ist ; Wann immer er diesen Weg betritt, hofft er auf die Fortsetzung desselben. Würde Mr. Boswell dieses Haus seinem weitreichenden Bekanntenkreis nennen, wäre dies ein einzigartiger Gefallen , der jemandem zuteil wird, der nicht anders zurückkommen kann als ihren dankbarsten Dank und ihre aufrichtigen Gebete für sein Glück in der Zeit und in der gesegneten Ewigkeit . Dienstagmorgen." Am Ende scheint es kein „Amen" gegeben zu haben, aber es ist sicherlich ein „gefühlter Wunsch".

Das Galgenschild des Hauses ragt kühn über die schmale Straße, daran hängt das Schild „Grüner Mann" und darüber ein riesiger „Schwarzer Kopf" mit leuchtenden Augen und einem bunt bemalten Turban.

XXXI

WAHL DER STRASSEN

VERLASSEN Ashbourne hat der Reisende weiterhin eine Auswahl an Routen nach Manchester. Er kann auf der trostlosen und hohen Straße durch die Moorlandschaften von Derbyshire gehen, ohne über viele Meilen hinweg ein Haus zu finden, das ihm Gesellschaft leistet, über das Newhaven Inn und in feierlicher Begleitung der Römerstraße und der prähistorischen Hügelgräber weiter nach Buxton und bei Whaley Brücke nach Stockport; oder er wählt den Weg über Leek und Macclesfield nach Stockport, der alten Postkutschenroute und daher vor allem *die* Manchester Road. Die Buxton-Route war jedoch die frühere der beiden und wurde erst nach 1762 außer Betrieb genommen, als die Straße bei Leek und Macclesfield ausgebaut und mit Schlagbäumen versehen wurde. Eine bessere Oberfläche als die dieser Route lässt sich nicht leugnen, aber ihre völlige Einsamkeit, ihre Abgeschiedenheit von den meisten menschlichen Interessen – sie verläuft sozusagen über das Dach der Welt – sind ziemlich grässlich. Es ist schwer zu sagen , wie die isolierten Gasthöfe – das „Jug and Glass", das „Newhaven Inn", das „Bull- i' -Thorn" und das „Old Duke of Cumberland" – ihren Lebensunterhalt bestreiten.

Um in noch frühere Zeiten zurückzugehen: Keine dieser Routen war Teil der Strecke zwischen London und Manchester, und ein Autor historischer Romane, der uns einen wahren Roman über diese Straße, sagen wir, im 17. Jahrhundert, vermitteln wollte, müsste das tun Lassen Sie seine Reiter, die damals Ihre einzigen Reisenden waren , von Manchester nach London über die Umwege von Warrington, Great Budworth , Cranage Heath, Holmes Chapel, Brereton, Church Lawton und Newcastle-under-Lyme joggen, von wo aus sie im Allgemeinen liefen Weiter geht es über Stone, Lichfield und Coleshill. Das war, mit geringfügigen Abweichungen, die durch Geschmack und Fantasie oder durch Umstände wie Überschwemmungen oder Wegelagerer verursacht wurden, die alte ursprüngliche Poststraße.

Wildheiten

Der Fluss Dove wird an der Hängebrücke oder Mayfield Bridge überquert, wo rivalisierende Gasthöfe, eines auf beiden Seiten des Wassers, einander finster anblicken und den Brauch des nachdenklichen Anglers und den anstrengenden Pilgern der Straße trennen. Der Name „Hängende Brücke" geht auf die legendäre Hinrichtung von Rebellen zurück.

Die Annalen von Hängebrücke werden durch einen noch nicht ganz vergessenen Vorfall aus dem Jahr 1945 bereichert, als der Gastwirt bei der Verteidigung seines Kellers von einem der Highlander verwundet wurde.

Es ist noch nicht so lange her, dass die Landleute aufgehört haben, vertraulich über diese Zeit zu reden; von dem Bauern, der von zwei Rebellen erschossen wurde, denen er sich geweigert hatte, sein Pferd abzugeben; und von dem schrecklichen Schicksal, das jene Nachzügler ereilte , die aus dem einen oder anderen Grund aus den Reihen der sich zurückziehenden Armee von Prinz Charlie fielen. Ich stelle mir den hageren, zerlumpten Highlander vor, der auf der Strecke geblieben ist, ein Fremder in einem fremden Land, der nichts von Englisch versteht; und ich sehe die mörderischen Bauern, die sich an ihm für ihre jüngsten Schrecken rächen, indem sie ihn an den nächsten Baum hängen. Legenden erzählen, dass diese Wracks der Invasionsarmee an Wegweisern aufgehängt wurden, aber das lässt sich leicht widerlegen, denn 1745 gab es noch keine Wegweiser. Stattdessen nutzten die einfachen Dorfbewohner die Bäume. Über eine der Töpferstädte wird tatsächlich eine schreckliche Geschichte erzählt, die besagt, dass der Körper eines dieser unglücklichen Clansmitglieder gehäutet und aus seiner Haut eine Trommel hergestellt wurde.

HÄNGEBRÜCKE.

Der letzte Vorfall, der es überhaupt wert ist, hier erwähnt zu werden, ist der von 1819, als Manchester nach politischen Reformen dürstete und Tausende seiner Einwohner nebenbei nach Brot hungerten. Nach dem gescheiterten Treffen von „Peterloo" schlugen die „ Deckeeers " einen Marsch nach London vor, doch extrem heißes Wetter und andere Entmutigungen standen ihnen im Weg. Trotz Widerstand erreichten jedoch fünfhundert Macclesfield, wurden dort jedoch vom Militär zerstreut, und nur einer erreichte Ashbourne . Als Drohdemonstration hatte er keinen Erfolg.

DIE MAREN

In Mayfield lebte kein Geringerer als Tommy Moore fast vier Jahre lang zwischen 1813 und 1817, und hier schrieb er, inspiriert von den süßen Glockenspielen von Ashbourne , die bekannten Verse *Those Evening Bells* :

Diese Abendglocken! Diese Abendglocken!

Wie viele Geschichten erzählt ihre Musik

Von Jugend und Heimat und dieser süßen Zeit

Als ich das letzte Mal ihren beruhigenden Klang hörte!

Diese freudigen Stunden sind vergangen,

Und so manches Herz, das damals fröhlich war

Im Grab wohnt jetzt Dunkelheit,

Und hört die Abendglocken nicht mehr.

Und so wird es sein, wenn ich weg bin;

Dieser melodische Klang wird immer noch erklingen;

Während andere Barden durch diese Täler gehen werden,

Und singe dein Lob, süße Abendglocken.

DIE MANCHESTER-POSTS, DIE IN DER NÄHE VON
ASHBOURNE AN EINEM ANDEREN PASSIEREN.

[Nach J. Pollard.

In Mayfield Cottage, inmitten der typisch englischen Landschaft und mit den Wiesen und den Kühen, die direkt vor seiner Tür standen, schrieb er das Werk des übertriebenen Orientalismus, *Lalla Rookh* ; und hier erlebte er zum ersten Mal die Freuden des literarischen Erfolgs. Byron hatte die Mode in der Literatur vorgegeben und östliche Themen bezahlt gemacht, und Moore schlug dementsprechend vor, den vorherrschenden Geschmack auszunutzen und ein Gedicht über Giaours, Houris, Peris und Bul-Buls zu schreiben . Er wusste nichts über orientalische Themen, aber das spielte keine Rolle. Er kaufte jedes verfügbare Buch über den Osten, zog sich an diesen Ort zurück und verfasste nach dreijährigem Studium der so erworbenen Bibliothek dieses äußerst erfolgreiche Werk. Damals gab es große Männer, aber vielleicht waren Longmans die größten unter ihnen. Sie einigten sich darauf, Moore 3.000 Pfund für *Lalla Rookh zu geben* , bevor jemals eine Zeile davon geschrieben wurde. Ö! Meine gesalbte Tante, dreitausend der Besten, dreitausend in Gold geprägte Pfund für ein so problematisches Ergebnis.

SWINSCOE.

DIE HAMPS UND DER VERTEILER

Hier, über die Hängebrücke, hat die Straße Derbyshire verlassen und nach Staffordshire geführt. Es geht einen langen, langen, atemberaubenden Hügel aus dem Tal der Taube hinauf und gelangt zu einigen sehr düsteren Hochebenen, wo die Felder Steinmauern anstelle von Hecken haben und Moore derzeit die Felder ersetzen. Die Situation ist äußerst exponiert; daher vielleicht der Name des Nachbardorfes Blore, *also* ein windiger Ort. Swinscoe oder Swinecote , wie es richtiger heißt, *also* „Haus der Schweine“, ist ein einsamer Weiler mit einer Kulisse aus dichten Plantagen, die zwei bedrohliche Hügel krönen. Calton Moor ist der Nachfolger mit einem Bauernhaus an der Straßenkreuzung, das einst das Calton Moor Inn war, und die Landschaft wird jetzt zu einer wilden Schönheit; Die Straße führt schließlich besorgniserregend steil bergab nach Waterhouses , mit einem gefährlichen Bahnübergang über einen Steinbruch oder ein anderes Bauwerk am unteren Ende. Hier singt der Fluss Hamps das Tal entlang, auf dem Weg zur Mündung in den Fluss Manifold, und verschwindet für einige Meilen unter der Erde zwischen den Kalksteinfelsen: Das Nachbardorf Waterfall hat seinen Namen von diesem Phänomen. Waterhouses war in der Zeit der Kutscher nichts anderes, als sein Name vermuten lässt: ein paar verstreute Häuser, hauptsächlich Gasthöfe, in denen die Kutschen ihre Pferde wechselten, die in der Neuzeit neben dem Fluss Hamps gebaut wurden und an die Straße grenzten. Heutzutage ist es erheblich gewachsen und seit der kürzlichen Eröffnung der Leek and Manifold Valley Railway mit einer Waterhouses- Station ist es bei Ausflüglern, die die wundervolle Landschaft des Viertels erkunden möchten, sehr beliebt geworden . Entlang des Manifold-Tals gibt es Kalksteinfelsen, malerische Klippen und alte Brücken sowie eine Höhle, die von den abergläubischen Sachsen ihrer Gottheit Thor gewidmet wurde.

An der Winkhill Bridge, die Straße hinunter, hatten wir uns von den Hamps verabschiedet und kamen dann auf einer Hügelkuppe zu dem, was früher, perverserweise, als „Bottom" Inn bekannt war und jetzt „Green Man" heißt. Der grüne Mann selbst erscheint in Gestalt eines Bogenschützen auf dem Schild. An der Kreuzung geht es links nach Cheadle, das in der Limerick-Geschichte für eine junge Dame, eine Nadel und einen Büttel berühmt ist, und rechts nach Hartington, vorbei am Weiler Onecote, dessen Name eine gute Gelegenheit für billige Witze bietet .

WASSERHÄUSER.

Nun geht es hauptsächlich bergab zur Stadt Leek, der „Metropole der Moore", wie sie genannt wurde, aber nur in einem sehr eingeschränkten Sinne eine Metropole ist, denn ihre Einwohnerzahl beträgt nur etwa 15.000 . Die düsteren , felsigen Moore dieser wildesten Ecke von Staffordshire umgeben es und haben dem Ort tatsächlich seinen Namen gegeben, der vom kyrmischen „ llech " stammt: ein Felsen. Ein hohes, verfallendes Kreuz auf dem Kirchhof der alten Pfarrkirche, bedeckt mit antiken keltischen Symbolen, zeugt vom uralten Alter der Siedlung.

BOTTOM INN: DER „GRÜNE MANN".

DAS ETIKETT-LECKENDE LEBEN

Reisenden aus dem Süden ist Lauch jedoch eine Überraschung ; Es handelt sich um einen Vorläufer, ein vorläufiges Exemplar der typischen Manufakturstadt in Lancashire in Staffordshire. Pflastersteine, Pflastersteine und Holzschuhe mit Fabriken und hohen Schornsteinen sind seine Hauptmerkmale und das Spinnen von Seidenfäden sein Hauptgeschäft. Die Öffentlichkeit weiß im Allgemeinen nichts über Leek, aber es wurde vor nicht allzu vielen Monaten von einer radikalen Zeitung auf der Suche nach einer Sensation entdeckt. Es kann als sicher angesehen werden, dass eine Zeitung in diesen Zeiten, wenn sie eine Sensation will, diese zwangsläufig haben wird, und so wurde sie serviert:

DIE ETIKETTENLECKER

Wie die Kinderarbeiter in
Fabriken ihren Hungerlohn verdienen

MASCHINEN ZU LANGSAM

Aber warum nicht das Ding für alles nutzen, was es alliterativ wert ist: „The Little Label Lickers of Leek."

Letzten Endes war es keine große Sensation: Man löste sich einfach in die Tatsache ein, dass es unter den Hunderten von Mädchen, die in den Seidengarnfabriken beschäftigt waren, viele gab, deren Aufgabe es war, die Spulen zu verpacken und zu etikettieren. Sie erhalten einen Lohn, der zwar fast unglaublich gering ist: Ein „Vollzeitbeschäftigter" verdient nach dieser Rechnung nur 2 *s*. 9 *T.* in fünf Tagen, andere jedoch bis zu 10 *s.* Unter ihnen gibt es viele, die sich weigern, die griffbereiten mechanischen Dämpfer zu verwenden, und lieber, um der Geschwindigkeit zuliebe, die Etiketten ablecken. Dies geschieht mit einer Geschwindigkeit, die jeden verwirren würde , der nicht selbst seinen Lebensunterhalt damit verdient, Etiketten abzulecken und aufzukleben. Ein Mädchen packte an einem Arbeitstag von neuneinhalb Stunden 25 brutto Rollen ein und leckte und klebte ebenso viele Etiketten auf. Es ist festzustellen, dass niemand verpflichtet war, auf diese Weise mit den Etiketten umzugehen, und dass in einigen Fabriken sogar die Verwendung eines Dämpfers vorgeschrieben war; Aber schauen Sie sich die „Angst"-Schlagzeilen an!

LAUCH.

Wie alle anderen Städte, die 1715 Zeuge des Marsches der Highlander und ihres anschließenden Rückzugs waren, pflegte Leek lange Erinnerungen an diese Zeit. Es war eine Zeit, aus der alles andere veraltet war. Es war auch eine Zeit, in der das Führen von Tagebüchern ein Zufluchtsort kontemplativer Menschen war, deren Beobachtungen, die an sich schon unterhaltsam sind, durch die kuriosen Vorstellungen der Tagebuchschreiber von Grammatik und Rechtschreibung zusätzlich amüsant sind. So bemerkt Squire Mountford vom „Grange", dass die Streitkräfte von Prinz Charlie aus „einigen sehr guten Männern und guten Pferden" bestanden, der größte Teil aber aus so armen, schäbigen, bescheidenen, winzigen Kreaturen bestand , wie man sie in England noch nie gesehen hat. eine Hälfte davon ohne Hosen ; Einige ritten ohne Sattel und Halfter ... sie erwarteten, dass die Entenarmee bei ihnen sein würde." Unter „der Ente" ist der Herzog von Cumberland zu verstehen, der später tatsächlich bei ihnen *war*.

Mountfords Bemerkung darüber, dass die Highlanders keine Hosen tragen. Offensichtlich hatte er noch nie Kilts gesehen oder davon gehört und scheint zu glauben, dass sie ohne Hosen auskamen, weil sie zu arm waren, um sie sich leisten zu können. Mit dieser Ansicht über die „Petticoat-Männer", wie die Leute sie nannten, war er nicht der Einzige.

„JETZT SO "

In der Kirche St. Edward befindet sich das einzigartige Denkmal von William Trafford aus Swithamley , der 1697 im Alter von 93 Jahren starb und der Held einer Legende ist, die auf dem Schild des „Old Rock House" Inn in Barton in der Nähe abgebildet ist Manchester. Auf dem Grab ist grob die Figur eines Mannes eingraviert, der Mais drischt, mit den Worten „Jetzt so", eine Anspielung auf die einzigen Worte, die er äußern würde, als viele Jahre zuvor, während des Bürgerkriegs, die Roundhead-Soldaten in sein Haus eindrangen und es fanden Der Ort war leer bis auf ihn selbst, den sie in der Scheune entdeckten und monoton diese bedeutungslosen Worte wiederholten. Sie hielten ihn für einen „armen Naturmenschen" und machten sich auf den Weg, aber er war nicht ganz der Dummkopf, den er zu sein schien, denn unter der Tenne hatte er die meisten seiner Wertsachen versteckt.

XXXII

DIE Straße führt Leek wieder bergab zum Fluss Churnet , wobei sich auf der linken Seite die lange Fläche des Rudyard Lake über zwei Meilen erstreckt. Dies wurde als Reservoir für die Versorgung der Kanäle Trent und Mersey sowie Leek und Cauldon angelegt. Seit langem ist es aber auch ein Urlaubs- und Picknickort, wo man Boote und Segelboote fahren kann und jede Menge Ausflügler, die von der North Staffordshire Railway zum Bahnhof Rudyard gebracht werden, ausreichend Bewegungsfreiheit hat. Aus all diesen Gründen ist Rudyard ein Dorf, in dem jede Hütte Tee und Erfrischungen anbietet. Das bemerkenswerteste davon ist das Haus namens Spite Hall am nördlichen Ende des Sees. Die legendären Überlieferungen des Ortes erzählen, dass dieser ursprünglich von einer böswilligen Person erbaut wurde, um den Besitzer der direkt dahinter stehenden Rudyard Villa zu „verärgern", mit dem Ziel, die Aussicht zu verdecken; Was es auf jeden Fall sehr gut tut, denn der einzige Blick, den Rudyard Villa jetzt genießt, ist die Rückwand von Spite Hall, in einer Entfernung von ein paar Fuß. Aber das ist eine malerische Art, die einfache Tatsache auszudrücken, dass der Grundstückseigentümer durch die Ausübung seines Baurechts nebenbei eine liebgewonnene Aussicht zerstört hat. Es war nicht unbedingt eine Bosheit darin. Aber das ist der Stoff, aus dem Legenden gemacht sind.

RUSHTON SPENCER

Rushton Marsh liegt dort, wo der Rudyard Lake endet, an einem Bach, der bald in den Fluss Dane mündet. Auf dem Hügel darüber, versteckt hinter einigen Bauernhöfen und Kuhställen, und entlang schlammiger Pfade, deren Spur man nur mit Kummer verfolgen kann, steht die kleine Kirche von Rushton Spencer mit einem Türmchen, das darauf hindeutet, dass sie von einem Architekten von Packkisten entworfen wurde . Eine dicht gedrängte Anzahl sehr düsterer Grabsteine füllen den schlecht gepflegten Kirchhof, darunter einer mit dieser Inschrift:

„Thomas, Sohn von Thomas und Mary Meaykin , beigesetzt am 16. Juli 1781 im Alter von 21 Jahren. Wie ein Mensch vor bösen Menschen fällt , so fiel auch ich. Βι α θανα τος " (= mit Gewalt getötet).

Bei der erwähnten Tragödie handelte es sich um einen Jugendlichen, der anmaßte, die Tochter seines Herrn zu lieben, was dazu führte, dass er unter Drogen gesetzt und dann begraben wurde. Dies geschah in Stone, etwa zwanzig Meilen entfernt. Die Verwandten des unglücklichen jungen Mannes gruben den Leichnam aus, fanden ihn an einer Stelle, die deutlich darauf hindeutete, dass er lebendig begraben worden war, und brachten ihn hierher.

Staffordshire wird an der Passage des Flusses Dane, weitere anderthalb Meilen entfernt, gegen Cheshire ausgetauscht. Es folgt das nicht bemerkenswerte Dorf Bosley mit dem Bosley Reservoir auf der rechten Seite und den markanten Hügeln von Raven's Clough auf der linken Seite. Und dann führt die schöne, breite Straße auf herrlichem, stetigem Weg durch eine Reihe kleiner bewaldeter Hügel hinunter nach Macclesfield.

Es gibt Elemente der Schönheit in und um die Altstadt von Macclesfield, aber sie sind schmerzlich mit den Ergebnissen von 150 Jahren Fabrikleben vermischt. Im Jahr 1756 wurden hier Seidenspinnen und -webereien eingeführt, deren Bedeutung das alte Knopfmacherhandwerk der Stadt schnell in den Schatten stellte. Und obwohl die Seide ihre Höhen und Tiefen erlebt hat und in den letzten Jahren durch die Konkurrenz aus dem Ausland stark in Mitleidenschaft gezogen wurde, herrscht in den riesigen Fabriken, die einem auf Schritt und Tritt ins Auge fallen und die nicht selten ihren Betrieb ausweiten, ein Hauch von Wohlstand.

Das alte ursprüngliche Macclesfield steht hoch über den Standorten dieser vielen Fabriken und dreht sich um die alte Pfarrkirche St. Michael auf ihrem Felsen, dem Nachfolger einer sehr frühen Kirche mit derselben Widmung, die Macclesfield tatsächlich seinen ursprünglichen Namen verlieh von „Michaels Feld", woher wir über „Maxfield" den gegenwärtigen Stil erhalten. Die Widmung scheint jedoch zu einem unbekannten Zeitpunkt in „All Hallows" geändert worden zu sein, und zwar im 16. Jahrhundert, und kehrte später zum heutigen Stil zurück.

Steile Straßen führen hinauf zu dem Mittelpunkt und Kern der Stadt, wo die Kirche steht, und noch steiler steigt der Fußweg die einhundertacht Stufen der Brunswick Steps hinauf. Der Blick hinauf zur Kirche muss einst besonders schön gewesen sein, aber er wurde längst durch die schäbigen Häuser am Hang verdorben; Die allerletzte Note des Alltäglichen wird im kürzlich wieder aufgebauten Gasthaus „Nag's Head" berührt, voll im Blick, wo sich nicht nur der Fotograf, sondern sogar der Künstler damit auseinandersetzen muss.

ST. MICHAEL'S, MACCLESFIELD

Die St.-Michaels-Kirche, ein prachtvolles, wunderschön restauriertes Gebäude, erlebte unterschiedliche Schicksale. Es wurde beschädigt, als die parlamentarische Armee die Stadt belagerte und einnahm, und wurde später größtenteils nach einem halbheidnischen „klassischen" Modell wieder aufgebaut. Die großen verzierten Eisentore, die den mit Steinplatten ausgelegten Kirchhof umschließen, sind Relikte dieser Zeit und offenbaren nebenbei die Vorstellungen der Eisenarbeiter von Engeln: Eine vergoldete Figur über dem Haupttor stellt eine sehr freche junge Frau dar, die ekstatisch auf einem Fuß Pirouetten dreht , eine Art himmlischer Can-Can, und eine große Trompete.

Die Zeit hat das Epitaph auf dem Kirchhof noch nicht ausgelöscht, das einer Mary Broomfield gewidmet ist, die 1755 im Alter von achtzig Jahren starb; und es ist immer noch möglich zu lesen, dass „die Hauptsorge ihres Lebens in den letzten 20 Jahren darin bestand, ihre Beerdigung zu organisieren und zu gewährleisten." Ihr größtes Vergnügen war es, darüber nachzudenken und darüber zu sprechen. Sie lebte viele Jahre von einer Rente von 9 *Tagen*. eine Woche und sparte dennoch 5 Pfund, die auf eigenen Wunsch bei ihrer Beerdigung ausgezahlt wurden." Ein Tag mit Mary Broomfield in ihrer typischsten Stimmung muss ein wahrer Genuss gewesen sein: Das Gespräch endete zweifellos in einer Diskussion über die Eignung von Fransen an Leichentüchern und die jeweiligen Vorzüge von Sargplatten aus Kupfer oder Messing.

Die Arbeit, die alte Kirche wieder in ihren antiken Zustand zu versetzen, war kostspielig, aber das Ergebnis ist beeindruckend. Es gibt eine Fülle von Denkmälern, darunter viele der Savages, einer zu ihrer Zeit bedeutenden Cheshire-Familie, die in der Savage-Kapelle und in der ebenfalls mit ihnen in Verbindung stehenden Kirche abgebildet sind; am bemerkenswertesten unter ihnen sind alle liebevollen Figuren von Sir John Savage, 1495, und seine Frau Katharine Stanley. Diese liegen nebeneinander; die rechte Hand des Ritters umklammert ihre linke. Es wäre besser gewesen, wenn die Alabasterfiguren nicht von einem alten Hausmeister mit Blei geschwärzt worden wären!

Die Leghs aus Lyme und Adlington wetteifern um ihre Denkmäler mit den Savages. Von größtem Interesse ist die Inschrift zu „Perkin a Legh":

Hier liegt der Körper von Perkin a Legh

Dass für König Richard der Tod gestorben ist,

Righteovsnes 1399 verraten ,

Und die Knochen von Sir Peers, seinem Sohn ,

Das mit König Heinrich dem Fünften hat gewonnen

In Paris.

Sohn , dem Schwarzen Prinzen, in all ihren Kriegen in Frankreich, war im Battell von Cressie und wurde von Lyme für diesen Dienst ernannt. Und nach ihrem Tod diente er König Richard dem Zweiten und ließ ihn nicht in seinen Schwierigkeiten zurück, sondern wurde mitgenommen und in Chester von König Heinrich dem Vierten enthauptet. Und der besagte Sir Peers, sein

Sohn , diente König Heinrich dem Fünfzig und wurde 1415 in der Schlacht von Agincourt getötet.

Hier liegen also die Leghs jener alten Zeit, mit einem liegenden Epitaph darüber; denn es war nicht Perkin a Legh, sondern sein Schwiegervater, Sir Thomas D'Angers , dessen Denkmal sich in Grappenhall befindet, der Lyme für seine treuen Delikatessen in Crecy erhielt. Ob sich die falsche Angabe auf der Originalinschrift befand oder von Sir Peter Legh eingefügt wurde, der sie 1620 „restaurierte", ist nicht ersichtlich.

„ DER BARNABY "

In Macclesfield gibt es von allem etwas, und während ein Großteil der alten Ordnung vorherrscht und fast jede Straße, ob oben oder unten, mit barbarischen Granitsteinen gepflastert ist, gibt es moderne Beweise in Form von öffentlichen Bibliotheken, technischen Instituten und Alkohol Brunnen. Es gab eine Zeit, in der Ihr einziger Trinkbrunnen ein Humpen in einem der Gasthäuser war und in der die Seidenspinnereien selbst die einzigen technischen Schulen waren: Und doch schaffte es Macclesfield in dieser Zeit immer noch, groß zu werden. Diese Zeit wachsender Größe, als das Fabriksystem den Roes, den Brocklehursts und anderen führenden Seidenwebern zum ersten Mal Wohlstand brachte, spiegelt sich in den langen Reihen sehr städtischer, eher düsterer Häuser wider, wenn man die Stadt aus Richtung betritt Leek und in der großen kastenförmigen Backsteinfassade des alten „Macclesfield Hotel" aus der Zeit vor der Eisenbahn; und die gegenwärtige Zeit des vollen Wohlstands ist geprägt von den öffentlichen Parks und Museen. In der Stadt herrscht immer geschäftiges Treiben, aber um sie am geschäftigsten zu sehen – wenn sie sich intensiv mit dem Urlaubsgeschäft beschäftigt –, müssen Sie entweder am 22. Juni oder zu Michaelis hierher kommen . Beim ersten Mal findet „The Barnaby" statt, *dh* die St. Barnabas-Messe, und beim zweiten Mal „The Wakes"; Beide Vergnügungsmessen waren überfüllt. Dennoch, wie in alten Zeugnissen, schätzen die echten Stadtbewohner Zeit und Ereignisse, ob vergangen oder in der Zukunft, als „seit dem letzten oder dem nächsten Barnaby" oder Wakes ein, je nachdem. Ersteres ist das Favorit und wird daher mit den Lebensumständen in einer Familie in Verbindung gebracht, sei es Freude oder Leid, Wohlstand oder Unglück. Das alte Paar zählt die Länge seines Ehelebens nach „dem Barnaby"; Die Mutter verrät Ihnen das Alter ihrer Kinder anhand des „Barnaby"; die einfachen Annalen des operativen Daseins messen die Perioden des beruflichen Wohlstands oder die Entbehrungen der kurzen Zeit anhand des „Barnaby".

Macclesfield bietet von der Straße aus einen sehr eindrucksvollen Ausblick auf Manchester. Kaum sind die letzten Häuser der Stadt zurückgelassen, mündet die Autobahn in eine wunderschöne Allee. Von dort aus blickt man auf das „Feld", das zwischen den großen Hügeln liegt und auf dem die Stadt liegt. Dort scheint die Kirche St. Michael auf ihrem Horst in der Ferne von Wäldern umgeben zu sein; Unten liegt die Kirche von Park Green, umgeben von Schornsteinen und Gasometern: Manufakturen inmitten landschaftlicher Schönheit.

MACCLESFIELD, VON DER STRASSE NACH STOCKPORT.

Etwas weiter entfernt stand in der Trainerzeit das Zollhaus von Flash; Nicht zu verwechseln mit der Flash Bar in Axe Edge, in der Nähe von Buxton. Die Gasthäuser dieses Viertels waren in den späten Jahren des 18. Jahrhunderts und in den ersten Tagen des 19. Jahrhunderts berüchtigt als Treffpunkte der nicht lizenzierten Hausierer , die sich ihren Vorrat in der Stadt Macclesfield erwarben und durch das Land zogen und Knöpfe, Spitzen und andere Kleinigkeiten verkauften und Raubüberfälle begehen, wenn sich die Gelegenheit dazu bot. Sie waren ein geselliges Volk, das die Gesellschaft ihrer Artgenossen liebte und in ihren Lieblingshäusern wahre Schurken-Saturnalien veranstaltete. Von diesem Ort und von der von ihnen häufig besuchten Flash Bar oben in den Hügeln sollen die Ausdrücke „Flash Talk" und „Flashy"-Artikel entstanden sein: in Anspielung auf den Slang ihrer Vagabunden und die billigen, aber auffälligen Waren, die sie verkaufen angeboten. Aber wie auch immer das sein mag, der alte Ortsname „Flash" beschreibt lediglich die natürliche Umgebung des Ortes und ist nur eine phonetische Variante von „plash"; Wenn wir also ein „s" am Anfang hinzufügen, erhalten wir „splash". Wir haben dafür eine frühe Autorität; das *Promptorium Parculorum* von 1440 mit der Angabe „ Plasche oder Flasche , wo reyne Wasser stondyth ". Flash steht in einer solchen Situation, unterhalb der Hügel, am Fluss Bollin .

PRESTBURY.

Bollington auf der rechten Seite, eine neue Stadt mit Baumwollspinnereien und Seidenfabriken, mit einer sehr eindrucksvollen Landschaft um sie herum, färbt das Wasser des Baches, das rot oder gelb, blau oder grün fließt, je nach den aktuellen Farben in Benutzung.

PRESTBURY

Prestbury, eines der schönsten und interessantesten Dörfer in Cheshire, liegt versteckt auf der linken Straßenseite. Es ist ein Ort von großer landschaftlicher und antiquarischer Bedeutung, denn dort steht das sehr ehrwürdig gestaltete normannische Portal einer Kirche, die sogar noch älter ist als die heutige, in die Wand des Schulhauses eingebaut und selbst schon antik, da sie 1626 erbaut wurde Das hier im Jahr 1747 angebrachte Portal verrottet , weist aber zahlreiche Spuren einer ungewöhnlichen Fülle an Skulpturen auf. Hier befindet sich auch das „Old Vicarage", ein fünfhundert Jahre altes dreistöckiges schwarz-weißes Gebäude, und entlang der Straße das malerische Gasthaus „Black Boy". Auf dem Kirchhof befinden sich die Überreste eines sächsischen Kreuzes, sorgfältig in Glas eingerahmt, während seltsame Grabinschriften, wie die auf Bennison, einem alten Jäger in Adlington, die Feierlichkeit des Ortes erschüttern:

Die Freuden seines Herzens waren gute Hunde und gute Windeln,

Oh! mit ihm für immer und immer glücklicher .

Die zweite Zeile braucht leider eine Glosse, um ihre Unklarheit zu verdeutlichen, liest sich aber so, als hätte man erwartet, dass er in Kingdom

Come ebenso gute Hunde und noch mehr ausgezeichnetes Bier finden würde.

Das Epitaph über Edward Green liest sich wie ein primitiver und ungeschickter Versuch, ein Limerick zu konstruieren:

Unter diesem Stein liegt Edw'd Green

Wer für das Schneiden von Steinen berühmt war, wurde gesehen,

Aber er wurde zur Festnahme geschickt

Ein Joseph Clark aus Kerridge End

Für den Diebstahl von Hirschen aus Esquire Downs,

Wo er erschossen wurde und die Wunden starben .

Das Lesen dieses unebenen Verses ist wie das Rütteln einer holprigen Straße. Für einen Limerick ist es langwierig und endet nicht fachmännisch. Es könnte daher zum Abschluss gebracht werden

Ein Ergebnis, das er nicht vorhersehen konnte.

XXXIII

Schade um die armen Witwen

VORBEI am alten Gasthaus „ Butley Ash" kommen wir zum Milne House, einem alten, vornehmen Bauernhaus aus Stein und Fachwerk, das am Straßenrand steht. Es war einst das „Mitgifthaus" der Leghs von Adlington Hall: der Verbannungsort, an den sich die alten verwitweten Damen der Hall zurückzogen, als ihre Söhne heirateten und ihre Herrschaft endete. Die Bereitstellung eines „Mitgifthauses" war eine alte englische Erkenntnis der alten Natur, mit der sich Schwiegermütter und Schwiegerkinder nicht einigen können: Daher wurde der Witwe immer ein eigenes Zuhause zur Verfügung gestellt was sie abstieg, als sie als Herrin der Halle abgelöst wurde. Ich könnte leicht eine Träne und einen Seufzer für die Witwe finden, aber ich muss mich daran erinnern, dass sie einst eine junge Braut gewesen war und zu ihrer Zeit die alte Dame des Hauses entmachtet hatte. „Welches Maß auch immer ihr misst, es wird euch wieder zugemessen werden." Also weg mit der Sentimentalität!

Jetzt, an einer Abzweigung nach links, hinter dem „Adlington Arms", einem Postamt, drei oder vier Cottages und einem weiteren Gasthaus, sind die Tore von Adlington Park zu sehen, die sehr sorgfältig verschlossen sind und die Zufahrt vor unbefugten Wanderern verbergen die Halle.

gibt es seit sechs Jahrhunderten Leghs , und Leghs sind immer noch dort. Die Cheshire-Familien von Legh sind zahlreich genug, um einen Clan zu bilden, und historisch genug für eine sehr lange antiquarische Diskussion, wenn dies der richtige Ort dafür wäre. Sie waren auf dem Schlachtfeld und in der Laube der Liebe berühmt, und tatsächlich ist einer der Leghs von Adlington der Held der alten Ballade „ *The Spanish Lady's Love*". Dies war Sir Urian Legh, der bei der Belagerung von Cadiz zusammen mit dem Earl of Essex das Zeltfeld teilte und eine junge, schöne und wohlhabende Spanierin gefangen nahm, die sich heftig in ihn verliebte, wie es in der leidenschaftlichen alten Ballade heißt . Aber leider war Sir Urian ein verheirateter Mann, und das Lied endet traurig mit der Entschlossenheit der Dame, in ein Kloster einzutreten.

„ HARMONISCHER SCHMIED "

Es war Sir Thomas, der Vater dieses bezaubernden Ritters, der den markantesten Teil der Fachwerkhalle erbaute. Anscheinend war er stolz auf seine Arbeit, denn auf einer Tafel über dem Eingang ist ordnungsgemäß dargelegt, dass er, „Thomas Legghe und Sibbell , Tochter von Sir Urian Brereton aus Hondforde ", im Jahr 1581 dafür verantwortlich waren. Ebenso stolz auf ihre eigenen Leistungen waren Charles und Hester Legh, die 1757 den großen Backsteinflügel mit klassischer Säulenfassade im Stil der damaligen Zeit hinzufügten: sehr schön, aber völlig im Widerspruch zum elisabethanischen Werk. Die Beine ehrten sich, indem sie Händel bewirteten, der im Milne House übernachtete und auf der noch in der Halle befindlichen Orgel spielte. Die Legende vom „Harmonischen Schmied", der von ihm in Whitchurch bei London komponiert wurde, ist den meisten Menschen bekannt, und es liegen Indizienberichte vor, die den Vorfall mit diesem Ort in Verbindung bringen: durch den gemeißelten Grabstein auf dem Kirchhof mit dem ursprünglichen Schmied verbunden, William Powell, der 1721 starb. Die Verbindung mit Whitchurch ist so allgemein anerkannt, dass Powells Amboss, der die suggestiven Töne erklingen ließ, kürzlich für eine beträchtliche Summe versteigert wurde. Aber Adlington behauptet auch felsenfest, der Ort zu sein, an dem die berühmte Melodie geschrieben wurde, und Hollingworth schmiedet den Ort, der darauf hindeutet. Das Urteil des Gerichts liegt jedoch bei Whitchurch . Eine Variante dieser Geschichten ist die Behauptung, dass die Melodie des „Harmonischen Schmieds" in Wirklichkeit ein Arrangement einer alten französischen Melodie sei. Musiker bezeichnen den klingenden Amboss-Ursprung der Luft als absurd.

Vorbei an Hope Green ist die Straße auf der Hälfte ihrer Breite mit Granitsteinen gepflastert und erreicht dann Poynton, ein fröhliches Dorf mit modernen Landhäusern aus rotem Backstein mit hübschen Gärten und dem Gasthaus „Vernon Arms", auf dem ein Wappenschild kühn verkündet *Vernon semper viret* – „ Vernon blüht immer auf." Eine Eisenbahnbrücke, die die Straße am Ende des Dorfes überspannt, bringt uns nach Hazel Grove, wo die Autobahn nach Chapel-en-le - Frith und Buxton abzweigt.

Haselnusshain

Hier endet das Land plötzlich, als wäre es in einem sauberen Schnitt abgeschnitten worden. Wenn man durch die Eisenbahnbrücke nach hinten schaut, sieht man die sonnige Straße; Vorne, in Richtung Manchester, liegt die grauere Atmosphäre der Stadt. Man könnte sich leicht vorstellen, dass diese Brücke das wahre Tor nach Manchester und seiner Ansammlung von Satellitenstädten ist; oder, von Manchester kommend, der Eingang in die Region der ländlichen Dinge. Dort, durch den Torbogen, liegt Poynton, noch rustikal, mit Vögeln, die auf der Heckenspritze singen: Hier verkauft der Straßenhändler seine Waren, und Sie treffen auf die Endstation einer Reihe elektrischer Straßenbahnen, die ohne Unterbrechung bis nach Bolton führen. Und dazwischen herrscht eine immer tiefer werdende Düsternis, ein ständig zunehmender Verkehrslärm auf den schrecklichen Granitfelsen, die Manchester betreffen; eine wachsende Schar ängstlich eilender Menschen, Einheiten dieser wundervollen und für manche nicht weniger schrecklichen als wunderbaren Ansammlung von vier Millionen Menschen, die diese nächsten paar Meilen bewohnen.

Der Name Hazel Grove ist ebenso poetisch wie der des Dorfes „Falling Water“, das Rip Van Winkle kannte, bevor er in seinen langen, zwanzigjährigen Schlaf schlief. Als er aufwachte, stellte er, wie Sie sich erinnern, fest, dass es ein ganz anderer Ort geworden war, und benannte ihn in „Washington“ um. Aber hier hat der umgekehrte Prozess stattgefunden. Früher war dies lediglich „Bullock Smithy“, in dem man weder epische noch pastorale Gedichte lesen konnte. Bullock Smithy war nur eine Schmiede am Wegesrand, die ihren Namen angeblich von den Viehtreibern erhielt, die auf der langen Reise die Straße hinunter ihre Ochsen zum Beschlagen hierher brachten. Möglicherweise haben sie es getan, und wahrscheinlich haben sie es auch getan; Der Name entstand jedoch eigentlich im Jahr 1560, als die damals schon bestehende Schmiede von „John de Torkinton “ dem Schmied Richard Bullock aus Torkington vermacht wurde .

DAS „DORF HAZEL GROVE“.

Der Ort wurde nach und nach zu einer kleinen Siedlung mit Wohnhäusern, die von landliebenden Männern aus Manchester erbaut wurden, und einige dieser Landhäuser sind vielleicht sogar noch in der langen Straße zu sehen und wirken inmitten ihrer neuen Nachbarn sehr fehl am Platz: insbesondere ein großes Stuckhaus Haus mit einer Tafel mit der Jahreszahl 1761 und den Initialen HJM „Bullock Smithy“, die damals nicht mehr dienten. Der Name erinnerte zu sehr an Viehtreiber, und so wurde „Hazel Grove“ erfunden. Auf der Vorderseite des großen, weißgesichtigen „Red Lion“-Gasthauses ist die Inschrift „Village of Hazel Grove, 1796“ eingemeißelt zu sehen, aber diese scheint erst 1836 eingeschnitten worden zu sein, und die alten Roadbooks gehen weiter Er nannte den Ort bei seinem älteren Namen, bis Coaching und Cary beide ausgelöscht wurden.

Einige erbärmliche Relikte vergangener Tage sind noch erhalten, vor allem die Namen von Häusern und Seitenstraßen. Aber in „Cherry Tree Lane" gibt es heutzutage keine Kirschbäume, und im Garten von „Pear Tree Cottage" wachsen keine Jargonels oder Bons Chrétiens .

Doch ein Stück weiter ist es nur die Hauptstraße, die so urban ist. Offene Felder, allerdings ein wenig kränklich, erstrecken sich zu beiden Seiten hinter den Häuserrändern; und weiter links, fast zwei Meilen entfernt, liegt Bramhall Hall, eine der schönsten alten Fachwerkhallen von Cheshire.

Es ist interessant, mit einem fast erbärmlichen Interesse, nach Manchester weiterzureisen und zu beobachten, wie der urbane Unterton der Straße zur dominierenden Note wird: wie der Rand aus Ziegeln und Mörtel am Wegesrand breiter wird und die Wiesen zuerst Ziegelfeldern und anderen Platz machen Endlich auf graue Straßen. Sie gehen von Ort zu Ort und denken, dass sie alle eins sind: von Hazel Grove nach Heaviley und von dort nach Stockport, Heaton Norris, Heaton Chapel, Levenshulme , Grindley Marsh, Longsight und Ardwick Green, um schließlich durch den höllischen Lärm der Stadt nach Manchester zu gelangen dichter Verkehr am Bahnhof London Road.

EIN FREMDER IN EINEM FREMDEN LAND

Ich bin ein Südstaatler. Auf dieser Reise nach Schottland wurde mir bewusst, dass ich in ein Land reise, das in jeder Hinsicht ein fremdes Land ist. und auf dem Weg in dieses Land jenseits der Grenze begegne ich einer wachsenden Fremdartigkeit. Leicester ist der ultimative Ort auf diesem Weg, an dem sich der Londoner auf Augenhöhe mit den Einwohnern befindet. Bei Derby bemerkt er eine leichte Veränderung; Doch als er sich Manchester nähert, steht er an der Schwelle zu einer anderen Ordnung der Dinge. Er bemerkt eine unterdrückte Energie selbst in den am wenigsten Aktiven und eine reichliche Vitalität überall; und er findet einen seltsamen Akzent und seltsame neue Ausdrücke. Selbst auf den Anschlagtafeln der Grundstücksmakler, hier am Stadtrand von Manchester, wird zum Beispiel etwas zu sehen sein, das für den Fremden aus dem Süden unverständlich ist: „Dieses Land ist zu vermieten oder auf Anhieb zu verkaufen." " Dieser seltsame Begriff „on Chief", der wie eine Variante von „Freehold" aussieht, ist in Wirklichkeit eine Art Grundrente: Der Grundbesitzer „verkauft" sein Land, jedoch mit dem seltsamen Vorbehalt einer ewigen „Chief Rente"; Wenn ihm also nicht gerade die unmögliche Leistung gelingt, die oft als „Iss deinen Kuchen und iss ihn auch" beschrieben wird, scheint er diesem Wunder durchaus nahe zu kommen.

Die Vorstadtstraße ist hier ausreichend breit und nähert sich Stockport, wo die schöne moderne St.-Georgs-Kirche mit ihrer großen Masse und ihrem anmutigen Turm die Aussicht überblickt. Sie ist sogar imposant, aber die vorherrschende graue Atmosphäre verdunkelt und glättet alles; Details verschleiern, wie ein impressionistischer Maler. Die große St.-Georgs-Kirche in der neu gegründeten gleichnamigen Pfarrei wurde 1897 für enorme Kosten von 90.000 Pfund gebaut; vollständig von einer Person getragen. Mit einer eher rührenden, aber unangebrachten Zuversicht ist es von gepflegten Rasenflächen umgeben, und in der Nähe erhebt sich ein fast ländlich wirkendes Pfarrhaus; Aber das Mauerwerk der Kirche zeigt Anzeichen einer Schwarzfärbung, die Erde wird feucht und abgestanden, und die Rasenflächen werden nach und nach kahl.

STOCKPORT

Stockport würde es in seinem lokalen Patriotismus wahrscheinlich übel nehmen, mit „Manchester" in einen Topf geworfen zu werden, und Manchester selbst könnte Einwände erheben, aber für den Passanten, der die lokalen Unterschiede nicht kennt, ist alles eins mit der großen Stadt, obwohl die Stadt nicht gleichmäßig ist im selben Landkreis damit; Der Fluss Mersey trennt hier Stockport in Cheshire von Manchester in Lancashire. Cheshire in seiner charakteristischsten Form ist das Cheshire der Käsefarmen in der großen fruchtbaren Ebene, wo mildäugige Kühe knietief auf den Weiden stehen; und eine große Industriestadt hat überhaupt kein Verständnis für solch idyllische Szenen. Ich gebe Ihnen mein Wort, dass es in Stockport keine Idylle gibt: nur eine Straße, auf der die Granitplatten fettig sind; Auf den Bürgersteigen drängten sich geschäftige Leute und die Mädchen der Baumwollspinnereien. Der Himmel war rauchig und die Luft erfüllt von ablenkendem Lärm. Aber einen weniger überfüllten und weniger lauten Stockport zu sehen, wäre eine traurige Sache, denn es ist der wohlhabende Handel des Ortes, der ihn zu dem macht, was er ist, und die Zeiten, in denen die Eisenbahnwaggons aufhören, durch die Straßen zu poltern und zu rumpeln Und wenn die Wagen , beladen mit bergigen Höhen grauer Hemden , nicht mehr auf ihrem Weg von den Baumwollspinnereien zu den Lagerhäusern in Manchester zu sehen sind, werden unruhige Zeiten nicht nur für Mühlenarbeiter und Fabrikanten, sondern für jeden Einzelnen sein .

Der Handel wird in den Statuen, die öffentliche Gebäude schmücken, durch eine Frau von edlen Proportionen verkörpert, die in klassischer Kleidung gekleidet ist und in deren Gesicht eine majestätische Ruhe strahlt; aber das ist eine Abstraktion. Der Handel, wie er hier – und tatsächlich überall – verstanden wird, ist eine Angelegenheit von Telegrammen und Telefonen, von Ballen, Packkisten und fieberhafter Eile; und ich nehme an – wenn Sie feminisieren müssen –, dass die Mühlenmädchen und die Stenotypisten dieser klassischen Konvention am nächsten kommen. Im Übrigen nehmen Sie hier den Handel wahr; ein verschmutzter Fluss, verdunkelt durch Fabriken, Brücken und Eisenbahnviadukte; und große Güterhöfe,

Werbetafeln, Banken und die hunderteinzig Arten von Gebäuden, in denen das Geschäft des 20. Jahrhunderts betrieben wird.

Das hohe Eisenbahnviadukt, das den Mersey überspannt und hoch über die steilen und schmutzigen Straßen führt, die dorthin führen, ist beeindruckend in seiner Größe und in der rauchigen Atmosphäre, die es nur in einem breiten, flachen Effekt offenbart; Und auf die gleiche Weise wirken die hoch aufragenden Gebäude, denen es an Detailschönheit mangelt, düster auf Sie herab mit einem ogräischen Aspekt, der über ihre Hässlichkeit hinausgeht und sie in den Bereich schrecklicher Romantik erhebt.

Dass an einem solchen Ort jemals eine Burg stand, in der die glitzernden Geschöpfe des Rittertums lebten, ist kaum vorstellbar: Und doch gab es eine solche Festung. Aber die Ruinen selbst wurden bereits im Jahr 1775 beseitigt. Sie waren sehr dürftig und für Prinz Charles von keinerlei Nutzen, als er hier vorbeikam und im Jahr 1745 hin- und zurückkam. Seine Highlander, erfahren wir von einem der damaligen Tagebuchschreiber, „waren sehr rau, als sie durch Stockport zogen, und nahmen Mr. Elcock und zwei oder drei weitere mit , Halfter um den Hals.“

ALTES STADTHAUS DER ARDERNES, STOCKPORT.

Wieder die guten alten Zeiten, als England noch das frohe England war. Was für ein Spaß!

Aber diese guten Leute aus Stockport ließen sich schließlich nicht aufhängen und kehrten später am Tag in den Schoß ihrer Familien zurück.

Ein Relikt eines älteren Stockports, der nichts von Baumwollspinnereien oder anderen Fabriken wusste, befindet sich in der Straße namens Great Underbank . Dies ist das alte Fachwerkstadthaus der Ardernes von Harden und Tarporley. Diese alte Familie kam vor langer Zeit von ihren verschiedenen Landsitzen hierher und nannte es „in die Stadt kommen". Die Manchester and Liverpool District Bank befindet sich jetzt an ihrem schönen alten Standort.

Das „White Lion" war ein interessantes altes Gasthaus, das jedoch vor Stockports wachsender kommerzieller Größe unterging. Den allgemein

erhaltenen Berichten zufolge war es das Haus, in dem die folgende
Hommage an die Geschäftsleitung zu sehen war, die ein unzufriedener Gast
vor fast anderthalb Jahrhunderten in eine Fensterscheibe geschrieben hatte:

Wenn Sie reisen , sei eine gute Behandlung Ihre Sorge,

Ein bequemes Bett und gesunde Kost,

Eine bescheidene Rechnung und ein unterhaltsamer Gastgeber,

Ordentliches Dienstmädchen und bereitwilliger Kellner – verlassen Sie
diese Küste.

Wenn Sie bitte schmutzige Machenschaften haben, lügen Sie in Stockport;

Die Mädchen, oh runzlige Schrecken, wetteifern hier mit ihren Müttern.

Ich denke, das ist alles, was der Historiker, der nur ein Klatschtäter ist, über
Stockport sagen kann. Aber bleib! Ein sehr hervorstechendes Merkmal
wurde übersehen, und da ich nicht den Zorn der Bürger auf mich ziehen
möchte, beeile ich mich, das Versäumnis zu beheben. Stockport ist
außerordentlich stolz darauf, die größte Sonntagsschule der Welt zu besitzen:
stolz, das heißt, auf die große Zahl seiner Schüler und möglicherweise auch
auf die bloße Masse des großen Gebäudes. Auf ihr Aussehen, das dem einer
großen Fabrik entspricht, kann man unmöglich stolz sein. Aber in diesen
Tagen des säkularen Fortschritts und eines wachsenden gottlosen
Sozialismus in großen Industriezentren ist es überraschend und
hoffnungsvoll zugleich, etwas Ähnliches wie die große Sonntagsschule von
Stockport zu sehen und in Manchester selbst Zeuge des wirklich
wunderbaren Anblicks der Sonntagsschulen zu Pfingsten zu sein '
Prozessionen durch die Hauptstraßen der großen Stadt.

Fußnoten.

<u>1</u> *Via* Boroughbridge, Greta Bridge und Catterick.

<u>2</u> Gestorben am 27. April 1905. Testament im Oktober 1905 für 1.562.500 £ beurkundet.

<u>3</u> Wesley liegt mit seiner Messung falsch. Die Länge beträgt 550 Fuß.

ENDE VON BAND. ICH

<u>1</u> *Via* Boroughbridge, Greta Bridge und Catterick.

<u>2</u> Gestorben am 27. April 1905. Testament im Oktober 1905 für 1.562.500 £

www.ingramcontent.com/pod-product-compliance
Lightning Source LLC
LaVergne TN
LVHW040002200726
843493LV00005B/1094